U0474173

我和你一样试探我自己。
我发现了我没发现的。
我发现心是试探中心空白。
我什么也没发现。

吕露
2015.8.22

(६०)

目录

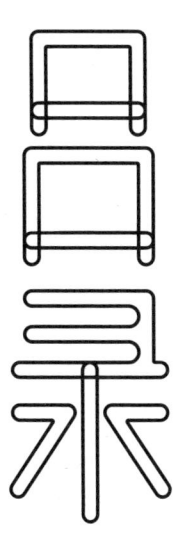

与33个人的对话

Lü
Lu

Exchange
of minds

吕露 —— 著

泪 毛旭辉

纸上水粉 水彩
20cm×30cm
2011

泪.

014　序　西川

020　沈浩波

030　朵　渔

048　冯　唐

060　韩　东

076　何小竹

096　李亚伟

108　吕德安

124　芒　克

138　欧阳江河

150　严　力

168　杨　键

178　杨　黎

196　于　坚

212　周云蓬

222　张执浩

232　楚　尘

蓝 蓝	250
宇 向	264
巫 昂	278
小 安	296
孙一圣	312
阿 丁	332
走 走	352
于一爽	370
孙智正	388
曹 寇	404
阿 乙	418
周嘉宁	430
阿 花	444
赵志明	458
毛旭辉	472
小 引	490
笛 安	502

序

西川

2013年吕露出版了她的《望我天真如初，愿你善良如昨》。9月份她在北京朝阳区大悦城的单向街书店做图书推广活动，事先说好要去现场的人中有几位临时变卦无法参加，所以等到我到达时，她说："吓死我了！我以为活动做不成了！"那一刻，我体会到她的紧张。她虽在书中有一搭没一搭地写出了一些她对有限生活的珍贵感悟，将她起伏的情绪固定成清澈有时甚至是感人的文字，但是在她这个年龄，要想淡定地驾驭社会生活当然还不是件轻松的事。在她紧张的背后，弥散出一个敏感女孩的不安全感。

《望我天真如初，愿你善良如昨》出版时，不知是否出于出版者的建议，吕露拉来韩东、周云蓬、肖全、冯唐、小柯、于坚这些大神来给她助阵。他们对吕露进行了从外貌神态到脾气到行为方式的多方面的肯定。他们的肯定印在书的封底和腰封上。看得出她有多么讨人喜欢。在我和吕露聊天时，她会聊到她那些大名鼎鼎的朋友们。我曾好奇她究竟有没有什么普普通通、默默无闻的朋友。我想，一个人若只有名人朋友，那他肯定是没有日常生活的。虽然没有日常生活的生活很是艺术家的生活，但这样的生活往往会将忧伤、不幸、孤独、脆弱、失败感——当然也有快乐——放大。所以我曾经给她过一些提醒。所幸到目前为止，吕露似乎跨过了许多可能的困难。

吕露被描述成"具有先锋倾向的诗人"。一般说来，玩"先锋"的人总是反叛的、另类的、波西米亚的、不靠谱的。吕露和这些东西都沾边儿，但同时，她又坚持着她的"天真"与"善良"这类史前价值观。这使得她的"先锋"少了些19、20世纪的危险成分，而多了些21世纪的美丽。这应该是她的朋友们希望看到的。吕露这一代人身处20世纪种种文化运动、政治运动的最后尾浪的最后波澜之中，所谓"先锋"在当下已经成为时尚的一部分。先锋-时尚-国际化就是他们的空气。那么在这样的空气中如何与写作这门古老的手艺发生关联，如何发展和改造这种关联，其实不是一个小问题；另一个不小的问题是，如何继续"发明"文学？拥有一些出了名的朋友并不意味着就顺理成章地拥有了成功与安全。但不管怎么说，朋友们会带给她视野、温暖、对小群体的认同感，以及对自己的不俗的定位。吕露知道这一点，并且想更深入地理解这一点，于是她向这些朋友们发问，遂构成了现在这本访谈录。这些提问不是工作性质的，而是生活的、个人或私人的，有时甚至也许是灵魂的。它们是一个小孩对大世界的提问，是今天对昨天的提问，是小朋友对大朋友的提问。我不想拔高这些提问和回答的意义，但它们肯定是有关我们这个时代文化创造的一手材料。

这本书里没有她对我的提问，是因为当初我接到她的电话（那时我还不认识她），问她会问我些什么问题，然后拒绝了她的访谈提议。我一向不善于回答生活类问题，我不想告诉别人我的衬衣是什么牌子的，我是喜欢喝茶还是喝咖啡。现在想来，我其实是不了解，不习惯年轻人的思想方式。在我拒绝她以后,遂约她见个面。没想到出现在我工作室门口的是一个小姑娘。年龄如此之小。我忽然就明白了她为什么要问那样的问题。我们的友谊就是这样开始的。

既然当初我拒绝了吕露的提问,那么现在我就问她几个问题吧:

你是从什么时候,由于什么原因开始写作的?
写作并不总是带给写作者快乐,你打算写一辈子吗?
是什么因素在背后推着你往前走?
要是没有朋友们的鼓励,你还会继续写吗?
你在很多地方游来荡去,武汉、深圳、香港、北京,你有家乡观念吗?
你孤独的时候会冲着哪个方向发呆?
你发烧感冒的时候做不做噩梦?如果做,是什么样的噩梦?
你觉得你的生活在多大程度上被你的写作所塑造?
你觉得写作是你的天命吗?

2015年6月23日

Shen Haobo

吕露采访沈浩波：
诗歌，有那么重要吗？

第一次见沈浩波是在五年前，在他公司附近的咖啡店，他正在沙发上大口吃套餐，送了我《蝴蝶》，他的长诗。我喜欢他的诗，霸道、分裂、有回声。

十二生肖里唯一的怪兽

吕露：你是工作狂吗？

沈浩波：是。工作可以让我忘记内心的焦虑。在工作的时候，我能假装自己是个没有更高级内心需求的人。

吕露：你更高级内心需求是什么？

沈浩波：写作。寻找内心的真相。寻找内心的真相与语言之间的联结和仪式。

吕露：你有妒忌心吗？你现在最妒忌什么？

沈浩波：有。我嫉妒的主要是人类。我嫉妒比我聪明的人，嫉妒比我从容的人，嫉妒比我有才华的人，嫉妒比我深刻的人，嫉妒淡定的人，嫉妒比我有活力的年轻人，嫉妒会打架的人，嫉妒比我勇敢的流氓，嫉妒真实的人……

吕露：你应该是一个怪兽，你属什么？

沈浩波：哈。正好属龙。十二生肖里唯一的怪兽。

吕露：你对你这十年的生活，满意吗？

沈浩波：不满意。绝大部分时间，都不曾尊重自己的内心生活。

吕露：《狗日的美好》写的是陪儿子画画后，你们再也找不到第一次陪他的那种感觉。你说成年人的常识是美好的时刻，总是一闪即逝。我看得挺伤心。生活总是需要付出代价。你最伤心的事情是？

沈浩波：回不到过去。某年某月某日的某个晚上，如果我再勇敢一点，就会得到她。回不去了。

吕露：做一个勇敢的流氓，对你来说有什么好处？

沈浩波：会对自己满意一些。

吕露：相信爱情吗？

沈浩波：大概还是相信的。要看如何理解爱情。

吕露：你理解的爱情？

沈浩波：相濡以沫，细水长流，滋味悠久，生活平常。

有多少嫉妒，就有多少自卑

吕露：卡夫卡说，人们常常用咄咄逼人来掩饰弱点。你怎么看？

沈浩波：对。但不全对。有时候，咄咄逼人不是刻意的，是别人感觉到了。听说我有时会给人这种感觉，但我自己浑然不觉。

吕露：你自卑吗？

沈浩波：从逻辑上讲，有多少嫉妒，就有多少自卑。如果说我不自卑的话，恐怕连我自己都不信。但我经常感受不到自己的自卑，估计压得比较深。

吕露：你是有钱人吗？

沈浩波：看跟谁比。有一点吧。

吕露：做有钱人有意义吗？

沈浩波：有意义。能对身边的人更负责一些。能让自己更安全一些。

吕露：你看不惯自己干嘛？

沈浩波：我看不惯自己在和别人对话时老打断别人。

吕露：别人打断你时，你会怎么想？

沈浩波：靠，我也老这样。

吕露：你创办的诗江湖，如今成了骂人掐架的天堂。同时也变成了为人不齿的地方。你觉得好吗？

沈浩波：很早就是骂人掐架的天堂。是它的风格。我精力旺盛的时候就喜欢去那里骂人。最近好久没去了，因为精力有些不济，哈哈。你用"不齿"一词吓到我了。你这么年轻，混不吝一些更好。

吕露：你喜欢骂人。你喜欢打架吗？

沈浩波：不是喜欢。骂人这件事，其实往往是控制不住。我比较容易激愤。很少打架。

老和尚需要小和尚一直陪着他，慢慢变老

吕露：《给自己的歌词》像在给自己打气。当你被孤立，被封杀，被做过朋友的人骂，真的无所谓吗？

沈浩波：曾经很有所谓，后来无所谓了。现在又有点有所谓，但骨子里其实无所谓。

吕露：你觉得自己是流氓吗？

沈浩波：不是。我是一个好人。

吕露：你的妻子是什么样的女人？

沈浩波：她是介于天使和世俗女子之间的那一款。

吕露：喜欢什么动物？

沈浩波：没有特别的。

吕露：平时看什么书？

沈浩波：爱看各类杂志。深度阅读的话，主要是读诗。

吕露：讲一个故事给我听吧。

沈浩波：从前有座山，山上有座庙，庙里有一个老和尚，还有一个小和尚，老和尚每天都讲故事给小和尚听。直到老和尚死了，小和尚变成了老和尚，讲故事给新的小和尚听，这时他才知道，老和尚为什么每天要讲故事给他听，因为老和尚需要小和尚一直陪着他，慢慢变老。

吕露：你在诗歌中自称"寡人"，你想做皇帝吗？

沈浩波：不想。皇帝什么的太可怜了。寡人的"寡"字很有味道而已。

吕露：马尔克斯写过一本《家长的没落》，说的是皇帝的孤独。做皇帝是孤独的，你不害怕孤独？

沈浩波：害怕。

我经常讨厌自己

吕露：你和你父亲的关系怎样？

沈浩波：还好。

吕露：在诗歌界这些年，你几乎见谁灭谁，而且灭的都是些老大。你有弑父情结吗？

沈浩波：人都有这个情结。我现在没有了。

吕露：你最喜欢谁？

沈浩波：没有。

吕露：对切·格瓦拉怎么看？

沈浩波：一个浪漫主义者。

吕露：黑格尔说中国人生来就是给皇帝拉车的，鲁迅也在骂中国人的劣根性。你觉得你自己身上有阿Q精神吗？

沈浩波：当然有。我也是中国人嘛。标准的中国人。所以，他们骂的中国人的劣根性我都有，但我一直在与这些做斗争。

吕露：记得你写过一篇《中国诗歌的残忍与光荣》，感觉跟鲁迅一样愤青。你是愿意做西方人，还是愿意老死在这里？

沈浩波：我做不成西方人。生下来就不是。那就老死在这里吧。与肮脏同在。

吕露：中国需要性解放吗？

沈浩波：爱解放不解放，不干我事，不归我管。

吕露：如果让我们重新经历金斯堡的时代，你会去做一个领袖人物吗？

沈浩波：我天然就会是。但我现在对这个角色很讨厌。我经常讨厌自己。

在诗歌面前,韩寒不重要

吕露:你是天才吗?

沈浩波:有时候我觉得我是。有时候又觉得不是。觉得不是时,会觉得失落但又斗志昂扬。

吕露:所有的诗人都会觉得自己是天才。你觉得跟别的天才相比,你的区别是什么?

沈浩波:我的区别在于,更多时候我觉得自己不是天才,他们才是。

吕露:喜新厌旧吗?

沈浩波:不。

吕露:手机里有多少个电话号码?

沈浩波:500个?大概有这么多吧。

吕露:十年前,你的理想是什么?

沈浩波:当个好诗人。

吕露:什么是好诗人?

沈浩波:这个问题太大。各自想去。

吕露:你的理想实现了没有?

沈浩波:继续当个好诗人。不断当个好诗人。当个更好的诗人。

吕露:你遇到无能为力的事情,怎么办?放弃?等待?努力?什么事情会让你无能为力过?

沈浩波:有时会努力,有时会放弃,有时会等待。我想当一个纯粹的、单纯的诗人,但这件事情我无能为力,因为我控制不住太多的野心和欲望。还有很多。我想有很多女人,但我知道,我不可能有那么多感情。所以这事,是最无能为力的。

吕露:野心和欲望,在创造世界,同时也在毁灭世界。你觉得你能控制它吗?

沈浩波:不能。

吕露:记得自己第一首诗吗?

沈浩波：记得当时的状态。但不记得句子和细节了。太久以前的事了。

吕露：你因韩寒而狂怒，又因为他而宽容。诗歌，有那么重要吗？

沈浩波：我既没狂怒，也没宽容。兵来将挡，水来土掩，见招拆招而已。在诗歌面前，韩寒不重要。

2010年9月10日

沈浩波：诗人、出版人。1976年出生于江苏泰兴，1999年毕业于北京师范大学。为21世纪初席卷诗坛的"下半身诗歌运动"的重要发起者。2004年，受邀到荷兰与比利时举办专场诗歌朗诵会。出版有诗集《心藏大恶》《文楼村记事》《蝴蝶》《命令我沉默》。曾获《人民文学》诗歌奖，中国首届桂冠诗集奖，第三届长安诗歌节现代诗成就大奖，第十一届华语文学传媒大奖、年度诗人等。

Duo Yu

吕露采访朵渔：
世界的丰富，让我们不寂寞。

朵渔在现实生活里不爱讲话，跟他的诗不一样。

我不反对一切

吕露：你看过我别的采访吗？其实很随便，我喜欢随便的东西。

朵　渔：随便的状态下往往能呈现很真实的东西。我的状态往往是不太随便。

吕露：为什么？

朵　渔：我喜欢与生活和人群保持一种紧张关系。我不太信任一种过于随意的状态。

吕露：你应该把门打开，再关上。

朵　渔：不是开与关的问题，事实上我的心灵是开放的。我觉得人生艰难，我们应该做好准备。不是所谓"古老的敌意"，是态度。

吕露：我喜欢你这么说人生。

朵　渔：我大概是比较悲观的人。但又总是满怀希望。因此总有种人生艰难的肃穆感。

吕露：你是一个情绪糟糕的人吗？

朵　渔：不是。我大多数时候情绪不错。情绪是很表面的东西。内心悲观的人在生活里也可能是个乐呵呵的人。

吕露：你怎么知道情绪是表面的，表面不好吗？

朵　渔：我自己的经验。表面也不是个坏词。但对于写作来说，表面化的东西不值得信任。

吕露：我觉得，糟糕的情绪是不由自主的，悲观是刻意的，当然这都没什么，只是人们愈发难以了解自己为什么要这样？我们是生活中的演员，也是写作中的猫头鹰。我不反对表面，也不反对随便。

朵　渔：情绪是风吹的。悲观是流向。起决定作用的是水的内部。我尽量说服自己不去生活里表演，那没意思。另外，我不反对一切。"我不反对一切"，让它来吧，让它去吧，一切在流逝。我感兴趣的是我在流向哪里。

我们是在以诗人的身份对话，对吧？

吕露：为什么这么问？

朵　渔：如果没有身份界定，很多话可以换个说法。

吕露：我们是诗人。

朵　渔：是的。我喜欢这样说。"我们是诗人。"如果你只是你邻居的邻居，你们大可谈谈天气，不必牵涉到乐观还是悲观。也许晴天乐观阴天悲观，但那不是诗人间的对话，是两个老邻居。两个老邻居也可以很严肃地对话，比如交流一下微博舆情，骂一下共同的敌人，但那无关个人心灵，只是一种交流欲。

吕露：我也喜欢你这么说交流欲。如果我们真的认为真诚的东西能够与自己跑步，那将是美好的。我不喜欢为了满足交流欲而去出卖自己的人。特别是有的诗人。后来我发现诗人并不多。

朵　渔：相信美好。乐观的根底大概就源于相信美好。我刚才说"不反对一切"，意思就包括不反对"为了满足交流欲而去出卖自己的人。特别是有的诗人"。但同情他们。希望他们能卖个好价钱。诗人多少都无所谓。但相信自己可以成为一个诗人。

有时候坐河边看水，觉得一切波浪都被浪费了。看树叶，觉得风太暴力了。其实大概都是无所谓的。世界的丰富，让我们不寂寞。

让我写评论其实只是让我夸，如果夸得不充分还会得罪人

吕露：有没有人给你打电话请你为他写评论？

朵　渔：很多。

吕露：然后呢？

朵　渔：我诚惶诚恐地欠了很多债。我觉得这是一种无端欠债。但的确是欠。也许就欠下去了。

吕露：你一定不太愿意写。

朵　渔：我发现让我写评论其实只是让我夸，如果夸得不充分还会得罪人。因此，这种评论的羞耻线是很低的。如果一篇评论夸得不够狠，那其实是在批。但从另一面来说，夸，也可以增强一个写作者的信心和虚荣心。

吕露：如果一个40岁的"诗人"还要人夸的话，连我20岁的姑娘都要看不起他了。

朵　渔：连死人都希望听好话。我曾写过一篇小文，批一位过世的老诗人，结果他的后人和学生都不干了，还连累了发表此文的媒体，被迫道歉。

吕露：你该死磕的。

朵　渔：是报社道歉，不是我。我再写，没人敢发了。我们现在基本没有合格的批评。专业的和业余的都不合格。专业的不够专业水准，业余的没有业余良心。

你看诗歌界活泼泼像梁山，其实是时代大环境的缩影。诗人没有形成一个过得去的共同体。

吕露：我在采访韩东、于坚的时候根本就不看他们的诗，我是在喜欢上他们本人之后才开始看他们的诗的，他们的自恋特别真诚，我喜欢他们的光脑袋。我从不会采访让我主动采访他的人。

朵　渔：老韩老于他们，自我的修炼都很高。这种东西很内在，但会在表面上自然浮现。古人所谓"变换气质"就是这个意思。40岁之后，你要为自己的那张脸负责。有的光脑袋就是没头发，有的光脑袋内容很丰富。

吕露：你觉得虚荣是什么？你的虚荣是什么？

朵　渔：简单说，虚荣是羽毛。我的虚荣是爱惜羽毛。追求"荣"是人的本性，但何为"虚"何为"实"，实在没有一个清晰的界限。有些虚，追着追着就实了；有些实，追到了却发现是虚。虚实转换中，人生就度过了。

吕露：像在讲道理，那爱慕虚荣呢？

朵　渔：爱慕虚荣也很好，比爱慕丑恶要好。很多时候，是虚荣推动我们往前走。

吕露：郭美美呢？

朵　渔：她把虚荣当本质了。

吕露：你在意别人怎么看你吗？

朵　渔：在意。但在一定程度上我会将这些看法消化掉，看法就成了我自己的经验，于是"别人"消失。如果不在意，就没有了交流。听不听别人说都没关系，但不要以为自己的路就真的是自己的路。

吕露：有时当我难受极了，若有人给我能影响我情绪的意见我就会坚硬地反击他。我觉得大多数时候在意别人的意见是一种无明的痛苦。比如我相信爱情这码事，就会有人说："你有病，怎么会这样？"

在意别人的意见在我看来，是一种轻量级的讨好。

朵　渔：不是所有话都值得一听。比如相信爱情这件事，"相信"是自己的事情。涉及个人信仰的，很多时候我会闭目塞听。在意，是个人在意，与他人无关，何来讨好？我在意他的意见，也许只是反对性的在意。有些时候，讨好也是一种本性。

我刚谷歌了"在意"，有两个意思，一个是"留意"，一个是"放在心上"，英文作 to take to heart; to care about。

这也是"在意"的本意，我们大多数人其实也是这么干的。

不一定每件事都要在意得"放在心上"。帕斯卡尔说过一句很残忍的话，如果所有人都知道他们彼此在说对方什么，那么全世界就不会有四个朋友。

我不喜欢自我感觉太好的人

吕露：你会讨厌自己吗？

朵　渔：会的。我觉得自己有很多毛病，又很难改，就讨厌。一半是自恋，一半是讨厌，互搏中惶惶度日。

吕露：我喜欢自己给自己提意见，又推翻。我喜欢博尔赫斯这么说：否定时间的连续，否定自我，否定天体宇宙，表面上是冒险，实际上是慰藉。

我也讨厌自己。我喜欢相反的吕露。很真实很明亮。如果你把自己讨厌的东西记在本子里或者一直做自己讨厌的人，那会是什么情况？我很好奇。

朵　渔：如果自己一直讨厌自己，那就太虚无了，很难活下去。人还是要有点自恋。我们肯定一直在做自己讨厌的人，因为有些毛病是痼疾。小小的讨厌有益于健康。我不喜欢自我感觉太好的人。

吕露：我也讨厌。

朵　渔：有点小小的自卑和分裂，懂得自我互搏，再美好一点，就好了。

吕露：你看上去好像很年轻。

朵　渔：是夸吧？

吕露：嗯。

朵　渔：当一个人喜欢被夸年轻的时候，他可能已经老了。

吕露：为什么？

朵　渔：欢中年的感觉。我希望自己从年轻一下迈入老年，省略中间状态。

吕露：我们的感觉挺像的，中年男人女人都挺奇怪的，主要是中间很麻烦？我不知道。但我觉得年轻也很麻烦。

朵　渔：我喜欢年轻的感觉。但常常有往事重来的冲动和遗憾。常想人生乃一大梦，一旦醒来，人生皆可推倒重来。时间一旦死去，留给人生的就是一截断尾。

吕露：没人能逃，反正没有痛感，生活就了无生趣。希望能够令我们有感觉的物质持久一点，不稳定的物质很持久。

朵　渔：如果你还没有"往事重来"的冲动，说明你还很年轻。人老的感觉不是前面的路越来越短，而是后面的路越来越黑。

吕露：你喜欢谁的诗？

朵　渔：我在不同阶段喜欢过不同人的诗。最近一段时间喜欢拜伦。

吕露：我最近迷博尔赫斯的。

朵　渔：我对老博也迷恋过，但最近有点腻了。他是一种比较单调的维生素。

吕露：他很自恋，自以为是，他会不停地告诉你："我是博尔赫斯。"所以我迷他。

朵　渔：这理由很新奇。很多曾经喜欢的，现在都不再喜欢。很多被认为落伍的，现在又重新捡起来。如果一生只喜欢一种或一类，也是很可怕的。

吕露：你觉得自己是一个怎样的诗人？

朵　渔：一个认真的诗人。

吕露：枯燥吗？

朵　渔：一点也不枯燥。如果一生能如此度过，那简直要幸福死。不知你如何理解"认真"二字？

吕露：我把认真跟热爱当成一类词汇。

朵　渔：我觉得还不仅仅是热爱。很多热爱诗歌的诗人，其实并不认真。

吕露：那天在昆明，于坚请我喝咖啡，我在谈我不喜欢的诗人，我对他说，我可以列一个小时的名单。他笑傻了。

一切炫耀、吹牛、虚荣，都是自我对话的不足

吕露：我的生活是日夜颠倒。

朵　渔：我觉得自己已经颠倒不起了。我记得我们第一次交谈时，我说过"我不反对一切"，不是不反对，是可以接受更多的异己的东西。这个世界已经非常碎片化了，我们不必将碎片重新拼合起来。我读以赛亚·伯林，也是深受他的启发。他的两种自由的观念，也是要告诉人们，某些善是彼此不兼容的。当然，对于恶，依然要反对。是为上一个话题的补充。

还有一个话题，你问我是否会讨厌自己。我不是讨厌，是争吵。一个人是要先分裂为两个人，让两个我互相争吵与对话，才会最终成为一个完整的人，合二而一的。这也是阿伦特的一个观念。

吕露：亲爱的朵渔，我刚接完一通长话，在接这个长话之前我已经很多天没有睡觉了，我依然不想睡觉，依然是喝咖啡和不吃饭，我们的访谈已经做了几天了，停了的这两天我每天都和我最好的朋友摇滚女孩在一起，我对她说我非常希望自己能正常一点学习爱。中午的时候我给一个艺术家打电话说我的忧郁，我说我很忧郁但我不怕它，我没有规矩，也不相信运气。我说当规矩知道多的时候就会讲究技巧，最后就有输赢的概念，最后你会觉得所有的事情都是运气。这非常糟糕。我也讨厌忧郁的吕露。我也没有办法。

朵　渔：我能理解。我也曾长时间忧郁。但我是信奉人定胜我的。在需要神的帮助前，我首先会帮助自己。好在我还能有效帮助自己。我的办法是读书和出行。自信。

我很少依靠朋友。也不太相信运气。说起运气的确就动了输赢的念头。

吕露：是的，帮助自己，很美的概念。从去年到今年我几乎都

> **在路上，除了西部，我哪儿都去了。我发现依赖什么都没有效果。当你觉得一切都开始不对劲的时候，最好的方法就是写信。我觉得写信就是写作。**

朵　渔：写作其实是写给世界的信。写作的确有疗救的效果。我时常觉得幸亏自己还可以写作。但事实上选择写作是一种宿命。

> **吕露：忘记是谁说写作是一种酷刑。还有一个人说有才华的写作的女人总是在委曲求全地生活。我父亲也在担心我的状况，他觉得我长久待在幻想中，我也喜欢现实，当我写作，我就在面对现实。（好像在宣誓）**

朵　渔：写作是毒药，也是解药。对于女人而言，写作具有更多的虚幻性质。在这种写作生活里如何与现实协调，真是太难了。可以活得很精彩，也可能在别人眼里很悲惨，全赖社会空间的广阔度和自我的强大。

> **吕露：有一次我对一个人说："我不管别人怎么在看我。"其实说完这句话后我就大哭。**

朵　渔：是啊，这是最真实的感受。冷暖自知。但是，我觉得，冷暖自知又如何，干卿何事。

> **吕露：你爱写作吗？还是恨？**

朵　渔：爱。还从未有过恨。

> **吕露：写作中的男人像我心中的时钟。**

朵　渔：当一个人与写作融为一体，他/她就是为写作而生了。

> **吕露：吕露对你是一个怎样的概念？**

朵　渔：不是一个概念，是一个人。一个比我年轻很多、觉悟更早、生活更大胆更精彩的年轻朋友。

> **吕露：觉悟这个词很沮丧，大胆很浪费。**

朵　渔：我不觉得。觉悟是大胆的前提。这两种品质我都是很晚才得到。哎，什么是勇敢，什么又是大胆，这种微妙的差别只能在生活里自我调适。这一切都有一个"觉悟"的共同基础。而觉悟来自自我对话。所谓鲁莽，大概就是不懂得自我对话吧。一切炫耀、吹牛、虚荣，都是自我对话的不足。

我从没想过你有一天会采访我

吕露：你为什么会接受我的采访？

朵　渔：我有什么理由拒绝吗你觉得？我看过你的一些采访。我从没想过你有一天会采访我。我不是个轻松愉快的受访者，与你的很多采访对象不同。

吕露：你觉得你跟他们不一样吗？

朵　渔：肯定有很多不同。比如年龄上就有差距。你对自己的采访对象有要求吗？比如说，什么样的人你不会采访。

吕露：自告奋勇的我不会。

朵　渔：你在做这件事情的过程中，最大的乐趣是什么？

吕露：把他们弄得不像他们。

朵　渔：哈哈，那要很强的气场，或者混不吝才行吧。

吕露：大家都很配合，像在跳舞一样，非常好。你说现在还有谁会大张旗鼓地问一个"有名"的诗人：你是一个过气的诗人吗？谁会问：你有情人吗？谁会问：你的袜子臭吗？

朵　渔：好像这些问题你都没问过我。你对我的提问一直很节制。为什么？

吕露：你想不节制吗？

朵　渔：我无所谓，希望你来领舞，你是采访者。

吕露：你爱过小女孩吗？

朵　渔：现在轮到我"没感觉"了。

吕露：为什么？

朵　渔：“爱”对我来说不是一次性的，随便的喜欢肯定不是爱。

吕露：你觉得小女孩爱老男人正常吗？

朵　渔：这是你的困惑吗？我觉得不正常。因为所谓"正常"是大多数人的一个判断。大多数人认为对的，才称其为"正常"。但"不正常"不见得就是错的，因为对与错其实是个人化的判断。因此，这个问题就是：不正常，但是对的。我在绕圈子吗？我是在剥离开自我与大众。

吕露：这可能是我的困惑。我可能知道一切。你常怀疑自己吗？

朵　渔：常常怀疑。又非常自信。

吕露：我也是。这是游戏。

朵　渔：有时候自我怀疑，其实是在为自我筑坝。

吕露：你能爬上去吗？你能看见什么？你看不见什么？

朵　渔：能看到自己的嘴脸。有时候又看不到。这就是自我怀疑吧。当看到的时候，筑坝就会高一点。看不到的时候，迷惘与自信参半。

真是淡定，我做不到

吕露：沈浩波送过我《诗歌现场》。

朵　渔：我还在办。请多批评。但也比较艰难和迷惘。

吕露：为什么？

朵　渔：毕竟，在传播渠道如此便捷的今天，搞一本民刊需要一种新的思路。否则，会造成新的虚荣、遮蔽和霸权。

吕露：《诗歌现场》里有你不喜欢的作品吗？

朵　渔：有。因为我虽然主编它，但我尽量吸收朋友们的建议。我觉得以我个人的趣味，会造成很大的偏狭。我不喜欢的，如果我信任的朋友推荐过来，我也会用。

吕露：中国有哪些诗刊你较欣赏？

朵　渔：20世纪80年代有一些不错的诗刊。目前值得欣赏的不多了，大多成了山头读物。20世纪80年代大家有一个共同的对立面，那就是官刊。现在是各自为政，划名单为界。就像帕斯卡尔所说的以河流为界。在比利牛斯山这边的是真理，那边的就是谬误。很滑稽。

吕露：我在偷笑。

朵　渔：笑什么？

吕露：高兴你这么说。

朵　渔：嗯，你都哭了两天了，笑笑也不错。

吕露：七月，在大理的那段日子，我每天都在读书和散步，还游了几次泳，我想到塔可夫斯基说：多年来我苦苦坚信，在时光之中，会有最出人意料的发现。

他还说：就精神意义而言，你只能通过救自己来救别人。一起努力没用。

朵　渔：是的，相信会有奇迹出现，这是聪明人的做法。这话帕斯卡尔也说过，他说一个人的精神越伟大，就越能发现人类所具有的创造性。平庸的人是发现不了的。

　　　人的伟大之处是发现自己的卑微，这一悲观的底色虽然可悲，但认识到这种可悲正是人的伟大所在。这和我最初所说的悲观和最终的乐观差不多。

　　　另外，我觉得在一些极端条件下，一起努力还是有用的。比如爱。关键是你要找到她/他。如果你找到了，她/他会挽救你于一时。这就够了。这一时往往就是永远。

吕露：谢谢你把话题转移到感情这个糟糕的话题上，好像女人都挺容易被这种隐瞒性的词汇所打倒，我好像挺喜欢在中间试图战胜它。我的疑问总是存在。爱就是怀疑。爱就是不信任。

我相信永远没有的东西，就是爱。我相信残酷。谢谢你告诉我挽救的意义。但这是毁灭。可能你也不知道这到底是一个什么东西。

还有，在《女友杜拉斯》，作者说：假如你要写发生在威尼斯的事，就别去威尼斯。我想借换一下：假如你要写爱，就别去爱。

朵　渔：如果你没有失魂落魄地爱过，你就永远不知道爱的形而上学到底是什么。爱是怀疑和不信任，它的背后则是肯定和占有。这是合二而一的东西。一种极端体验。类似于酒神精神在现代的复活。

爱的最极端体验很难用文字表达。

吕露：你失魂落魄的时候在干嘛？

朵　渔：在失魂落魄。就像，你喝醉的时候在干嘛？那就在醉中体验醉。不用干嘛。极端的体验中，痛和痒很难分清。罪与罚也很难分清。

吕露：今天我出门去咖啡馆见我最好的朋友，我一直戴着墨镜坐在她面前哭和说失控的话，完全没法克制，我不知道我应该怎么办，我不停地问她怎么办。这时，每个人都变得更愚蠢。世界不用哭泣呼喊，它承载包容所有的罪过、泥浆、污秽和相爱。

朵　渔：我再转述一句帕斯卡尔的话吧，"……我只能赞许那些一面哭泣一面追求着的人。"有时候想看到新鲜的事物只需摘掉墨镜。这算是一种无效的鸡汤吧。

吕露：天，我还想到里尔克的诗！你要像一个病人似的忍耐，又像一个康复者似的自信。

朵　渔：对的。非常可悲。但认识到这种可悲乃是伟大。

我们总是容易被一些细小之物绊倒，庞然大物只会让我们碰壁或躲避。有时候你盯着一个庞然大物，细小之物会为你让道。我们现在很多诗人也是细小有余，在一些无聊的事物上浪费精力有余，却难以超越。问题还是出在他关注的事物过于琐屑，如奥登所言，他对越来越少的东西知道得越来越多。很无聊。

吕露：拉帮结派，你知道，这是现在诸多"诗人"的乐趣。于坚是美好的，我非常尊敬他，他说：我是一个错误的诗人，在合唱中沉默，为诗歌的敌人写作，并且拒绝朗诵。

朵　渔：嗯。"拉帮结派"在古代有个美好的说辞，交游。但现代人的所作所为，没有古人意思好。"寝起，读书柳荫及东窗，皆有妙趣。"这也是一种乐趣，但已被视为腐朽了。其实，这也是乐在其中的一种方式。老于常说"后退"，他大概就是要退回到这种纯然的乐趣中吧。现代人太着急。事往往一急便坏了。

吕露：你呢？

朵　渔：我也爱着急。这种修行很难。昨晚读吴康斋，"夜大雨，屋漏无干处，吾意泰然"。真是淡定。我做不到。

2011年8月15日

朵渔：独立诗人，专栏作家。1973年出生于山东，1994年毕业于北京师范大学中文系。现居天津，写作诗歌、随笔。曾获华语传媒年度诗人奖、柔刚诗歌奖、后天及奔腾诗歌奖，《诗刊》《诗选刊》《星星》等刊物的年度诗人奖等。著有《史间道》（天津人民出版社）《追蝴蝶》（《诗歌与人》专刊）《最后的黑暗》（北岳文艺出版社）《意义把我们弄烦了》（人民文学出版社）《原乡的诗神》（北京邮电大学出版社）《我的呼愁》（暨南大学出版社）《生活在细节中》（花城出版社）等诗集、评论集和文史随笔集多部。

Feng Tang

吕露采访冯唐：
其实我是个诗人。

2011年夏天去冯唐家吃饭的时候还不知道冯唐是谁。后来才知道，原来是冯唐。他谦虚，勤奋，给他发信息总能及时收到回复。2013年他来武汉出差，问我在不在。我说在。我们一起去酒吧喝了点东西。酒吧，陌生客人认出了他要跟他合影，他站在他们中间笑。我问他是不是名人。他说，我是诗人。

吕露：你能在镜子里看见另一个自己吗？

冯　唐：不用镜子我都能看到另一个自己。我内心有个大毛怪，我时常调戏它。

吕露：你能面对一座山说那不是山吗？

冯　唐：说山是山，即非山，是为山。

吕露：写作好玩儿吗？

冯　唐：超级好玩。写作是我的修行。

吕露：你估计放在哥哥那几几十箱的书里，除了若干手稿小说外，还有别的什么？你的太太若看见情书什么的真会生气？我看她不像那类嫉妒横生的女人。

冯　唐：除了小说手稿之外，都是书啊，还有十几本日记本，一包旧信。我太太看情书不会生气，她看《冯唐诗百首》之后生气了，过了一会儿自己好了。

吕露：现在与父亲在一起都会聊些什么？他是一位怎样的男人？

冯　唐：我和他聊军事和人民幸福。他是一个和佛距离很近的男人，每天拼命玩耍，仿佛每天是最后一天。

吕露：你觉得什么是心理疾病？

冯　唐：放不下的都是心理疾病。

吕露：手稿写作跟电脑写作带给你的感觉一样么？

冯　唐：手写时候，手累些。电脑写，背累些。更习惯用电脑写，写嗨了，有弹琴感，想长啸。

吕露：你认为自己是有才华的人么？

冯　唐：是。俗事能想清楚，说明白。不俗的事儿，写着写着能飞起来。

吕露：妈妈劝我不要写作，她觉得写作让我"不正常"，事实上我没觉得自己不正常。你的家人对你的写作有什么看法？

冯　唐：完全不管。自生自灭。

吕露：2011年你做了哪些让自己愉悦的事？

冯　唐：写完并出版了全本《不二》、出版了杂文精选集《如何成为一个怪物》、出版了第一个诗集《冯唐诗百首》，飞国航飞到了终身白金卡，买到了一个刻了藏文六字真言的清朝白玉扳指，每天有心得所以每天都不烦。

吕露：2012年有什么计划？

冯　唐：学写中短篇小说，重新开始系统阅读，开多家医院积阴德。

吕露：你最好的朋友是？

冯　唐：艾丹。

吕露：你的敌人是？

冯　唐：心中的大毛怪。

吕露：最喜欢哪个词语？为什么？

冯　唐：肿胀。不知道。

吕露：诗对于你来说是什么？

冯　唐：底色。

吕露：每天上微博？喜欢看谁的？

冯　唐：每天。我有不到一百个关注。以媒体和有独立思考、自由精神、自嘲能力的个人为主。

吕露：你是闷骚的人吗？你了解自己吗？

冯　唐：我不闷，自己和自己待着都会自己乐出来。我只是很少在无趣的人面前开放。我了解自己的一部分。

吕露：什么是好的写作？什么是不好的写作？我记得海明威有为此谈过这个问题。

冯　唐：最好的写作能冲击受众的世界观、人生观和价值观，最好的写作能对于所用的语言有所贡献。达不到这个标准的，就是不好的写作。

吕露：我身边大部分看书的朋友都买了《不二》，那天在你家吃饭，你送了沈浩波、小宽，硬是没送我，且说我看了少儿不宜。想必是你存心就不想送。《不二》对你来说是什么颜色？

冯　唐：明黄色。你还小，不着急看。

吕露：性是一个什么东西？

冯　唐：春夏秋冬。

吕露：怎么看同性恋？

冯　唐：春夏秋冬。

吕露：怎么看小姐？有一次我给伦敦的作家写信，我问他在中国有没有找过小姐，他说现在很多从国外回去的人有的是为了出名有的是为了找小姐，因为有很多。

冯　唐：正当职业，福德多。

吕露：你第一次性体验是多大？

冯　唐：肿胀在10岁左右，用手在12岁，失身在19岁。

吕露：和初恋还有联系么？

冯　唐：有。我通过她买茶喝。

吕露：爱情有保险期？

冯　唐：不知道。

吕露：以前你真是妇科大夫？你把《致女儿书》写到极致了，你好像更了解女人的身体。

冯　唐：是，我在协和医科大学学了八年医，博士导师是协和妇科的郎景和和沈铿大夫。

吕露：你想得奖吗？类似什么诺贝尔。

冯　唐：想得奖。对于诺贝尔文学奖不太熟悉。印象中，获奖的作家通常不是我最爱的作家。

吕露：你有厌倦过的女人的身体么？

冯　唐：没。

吕露：你喜欢穿什么鞋子？

冯　唐：没鞋带的鞋。

吕露：什么情况下会感觉自己是个"弱者"？

冯　唐：一直不强，不弱，比较独立，基本够活。

吕露：觉得韩寒怎样？

冯　唐：小聪明，和文学无关。

　　　吕露：怎么看剩女？

冯　唐：谁规定一定要嫁人？

　　　吕露：如果你是一个单身普通老男人会去考虑参加电视相亲节目？

冯　唐：不会。

　　　吕露：做过后悔的事？什么事？

冯　唐：没。

　　　吕露：一个有才华的人会一直有才华吗？

冯　唐：是。

　　　吕露：今天在咖啡馆工作，碰到了几次在咖啡馆碰到的年轻女孩，我们搭腔说了话，得知情况如下：大二，中文系，想做一名作家。我劝她别做。她问我为什么。如果你是我，会怎么回答？

冯　唐：别做作家，先生活。

　　　吕露：你常在哪儿待着？北京？香港？你最想在哪儿待着？

冯　唐：满世界到处跑，以国内为主，一半日子住酒店。我在哪里待都差不多。

　　　吕露：用一句话讲一个故事？

冯　唐："第一位国王临死前在树下坐着想了两天两夜：他死之后是君权神授好还是君权人授好。"

2012年1月13日

吕露：这些年过去，还在写作，感觉如何？有变化吗？

冯　唐：白云苍狗，一个模样。

吕露：翻译《飞鸟集》以及写《素女经》，把自己关在屋子里多久？体力如何？怎么安排写作时间，有什么习惯？

冯　唐：《素女经》具体多久不记得了，也是和以前一样，一些零碎时间凑起来完成的。《飞鸟集》相对好很多，我在美国待了大半年的样子，翻译绝大部分是在这半年里完成的。感觉，还好我还没老。

吕露：颈椎不舒服时怎办？

冯　唐：做几个俯卧撑。

吕露：不开心的时候会怎样自处？你觉得你快乐吗？

冯　唐：不开心的时候自己哄自己。我觉得，我算幸运的，绝大部分时间比较快乐。

吕露：有人不认同你的诗歌，你在乎吗？为什么？

冯　唐：我希望读者能喜欢，但是我觉得自由很重要，包括自由地选择"喜欢的诗歌"。

吕露：你的女读者很多很多，这是为什么，被许多人喜欢会感到紧张吗？

冯　唐：我以前也觉得我的女读者多，后来我发现其实男读者也挺多的。紧张，一直很紧张。

吕露：你相信爱情吗？

冯　唐：爱情是一瞬间的事情，就那一瞬间，你相信有那一瞬间是对的，但是你要是觉得这辈子天天都是爱情满满的，我不认同。

吕露：《冯唐诗百首》里你最喜欢的一首是？

冯　唐：我都挺喜欢的。哈哈。

吕露：每天你会在自己的微信公众号上念诗，都是当下决定念，还是之前想好？有什么"标准"？

冯　唐：没有，我有时候也发照片，或者分享别人的诗歌。我的公众号就是我自己在发，不是一个特别规划好的事情，是一个挺随性的事儿。

吕露：最近在读什么书？

冯　唐：《资治通鉴》。

吕露：你喜欢什么样的女人？

冯　唐：不挑我毛病的。

吕露：2月23号中午11点你发了一段语音，说你觉得母亲挺累的，你觉得你累吗？

冯　唐：我也挺累的呀。

吕露：有没有写得力不从心的时候？那时候，会做什么？

冯　唐：合上。喝酒，睡觉。

吕露：你还是否大部分时间在飞机上、酒店里？接下来，还会这样？

冯　唐：目前还好，但是目测之后的生活又会成为这样。我想尽量控制节奏，留给自己的时间多一点。

吕露：出版方面，你和路金波合作得最多，为什么？怎么看作者与出版商之间的关系？

冯　唐：合作得久。信任的朋友，重要的伙伴。

吕露：现在，2015年，我还想听你用一句话讲一个故事。

冯　唐：冬至夜读《西游记》梦唐僧梦妖有感：

妖精？悟空！

八戒呢？

沙和尚啊？

白马！

2015年3月4日

冯唐：男，1971年生于北京，诗人、作家、古器物爱好者。人民文学杂志"未来大家"Top20之首。1998年，获协和临床医学博士。2000年，获美国Emory大学MBA学位。前麦肯锡公司全球董事合伙人。某大型医疗集团创始CEO。如今自由写作、投资咨询。

Han Dong

吕露对话韩东：
冷静不是冷酷。

韩东经常提携晚辈，他告诉我要多跟年轻人玩。

大器晚成也许更靠谱一些

吕露：你是理想主义者吗？

韩　东：理想主义如果是愿意人好我就是，如果是理想高于现实我就不是，不仅不是，而且反对。

吕露：你是天才吗？

韩　东：显然不是。

吕露：19岁成名不是天才吗？谦虚是狂妄。

韩　东：小海15岁成名，那才是天才呢。我很害怕少年成名的，因为那多少是一个陷阱，大器晚成也许更靠谱一些。

吕露：最想得到什么？

韩　东：重复一下北岛的话吧，平静与自由。

吕露：你手机里有多少个电话号码？

韩　东：我掉过好几次手机，这次换手机大概有一年多，里面约有500个号码。

吕露：有没有难忘的夏天记忆？

韩　东：小时候的夏天，没有空调，甚至没有电扇，但有各式各样的扇子，有浓浓的树荫，晚上睡在光溜的竹床上，上挂网眼蚊帐，吃冰镇西瓜、绿豆汤，用井水冲凉，在小河里浸泡，肩膀上搭一块湿漉漉的毛巾……那时的夏天和现在完全不同，好像那时候的夏天才是夏天。

吕露：你觉得自己帅吗？

韩　东：不觉得。帅是现在的概念，我们那时候叫潇洒，叫神气。

吕露：神气？怎么讲？

韩　东：就是精神气那个神气吧？

吕露：哲学是什么？

韩　东：抽象思维的游戏之一，主要材料是语言概念。

吕露：抽象思维还有什么？比如？

韩　东：数学。

可以虚伪，但不能伪善

吕露：婚姻是什么？

韩　东：世俗生活的标志，但往往得不偿失。

吕露：得不偿失是什么意思？

韩　东：得到的不如失去的。

吕露：你哭吗？

韩　东：当然。你笑得多欢，到时候就哭得多欢。

吕露：这话说得像个思想家，你是思想家吗？

韩　东：思想不是思想家的特权，我愿意做一个思想者或者思考者。

吕露：我突然想起何小竹的写作是职业状态，你也是。职业写作有什么不好之处？

韩　东：不好的地方就是刻板、程式化，但中国作家缺少的往往就是基本的规则、流程意识。

吕露：肯定也有写不出或写不下去的时候，光看喜欢的作者的作品也是没用的。

韩　东：那当然，那就彻底丢下，干点别的。

吕露：你对90后怎么看？

韩　东：江山代有才人出，不过目前的情况我不太了解。再就是他们得再写写，才可能看出苗头。

吕露：你对色情文学怎么看？

韩　东：应该也有高低之分吧，和各种专门题材的作品一样，不应该有歧视。

吕露：你为什么不用QQ、MSN？

韩　东：都用过，后来怕麻烦就不用了。这些东西很耗时间。

吕露：你喜欢什么样的女孩？

韩　东：漂亮、生动、本能好的。

吕露：你虚荣吗？

韩　东：当然，只是虚荣的东西不一样。

吕露：怎么看虚伪？

韩　东：可以虚伪，但不能伪善。虚伪有可能是因为礼节、礼貌，而伪善包含道德判断。道德判断一般来说是很操蛋的东西。当然伪恶也不好，现在有很多年轻人、诗人、艺术家以伪恶的面目出现，有时候有点过了。

写作和面对朋友时我最感自由

吕露：你好像很喜欢苏珊·桑塔格。

韩　东：一般。

吕露：你现在有什么烦恼？

韩　东：小烦恼不断，大烦恼不太有。

吕露：你是名人吗？

韩　东：不是，是也只是小圈子里的名人。

吕露：怎么看外遇？

韩　东：各种情况很复杂，不可一概而论。

吕露：怎么看亲情？

韩　东：亲情中包含占有、依赖的情感，这两方面都是需要节制的，否则就是灾难。

吕露：你自控能力强吗？

韩　东：还行，一般般。

吕露：你自由吗？

韩　东：写作和面对朋友时我最感自由，但深知这自由是建立在尊重对方自由前提上的。作品本身也有生命，也得尊重它本身和你不一样的去向。

吕露：你的家庭对你的写作有什么影响？

韩　东：我父亲就是作家。现在的家庭对我的写作和工作从不干预。

我喜欢的冷静基调应该是暖的

吕露：做家务吗？

韩　东：当然，并且在做家务中常常有成就感。

吕露：相信爱情吗？

韩　东：爱情不是一个信不信的问题，而是一个品尝问题。说到品尝，各种滋味都要接受。

吕露：就算接受也是被逼无奈的，我想。我可不相信你是心甘情愿的。

韩　东：只想好事不想坏事那是不成的，何止爱情，这个世界上所有的人事都是矛盾的。人就是矛盾，是矛盾本身。

吕露：现在最想念谁？为什么？

韩　东：我母亲，因为她已是风烛残年，需要我们经常陪伴了。

吕露：你觉得自己是枯燥的人吗？

韩　东：有一点。在不枯燥的事情上我往往枯燥，但在无趣的事情上——比如工作、做家务时我兴味盎然。

吕露：这是为什么呢？

韩　东：我比较喜欢安静、独处，喜欢三两人之间的交流互动，那时我相对比较有活力。

吕露：最喜欢的书？

韩　东：很多，如果举一本就是西蒙娜·韦伊的《神恩与重负》。

吕露：你知道我肯定会问你这本书是讲什么的，快说。

韩　东：讲真理，句句是真理（我这么认为），而且语言也相当好，不可能不好。这是一本人书合一、言辞与思想高度合一的书。

吕露：去年夏天你去了哪些地方？和今年有什么不一样？

韩　东：想了想，实在不记得了。今年夏天我还记得，这就是不一样吧？

吕露：哈哈，变态的记性。

韩　东：有人能记住任何一次吃饭的饭馆、吃了些什么菜，那才是变态呢。

吕露：不写作不写诗，会去干嘛？

韩　东：四处旅行，看看别人是怎么生活的，也体验一把。

吕露：现在不是也在看，也在体验么。你好奇心强不强？

韩　东：对某些事好奇心强，其代价就是对很多事熟视无睹。

吕露：对什么事好奇？

韩　东：对人际关系好奇，对神秘事物好奇，对生而为人好奇。

吕露：你冷静吗？

韩　东：有时候。但我喜欢的冷静基调应该是暖的。

吕露：不懂。

韩　东：冷静不是冷酷，不是某种值得炫耀的东西。炫耀冷静者有时候不近人情。

我欺负他是一个厚道人

吕露：撒过谎吗？

韩　东：这还用问？撒谎是自我保护的手段之一，也是保护他人的手段。

吕露：喜欢孩子吗？

韩　　东：喜欢，但不如喜欢小猫小狗。

吕露：有人说你长得像20世纪80年代知识分子吗？

韩　　东：没有人这么说。我既不知识分子，也不20世纪80年代。

吕露：那你是什么？

韩　　东：我怎么知道？自知之明可是高不可攀的境界。

吕露：此刻你穿的袜子是什么颜色？谁买的？

韩　　东：此刻没穿袜子。我的袜子大多是我老婆买的。

吕露：你喜欢萨冈吗？

韩　　东：目前没有读过，以后一定会读。

吕露：你一定要读她的。

韩　　东：好的。

吕露：和于坚相比，你觉得你俩谁酷？

韩　　东：那还用说，老于呀，和他在一起我的级别顿时低了，无论是酷还是帅。

吕露：你嫉妒过他吗？

韩　　东：嫉妒的，老于早于我们知道职业生涯的要义，还有他的韧性和专注都是我所不及的。

吕露：你跟他吵过架，吵什么？我要知道。

韩　　东：现在想起来不过是观念之争，很没意思的。我欺负他是一个厚道人。

吕露：《他们》的影响力超过了你的想象吗？

韩　　东：没有。好像那时我们做事不会考虑影响力之类的问题。

别人失恋时想什么我就想什么

吕露：你身体好吗？

韩　东：还好，除了不可避免的衰老，基本上没有毛病。

吕露：坐火车最有趣的是哪一次？

韩　东：有一次很狼狈，已经过年回家了，西安方面的朋友说为我搞到了真正民间艺人的泥塑，如果不来取就被别人拿走了。我因此又从南京去了西安，拿到宝贝后再次返回。那时候坐火车是个什么概念？又是过年，来回都站着，甚至站都没地站，金鸡独立。厕所也挤满了人，没法大小便。临到南京实在憋不住了，就在一个站上下车了，直奔公共厕所……

吕露：你觉得你老了吗？

韩　东：还没有觉得。或者说现在的觉得只是思想上抽象的觉得，在身体上感受不深。

吕露：最满意自己哪部小说？

韩　东：《知青变形记》。

吕露：撑不下去时，会做什么？

韩　东：休息，调整，好好吃饭，打坐，读一读圣贤书。

吕露：欣赏哪些女诗人？

韩　东：中国的？翟永明、小安、尹丽川……

吕露：喜欢下雨吗？《神秘》这首诗里第一句便是：雨的气味是回忆的气味。

韩　东：我非常喜欢下雨。写雨的诗不下十几首，成立的也有六七首，成功率很高。

吕露：你喜欢的导演？

韩　东：中国的？贾樟柯、姜文、朱文……

吕露：说的都是你的朋友。

韩　东：而且都是名人，大家不知道的就不说了。

吕露：你的生活安定吗？这样好吗？

韩　东：这几年比较安定。当然好，有利于长篇小说的写作。

吕露：我想大部分的人都失恋过，你失恋的时候脑子里在想什么？

韩　东：想得很多，自艾自怜，不肯接受，想挽回……别人失恋时想什么我就想什么。

吕露：慷慨绝对是一种美德？

韩　东：绝对。

我不觉得自己冷静

吕露：你模仿过谁？

韩　东：刻意的模仿没有，不刻意的多的是。写不下去的时候我总是阅读喜欢的作家的作品，看看他们是怎么一回事，希望从中学到一招半式。

吕露：在乌青的微客上看到你换眼镜了，新眼镜使你年轻了不少。像电影明星。你感觉呢？

韩　东：我原来的镜架就是黑框的，后来碰坏了就配了个玻璃钢的，现在又换回来了。我怎么会像电影明星？如果那样很糟糕呀。

吕露：你搞极端。

韩　东：极端很容易，并容易出效果，没什么了不起的。真正难的是"中道"，不偏不倚，犹如行走在刀锋上。可能那才是真正的极端。

吕露：你的冷静，我是喜欢的。你曾说自己生性认真，心中忧伤。

韩　东：我不觉得自己冷静，只是不喜欢不冷静罢了。后面那句话你是在我的诗里读到的吧？如果介绍自己我肯定不会那么文艺。作品和人一般不太是一回事，虽然有迹可循。

吕露：杨黎从青岛诗会回北京后，和我说你母亲病危。你和母亲的关系如何？这次去深圳照顾她，她说的第一句话是什么？

韩　东：父母，那就是天呀，我们的来源，幼时的老师。无论父母如何，他们都是在一个确定的位置上存在着的。我和我母亲的关系一向很好,她见到我的第一句话就是:"来啦。"

吕露:想过停止写作吗?

韩 东:目前没有想过,以后难说。

吕露:啊,为什么?!

韩 东:以后的事谁说得准?世事难料呀。

简单的东西是美的

吕露:你的理想生活?

韩 东:就是现在的生活。我的意思是如果人能过很多种生活,那就越多越好。如果只能过一种生活,我就选现在这种生活。

吕露:怎样才可以不胡思乱想?

韩 东:不知道,圣人都不知道。

吕露:和妻子最喜欢一起做什么?

韩 东:看碟、走路、说闲话。

吕露:有写童话的想法吗?

韩 东:目前没有,但我喜欢读童话。我向来觉得简单的东西是美的,但不太喜欢甜腻的东西。

吕露:我想说19个人,你能不能各用一句话进行一个评价?

韩 东:可以。

吕露:陈丹青。

韩 东:现代艺术的先知式人物,后来写文章、发言也可圈可点。

吕露:杨黎。

韩 东:一代宗师,正进入第二春或第三春。

吕露:杨键。

韩 东:"第三代"之后最好、最真实的诗人。

吕露：小安。

韩　东：天才，一个例外。

吕露：翟永明。

韩　东：她存在的意义已超出了诗歌、文学的范围，大美不言。

吕露：何小竹。

韩　东：挚友，静水深流的诗人、小说家。

吕露：乌青。

韩　东：年轻一代的代表，我的直觉，他的好时光就要来临。

吕露：海子。

韩　东：诗歌烈士，可惜没到成熟期就夭折了。

吕露：芒克。

韩　东：很本质的诗人，也是"今天"先知群中最重要的角色之一。

吕露：顾城。

韩　东：生得浪漫，死得惨烈，让人扼腕。

吕露：朱文。

韩　东：智慧、能力超群，中国最有前景和目光的作家、导演、艺术家。

吕露：王小波。

韩　东：诚挚的作家，有几个中篇堪称经典，创造了鲁迅以后网络以前最有效的随笔方式，可惜死得太早。

吕露：北岛。

韩　东：领袖、导师、先知、苦力。

吕露：张执浩。

韩　东：让人信赖，不卖弄小聪明的写作者。

吕露：棉棉。

韩　东：在不自觉的情况下开创了一种年轻的小说方式，如今写作越来越自觉。

吕露：韩寒。

韩　东：异端，竟奇怪地肩负起整个社会的良知重负，还能做到轻松自如，了不起。

吕露：于坚。

韩　东：在世的大师，无论从规模、经典程度和作风、做派看都是如此。

吕露：北村。

韩　东：信仰者，因此他的写作再怎么粗糙都会有某种质地。

吕露：王朔。

韩　东：开先河者，将雅、俗文学进行了有效的结合，释放了雅，提升了俗。并且是一个不可或缺的纯洁的捣蛋分子。

2010年8月12日

韩东：男，汉族，1961年5月17日出生，现居南京。早年随父母下放苏北农村，1982年毕业于山东大学哲学系，1982—1993年在西安、南京等地高校任马列主义哲学教员，1993年辞去公职。为"第三代诗歌运动"中最具代表性的诗人之一，曾主编文学民刊《他们》。2000年以后主要致力于长篇小说写作。

著有诗集《白色的石头》《爸爸在天上看我》《重新做人》《他们》《韩东的诗》《你见过大海》，散文随笔集《韩东散文》《爱情力学》《幸福之道》《夜行人》《一条叫旺财的狗》，诗文集《交叉跑动》，中、短篇小说集《树杈上的月亮》《我们的身体》《我的柏拉图》《明亮的疤痕》《美元硬过人民币》《西天上》《此呆已死》，长篇小说《扎根》《我和你》《小城好汉之英特迈往》《知青变形记》《中国情人》《欢乐而隐蔽》。电影剧本《在清朝》《北京时间》《爱你一万年》等。

曾获《青春》杂志文学奖、刘丽安诗歌奖、华语文学传媒大奖长篇小说奖、高黎贡文学节主席奖、金陵文学大奖以及曼氏亚洲文学奖提名。

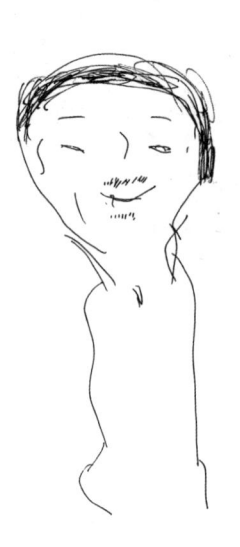

He Xiaozhu

吕露采访何小竹：
写作其实就是一种流浪。

几年前，小竹一本正经地告诉我："我没法离开写作。"

坐在神仙树公园的露天茶座谈小说和诗歌

吕露：你喜欢美女吗？

何小竹：何小竹：喜欢女人，但不一定是什么美女。

吕露：谁笔下的女人是你想拥有的？

何小竹：没有，或者说过了少年期，就没对作品中的女人有那种感觉了。我只对现实中的女人有感觉。

吕露：感觉是什么感觉？

何小竹：就是你说的拥有。

吕露：你现在在抽烟吗？成都天气热吗？今天心情怎样？

何小竹：我现在在抽烟，怕一会儿烟不够，抽了一半掐掉了，以备没烟的时候重新拣起来抽。成都今天很热了，有夏天的感觉。今天和乌青、张三、六回、莫瓦以及老朋友闲梦和我的女儿一起吃的火锅，心情很好。吃火锅前还和乌青坐在神仙树公园的露天茶座谈小说和诗歌，感觉很好。

吕露：你记得你们今天聊天他（乌青）说过什么吗？

何小竹：说了很多，很难复述。总之，跟乌青谈小说和诗歌十分自然，轻松。中间我们也会讲点故事，书中的，或现实中的。

吕露：你女儿喜欢跟你的朋友在一起待着吗？

何小竹：一般来说不喜欢，呵呵，但待着也没特别的不适应。她会倾听，偶尔别人问什么，她会回答，但说得不多。她跟她自己的朋友在一起话多。单独跟我在一起话也多。

吕露：我跟我爸爸在一起话也多，我也不喜欢跟他的朋友待着。

何小竹：呵呵，你们同龄人嘛。

吕露：你是老男人吗？

何小竹：肯定是。

在心里想着

吕露：喜欢武汉吗？一首诗里你说你来过，还像一场梦。

何小竹：喜欢，喜欢它的庞杂，喜欢江边城镇的那种感觉，还有，想象中的它的历史，当然，还有我认识的住在那里的朋友。

吕露：听说你想住在那些租界的老房子里？

何小竹：是，那次在武汉跟朋友说过的，但跟谁说的不记得了。这是老男人的一种情怀吧。

吕露：你跟张执浩说，你们应该每年互访彼此城市一次。

何小竹：是，酒后说的，表达彼此的友谊，但没实施，也很难实施，只在心里想着罢了。

写作的希望跟财路的希望不是一回事

吕露：你把写作当什么？

何小竹：当生活。不是全部，但肯定是最关键的。因为没了写作，我很难设想自己还有生活下去的趣味，乃至必要。

吕露：最近某报刊做"假如给我三天时间"专题，假如你只有三天时间，会干嘛？还写作嘛？

何小竹：肯定是写作，把想写而没来得及写的，尽量写出来。

吕露：写给谁看？

何小竹：给谁看在这时候已不重要了，就是自己要写出来。其实，现在也是这样，虽然不是三天，但也不知道是哪一天。所以，也是要写啊写的，把脑子的东西变成文字。因为不变成文字，那些东西就是另外的东西。只有变成了文字，那些东西才是属于自己的。或者说，当它们变成文字，我才知道，我是谁。

吕露：你一首诗里，你老婆问你什么时候你们才会发财。现在呢？

何小竹：现在也是老样子，没发财，但我对未来比对现在总是更乐观。

吕露：如果我没有理解错的话，你的意思就是说，在写作这件事情上，你不仅知道自己是谁，而且让自己的"财路"更有希望，是吗？还有什么补充的？

何小竹：写作的希望跟财路的希望不是一回事。那首诗有调侃，也表明自己的心态，就是写要写的，一直写，而面包总是有的。就算面包没有或很少，还是要写的。老婆不是写作者，我不能只跟她说写作怎么样，我要让她放心，我们会发财的。

吕露：安德烈·波切利的故事：当妈妈确知他变盲几乎哭泣得窒息，但还心有不甘地问："现在你能看到的就是一片漆黑了吗？""不，妈妈。"他害羞地说。"那么，你能看到什么？""什么都能看到，又什么都看不到……我能看到我想要看到的东西。我看见了我的房间：衣柜和床，但我能看到它们是因为它们就在那里。"看完这段话，你想说什么？

何小竹：我想说到了这个时候，我也会说一样的的话。它们就在那里，这个跟禅宗很像。

吕露：禅宗？

何小竹：嗯。吃饭就吃饭，睡觉就睡觉。或明镜本无台，类似这样的话。

因为我是老男人了

吕露：你自恋吗？

何小竹：会有一点，但应该不严重，没测试过。

吕露：你现在最想做什么？

何小竹：现在是什么时候？此时此刻？

吕露：嗯。

何小竹：最想听你问什么。你呢？最想做什么？

吕露：也是此时此刻吗？

何小竹：是的。

吕露：想赶紧去一个画家朋友家搬画，因为他马上要搬工作室，有很多画。他给我打电话说想送几幅油画给我，我很激动。比淘到便宜又好看的裙子还开心。然后我就问他，你为什么要送给我，不怕我私自去卖了么？他说，我信任你。所以我现在还在兴奋中，恨不得立即就在他工作室门前。我想等门一开，去选那几幅我喜欢得不得了但我又买不起的画，搬回家。

何小竹：理解这样的心情。这个时间，还能去吗？能去的话，我们改天再聊？

吕露：现在这个点，我是不可能再出门的。你呢，如果你是我呢，激动吗？

何小竹：当然不会很激动，就是一件事情。因为我是老男人了。曾经会，而且马上就去了。

在手机里写一部小说

你写过几部小说？出过几本？

何小竹：我想想。写过三部长篇，出过两部。写过两部短篇集，出过一部。就是说，电脑里还躺着一部长篇，一部短篇集，或两部短篇集，因为有一部，就是《女巫制造者》我做了修改，增加了三万多字的新内容，准备再出。再出的话，书名也会变。

吕露：没有看过你的小说。我在想，你喜欢自己哪一部小说呢？能用两句话分别告诉我，你的两部长篇和两部短篇写的是

什么吗?

何小竹：第一部长篇《潘金莲回忆录》，以第一人称，既写古代，又写当代，还把一帮朋友的真实名字穿插其中。第二部长篇《爱情歌谣》，也是第一人称，写我的妻子离家出走了，我到处去找。小说在成都、重庆、拉萨三地展开。第三部长篇《藏地白日梦》，这个是去年出的，可能你已知道写的什么，就不多说了。两部短篇集，女巫那个，是一开始就当成系列，即一本书来写的，写的都是都市里的女性，有点幻想色彩。另一部短篇集，是零星写的，收编成集子。

吕露：当你耐心仔细地跟我介绍完这几部作品后，你猜我喜欢哪部?

何小竹：不知道，想听你说。

吕露：我喜欢妻子离家出走的，因为我喜欢悲剧的事件被时间和行动杀灭的感觉。你的这个故事是这样的吗?

何小竹：我的这个故事不是这样的。

吕露：大家似乎都很喜欢《梦见苹果和鱼的安》。

何小竹：不是，是那首诗被选本选的多，大家记住了。而且，我的第一部诗集的书名也是用的这首诗的标题。

吕露：说十个你喜欢的诗人?

何小竹：这个不说。开名单不好。

吕露：为什么?

何小竹：得罪人，而且，也不科学，因为第11个呢，怎么说？还有，不同时期有不同的喜欢的诗人。10个太少。

吕露：现在中国有多少诗人?

何小竹：成千上万吧。

吕露：如果有人让我说，我会说。

何小竹：你没问题。

吕露：最近在写什么?

何小竹：没正式写什么，因为杂事刚刚忙完。但这期间，已经断断续续在手机里写一部小说。

吕露：你写东西会有顾虑吗？比如一些敏感的得罪人的问题。

何小竹：小说不存在这个问题吧。文章有这个问题，我会有所顾及的。

吕露：在手机里写？要是它不见了你会崩溃吗？

何小竹：那肯定。曾经在电脑里写的东西因电脑出问题了，不见了，那一刻，真的要疯。而且，真的打了自己的头，又摔了一只杯子。后来我就很注意备份了，边写边存盘，写完了，狡兔三窟，存几个地方，保证丢不了。都有点强迫症了。

吕露：你写作的环境怎样？就是你每天待着的写作的地方。

何小竹：现在不怎么样，女儿"抢占"了我的书房做画室。她画的时候，我只能拿笔记本去客厅，因为我要抽烟，她受不了。不过，快好了，马上要去华阳了。那里环境不错，房间多，随便写。

我是一个很普通的父亲

吕露：女儿说你是怎样的父亲？你希望女儿将来成为什么样的人？

何小竹：女儿没说过什么，好像也没这样的机会。我对她的希望，就是她能开心、专心地做自己想做的事情，过自己想过的生活。至于成为什么样的人，那也是她自己的事吧，她自己想成为什么，这很重要。

吕露：你觉得父亲在女儿的生命里，有什么作用？

何小竹：这个众所周知吧。说出来都是一样的，没什么新意的。很早我就看过一个小册子，在没做父亲的时候，是个美国人写的，书名叫《父亲难当》。写的什么已经忘了，但我确实看过这样的书，也应该受过某些正面的影响。

吕露：我以为你可能会说得不一样。

何小竹：不会的，我是一个很普通的父亲。

吕露：我还是有一个想不明白的问题，就是，为什么人会怕得罪人呢？他们吃肉，杀鸡，砍树，偷盗。为什么这些不怕，偏怕得罪人呢？

何小竹：这个很复杂，讨论起来也没意思。就是人情世故吧，年轻不觉得，年老也无所谓了，就是中年的时候成为问题。我现在就是中年。另外，得罪人也有另外的解释，就是伤害人。因为，你不敢保证你自己什么都说对了，做对了。有敬畏感，有自我怀疑。所以，有些话少说，不说。有些事，少做，不做。就是这样。

吕露：杜拉斯在《平静的生活》里说：我知道怎么躲开，这个发现很重要。

何小竹：对，这个发现很重要。

原来我也是抑郁过的

吕露：你觉得你的诗写得怎样？

何小竹：写得好，但还可以更好，我在想象着那样的好诗。

吕露：你是一个有地位的人吗？

何小竹：我不是。我没什么地位。但我是有身份的人，我的身份就是写作者。

吕露：你的微博关注率很高，博客点击率也很高，这是为什么？你有什么感觉？

何小竹：微博的关注数字不真实，很多人根本不认识我，是他们开了微博后随机选的。博客我写了很长时间了，那个点击率跟时间有关系。我开了微博,当然希望被关注。博客也是这样,看的人多,我会高兴。不过,博客和微博的初衷还是存档,就是我前面说的,狡兔三窟,让自己写的文字多一个存放的地方,以免不测。

吕露:你想做一个有社会影响力的写作者吗?为什么?

何小竹:没想过社会影响力,我的写作不可能是那样的。但我希望我的写作能给其他写作者带来启发。

吕露:现在有社会影响力的写作者,你觉得有谁?说一个。

何小竹:有好的影响力的无疑是韩寒。

吕露:你受谁的启发较深?

何小竹:应该说主要还是卡夫卡。博尔赫斯也有一点。"有一点"的名单还可开很多。卡夫卡的影响不仅仅是文学的,还有世界观的影响。

吕露:世界观?

何小竹:就是看待世界的方法。

吕露:什么方法?

何小竹:用卡夫卡的眼光打量世界。

吕露:看到了什么?

何小竹:荒诞的,悲观的,喜剧的。

吕露:阴郁吗?

何小竹:有一点。有长达十年,我事实上患有中轻度的抑郁症。只是那时候不知道什么是抑郁症。是后来回想那时候的状态,才恍然,原来我也是抑郁过的。

吕露:你是个"神经失常"的写作者吗?我的意思是在写作期间,你有没有失常行为?

何小竹:写得好的时候是那样,失常,飞起来。但有一段时间没这样了,这说明最近我都写得不好。

吕露:我总觉得脑子没有一点"问题"的人是写不出美的牛逼

的作品的。你说呢?

何小竹: 我同意。或多或少都有些问题,这样或那样的问题。得道高僧就无须写作了,因为他没问题了,通了。杜尚后来也不做作品了,因为他也通了。

吕露: 你有没有刻意让自己有问题过?

何小竹: 我刻意地让自己没有问题过。有段时间确实也貌似通了的样子,但我又放弃不了写作。而且我发现,在貌似通了的样子的时候,写的东西完全飞不起来。我恐慌了,我决定不要那个貌似了,我要写作,写出我想象中的牛逼东西。我视写作为生命,没办法。

吕露: 写作可以打通? 写作不是来找问题的? 难道你觉得它会给你答案?

何小竹: 应该说,写作本身就是问题。写作者通过写作获得存在。这不是答案的问题。也有用写作解决了自身问题的,但一般说来,这个解决适合普通人。对职业写作者来说,写作永远解决不了问题,至少是解决不了根本的问题。

吕露: 职业写作者?

何小竹: 嗯,就是以写作为生的人。为生,不仅仅是生活,还包括存在,即安身立命的意思。

我的写作是职业写作的状态

吕露: 你是个思想富有的人吗?

何小竹: 与其说思想富有,不如说情感丰富。我喜欢思考,但思考的结果是,我发现自己不擅长思考。我对情绪更敏感一些,所以,我更适合做写作者,而不是思想者。

吕露：有个疑问，老听说什么专业作家？你是吗？什么是专业作家？

何小竹：那个是苏联和中国等社会主义国家阵营的专有名词，即国家政权的代理机构——作家协会，养起来的作家。他们与"职业作家"的区别是，职业作家靠稿费和版税生活，而他们写不写都有工资拿。我不是专业作家，我甚至连职业作家都不是，因为我还不能完全靠稿费和版税生活，还得干点别的跟自己的写作无关的活儿。所以，我应该算是一个"业余作家"。但我的写作是职业写作的状态。

吕露：中国作家协会在你眼里是什么印象？

何小竹：一个跟写作无关的机构。

我尽量不让生活乱套

吕露：今天五一，你都干了什么？

何小竹：没干什么，上午陪女儿去银行取钱，交她学画的学费。中午看了一部影碟，李安的《制造伍德斯托克音乐节》。然后睡了一觉。起来后吃晚饭，晚饭后去遛狗，买烟（我买了一整条中南海，今晚可以随便抽）。然后就是与你在这里聊天。

吕露：抽烟有害身体的，对吗？

何小竹：看怎么抽。我抽烟几十年，都不真正将烟子吞进肺里，只在口腔里含一下，就吐出去了，危害估计会小一些。

吕露：你的生活很安稳对吗？

何小竹：比较安稳。我尽量不让生活乱套，不让内心的东西影响到现实。我说过，诗人就像潜伏在现实中的特工。过双重生活，这是"特工"的属性。

你是理想主义者吗？

何小竹：是的，我承认。就像我承认我是诗人一样。

承认？

何小竹：对这个词你有看法？

吕露：我觉得这个承认有点味道，我需要你告诉我。

何小竹：承认就是一种强调。小时候读过聂鲁达的一首诗，标题叫作《是的，我承认，我曾历尽沧桑》，当时特喜欢，对"承认"一词也有了特殊的感觉。

写作其实也就是一种流浪

吕露：诗人是什么样的？

何小竹：按词典解释，就是能写诗的人。自我的感觉是，与人不一样的人，不能完全走在地面上的人，有异趣的人，永远可以做梦的人。

吕露：以前有网友说"现在什么人都可以写诗"，你怎么看？

何小竹：如真是这样，什么人都能写诗，无疑是好事。人人都是诗人，这是世界的理想状态。它的反面就是，人人都是军人或暴徒。

吕露：世事是无常的，一般理想都只不过是对虚空的期待，不是吗？你间隔最长的时间，有多久没写诗？

何小竹：大概没有间隔上三个月。写诗很早就成为我生命中的必需，就跟呼吸一样。我也没有刻意要写或不写。有就写。而几乎有的时候已成为我的一种常态。

吕露：你觉得自己是天才吗？

何小竹：我不是天才。我从没这样觉得过。

吕露：有没有想过自杀？

何小竹：有过。就是我说的在过去一段抑郁期内，有过那样的念头。但我怕死，最终没有做出登高一跳的举动。

吕露：你希望自己是个孤儿吗？

何小竹：不希望。我从小就是在姐妹中生活，我跟姐姐和妹妹的关系一直很好，现在也是，对父母更是有深厚的感情。不过，我确实希望自己能有一段流浪的生活。很小就有，这可能是受高尔基自传小说（《童年》、《在人间》、《我的大学》）的影响。后来我想通了，心可以流浪，这话有点傻，但其实就是这样的，可以平衡内心。写作其实也就是一种流浪。

生活就是那样

吕露：你最想得到什么？

何小竹：得到钱吧。钱会解决现实中的一些问题，可以带来相对的自由。你呢，最想得到什么？

吕露：我想结婚。因为我喜欢大海。

何小竹：这个想法很特别。结婚跟大海你是怎么联系起来的呢？

吕露：我没有见过大海，所以我觉得它就是婚姻。我觉得婚姻，我觉得结婚这件迷幻的事情是一种无法看见的新鲜的一枚水果。（说了好多的"我觉得"）

何小竹：我喜欢"我觉得"，比"我认为"好多了。

我对婚姻是回望，所以与你的想象肯定不同。但能有那种"愿景"，是很幸福的事情。它说明你还有很多未知，很多悬念。而到了我现在，除了写作，几乎无任何悬念可言。一切都在经验中。只有写诗写小说的时候，不知道下一个句子是什么，下一个情节该如何发展。

吕露：婚姻恐怖吗？

何小竹：不恐怖。就是一种生活，而生活就是那样。

吕露：外遇恐怖吗？

何小竹：有点恐怖。

吕露：刚看到一个女孩在网上发出疑问："感情是用来流浪还是用来珍藏？"我也想问，问你。

何小竹：这个应该没有确切的答案。流浪和珍藏都很美妙。或者，在流浪中珍藏，因有珍藏而流浪，也一样的美妙。

这也跟写诗一样，没有成规和教条，完全是自己的一种发现，也可以说是一种探索。

吕露："他希望能够遇上一个奋斗过，寂寞过，摔倒过的女人，因为这样的女人才知道，爱，是来之不易的。"你希望吗？

何小竹：男人遇上女人，同样，女人遇上男人，不应该有这么理智的算计，如果这个遇上不以现实的婚姻作考量的话。而就算是现实的婚姻，好的遇上，更多的也靠彼此的直觉。老话说，就是一种缘分。

抛弃比得到更难

吕露：你现在在想什么？

何小竹：我还在想上面你问话中带引号的部分。我想说，很多时候，奋斗过，寂寞过，摔倒过的那样的女人，最容易出现的状况是，心怀怨恨与冷漠。

吕露：你对怨妇没好感？

何小竹：没有。

吕露：现在，你除了和我聊天，还在干什么？

何小竹：抽烟喝矿泉水。

吕露：你想活多久？

何小竹：80岁，很早定下的目标。曾在一首诗里面写过。我找找那首诗。

《米歇尔·布托尔》
一月某日，中国的腊八节
我突然想起了米歇尔·布托尔
这个法国人
在巴黎到米兰的火车上
他暧昧的面庞
以及矛盾重重的心情
我肯定不是因为这个故事
而喜欢上的火车
但米歇尔·布托尔
无疑让习以为常的火车
多了一层寓意
所以后来的几十年
常常有一列这样的火车
穿越过我的梦境
如果我没记错的话
他应该活到了八十岁
这个吉祥的年龄
也曾经是我给自己
预设的大限
在网上搜索他的消息
得知他也来过中国
时间不详
坐的不是火车
而是飞机

火车的意境来自他的小说《变》

吕露：你最想抛弃什么？

何小竹：很多都想抛弃，所谓身外之物，但做不到。抛弃比得到更难。就拿搬家整理书柜来说，好多书都可以扔掉，但总是又会给自己找出理由，还是留了下来。就具体的来说，目前最想抛弃的，就是一切干扰写作的杂事。我希望不要当我在写作的时候，被喊出去，做其他事情。

吕露：现在，我们的采访，算干扰吗？

何小竹：不算，这是跟写作有关的。我现在就在写作。

吕露：什么意思？

何小竹：就是一种写作的状态，只不过是比较被动的，问答式的。这种形式促成我去思考一些问题。

我知道，她们支持我

吕露：你的信仰是什么？

何小竹：我没严格的宗教意义上的信仰。我是在毛泽东时代长大的。类似信仰的东西，现在应该有一点，但我还说不清楚。或者说，几乎没具体地想过信仰这个问题。但我一定是有某种信仰的。或者，诗歌就是我的信仰吧。写作也是。

吕露：写作和诗歌有区别吗？

何小竹：词性上有区别，一个是动词，一个是名词。但很多时候，在我这里，它们是合二为一的。

吕露：老婆女儿看你的诗和小说吗？

何小竹：有时候看一些。

吕露：她们说什么？

何小竹：很少说什么，但我知道，她们支持我，认为我写得不错。

吕露：如果你是一个有钱人，你还会写作吗？

何小竹：会的。现在有无钱都无法改变我的写作者的身份和状态了。

吕露：你是个骄傲的写作者吗？

何小竹：不是。我可能是一个自觉的写作者。

吕露：你的朋友多吗？

何小竹：比较多。我喜欢朋友。朋友是我一生的最大财富，如果有财富的话。有一句谚语：在家靠父母，出门靠朋友。我喜欢这句谚语。

吕露：你喜欢你自己吗？

何小竹：有时喜欢，有时不喜欢。比如，我去年戒了白酒，就是因为不喜欢自己喝醉后的样子。

吕露：出洋相了？

何小竹：是的，出了洋相。

2010年5月3日

何小竹：男，1963年生于重庆彭水县，苗族，现居成都。曾从事过乐队演奏、政府公务员、广告公司文案、杂志编辑等职业。20世纪80年代参与"第三代"先锋诗歌运动，为"非非"诗派成员。1996年开始小说创作。代表作有诗集《梦见苹果和鱼的安》《6个动词或苹果》，长篇小说《潘金莲回忆录》《藏地白日梦》，以及"女巫"系列小说。

Li Yawei

吕露采访李亚伟：
我不敢藐视当下，不敢不热爱现在。

五年没见李亚伟，今年六月在电话里，他说："你现在大概23岁吧？"我说，我已经25岁了。"上次见你还是18岁，我现在在喝酒，写毛笔字。"他说。

我较早熟，这个可能影响了我

吕露：喜欢大男子主义吗？感觉你身上有。

李亚伟：我不喜欢大男子主义。尤其日常生活中的大男子主义，这是一种好笑的主义。所以不知你从哪儿感觉到的。

吕露：正在听罗大佑《恋曲1980》，讲一个关于和初恋女友的故事给我听吧。

李亚伟：我较早熟，这个可能影响了我。初中时我读了很多苏俄小说和诗歌，但里面的爱情没有历史和革命让我觉得有劲。我13岁上高中，突然变成了班上最小的一个，女同学都比我大两岁以上，完全没有恋爱的可能。大学更惨，进校时我16岁，我们班上平均年龄好像是22岁。大四时才追上了低我两级的一个中文系女生，那算是第一次恋爱。但这位女生很正派，规定每星期六在学院党委办公室后面树林里约会大约一小时。我那首《中文系》里的人物万夏、胡玉、扬洋、小绵阳等都是在那里约会，每次约完会家属们回到有围墙和门卫的女生院睡觉，我们几个夜猫则常常出去喝夜酒。有时候深夜回到我们中文系男生的六楼上，总有几个老光棍探出头来打听结果，问："今天怎么样？"意思就是把人家脱了没有，甚至干了没有。一直到毕业和我工作后书信及分手，她还是正派的处女我还是流里流气的童子。

吕露：什么人才是诗人？

李亚伟：应该说所有的人都是诗人，诗歌和每个人都有关系。同样，每个人都是有诗意的，内心都有各种美妙的诗歌。但如果你这里问的是会写作诗歌的这一块，那我就回答你，我认为生活和他的作品有意思的人都是诗人。不过，并不是所有写诗的人都是诗人，我真的眼睁睁地看着一些写了N多年诗歌的人，不知道什么是诗歌，这对于写诗的人来说，等于他没明白他应该写什么样的诗歌。我们常听见或读到一些人谈自己在写某种理论背景下的诗歌，这等于他们在写别人认为那种叫诗歌的东西，感觉是在与人合伙干着诗歌里面的某个工种。

吕露：排斥什么？

李亚伟：以前很反叛，排斥东方文化，热爱西方所有一切。现在快反过来了。

吕露：你爱过的女人说你是什么样子的人？有没有安全感？

李亚伟：真没注意女人怎么评价我，好像女人也不太会用几句话来定义男人吧。安全问题也不知你问的什么，不被女人爱的安全感？我还没认真想过，天性上我不会去考虑这样的问题。

吕露：喜欢国内哪位长篇小说作家？

李亚伟：我读当代中国作家不多，在我读过的人中，苏童、阿来、余华都很棒，诗人中张小波、万夏的小说实验很特别。

吕露：最近在干嘛？

李亚伟：一直在各地晃荡，玩得很厉害。

你和时间要比谁强吗？

吕露：你是过气诗人吗？

李亚伟：这个问题很娱乐，是不是把诗歌和不断需要人气的娱乐业等同了？这不能等同的。人家娱乐业需要不断刷新排行榜，才能给公司和自己赚钱。我更愿意相信你这是代表模仿商业搞竞争的一些诗歌写作者们提的问题。有人认为他天天写诗并且天天和一些诗歌团队在一起，就不过气，可出纳们还天天和钱在一起呢。我知道有人天天在干诗歌，天天写诗、天天谈诗显得像诗歌宴会上的刺身，这样的话，其他乌龟王八、海参鲍鱼当然都是过气的。我很尊重不写就害怕过气的诗人，这是诗歌劳模、活雷锋，这些朋友是不敢生锈的一根根螺丝钉，坚强地钉在电脑前，有时候散落在回车的后面还滚来滚去发出文学零件的叮当声。对这样的诗歌突击手来说，他视野之外的人肯定天天都在过气嘛，我也过气得都不想缓过劲儿来了。还有，你说呢，天天都要挣人气的诗人，最后能挣到什么呢？能把唐诗宋词里的那些好玩意挣给女朋友花吗？能把韵脚挣到自己的文件夹里去吗？能把自己挣成语言富婆吗？能把自己挣成诗歌的董事长吗？好多诗歌敢死队和劳模看着很有气质，但肯定很辛苦，天天在工地上啊，还要摇着尾巴紧跟着各种时兴观念。我曾经有过言论，说的是诗歌要大气，读诗也要大气，写诗要镇住人，要镇住时间，不要被短短的一段寂寞给镇住了。世界文学史上出真正的好诗就那么几下子，你看看咱们中国，宋以后是元明清民国，七八百年没出过一个像样的好诗人，时间是不是很牛逼？时间是不是很大气，大几百年不出好诗歌都能容忍，我们难道不能容忍自己，你和时间要比谁强吗？

吕露：太牛逼了，基本上是个思想家。诗歌劳模们差不多被你拍死了，你对那帮所谓知识分子诗人怎么看？

李亚伟：诗人也有各自的学习和写作路数，我认为是取向而已，但我反对一边写作一边强调自己的写作理由，我认为这是多余的。

吕露：有人说真正的英雄没于草莽，而你一直在草莽中，你告诉我自由到底有多可贵？

李亚伟：都知道自由是无价的，一般我们会讨论人对自由的态度，他的态度会决定自由对他的贵重程度，而说穿了这取决于一个人的天性。

吕露：艳遇过？

李亚伟：你如果问的是不管认不认识、有无感觉、喜不喜欢就搞一把，这还真没有过。

吕露：喜欢谁写的诗？

李亚伟：喜欢很多当代诗人的诗，但我读得较全面的是马松、万夏和宋炜。你可能都不知道吧？如果有人认为我很强，我认为这几个比我强，读他们的诗一直是我最愉快最高级的享受之一。聚会喝酒时，我经常侧身站着，为这几个伟大的诗人让路。

吕露：我知道马松，在某处和朋友一起曾见过他醉酒的样子，我去的时候好像他已醉得差不多了，张小波也在。

李亚伟：马松、张小波都很好玩。现在这个年龄的哥们大都太忙，不知道急急忙忙要从哪个方向去救国救民还是折腾人生。要挣钱才有酒喝啊，我们做生意，也被生意做了。

吕露：很多人说你像李白？

李亚伟：喝酒、游荡、写诗这些有相似之处，但这不过是看起来像，可能还有好多诗人也像。进出庙堂治国齐家，隐现江湖诗酒山水，中国文化这个遗传看来很深哦。

幸福得要死，折腾得要命

吕露：此刻想念谁？

李亚伟：谁会一天到晚去想什么人呢？

吕露：有什么癖好？

李亚伟：我恶习很多，但基本上没什么达到了变态级的。

吕露：还知道初恋女友的情况吗？她现在在哪？在干吗？如果现在出现了一个像她一样的女孩，你还会爱上吗？

李亚伟：不知道了。有同学给过电话，但从没联系过，这样的怀旧没什么劲吧？

吕露：什么是爱？

李亚伟：和生命有关，或者是生命一个最重要的密码，有时候近在眼前，有时候远在天边。我想这是说不出来的，这是用来感受和记住的。

吕露：写诗时哭吗？

李亚伟：没有过，但会很兴奋，很过瘾的很愉快的那种感觉倒经常有。

吕露：心中有英雄吗？

李亚伟：心中的英雄很多啦，我觉得在某些关键事情上能干得很爽的都是英雄。

吕露：你的生活坎坷吗？

李亚伟：坎坷这个词有不幸色彩的。我经历过很多事，但我没有坎坷感，所以我认为坎坷一词在这里换成折腾一词要真实一些。我在想，一个人的生活经历也是会被遗传的，我最近写作也老是思考这个问题。基因太神奇了，我认为基因不但会把祖先的身体硬件和性格传给你，它还会遗传生活经历，甚至会遗传感受，比如幸福和不幸的感受。说某人天生乐观，我相信这就是基因的原因。

吕露：现在生活幸福吗？

李亚伟：生活一会儿幸福得要死，一会儿又折腾得要命。这就是生活，回过头看都很美，所以我不敢蔑视当下，不敢不热爱现在。

吕露：遇到误解会解释吗？我会不由自主地解释，反倒情况更糟糕。

李亚伟：怕伤害好人时会解释。其他时候不会。

很多遥远的梦想

吕露：一天抽多少烟？喝多少酒？身体健康吗？

李亚伟：大概两盒，酒不计其数。最近老是喝醉，身体感觉到处都是毛病而又热爱生活，酒这一块也打算往过气方向靠。

吕露：你的酒友有谁？最好的酒友是谁？

李亚伟：酒友太多，最好的酒友也太多，经常惦记着要喝酒的朋友和爬上酒桌就相互笑嘻嘻喝得一塌糊涂的朋友至少三五十个。好的酒友各有风采，难以在此详述，一个个写出来能干成长篇小说，能写成史诗呢。

吕露：母亲是怎样的女人？

李亚伟：我母亲曾是一位比较标准的国家工作人员。解放前上过女子中学，1949年就参加了工作，和那一代人一样，一生坎坷，很坚强。但我母亲不是一个标准的家庭妇女，我记得她是退休后才学习做家务活的。我受过她的不少教育，我很小的时候给我讲勾践和西施、吕布和貂蝉的故事等，还教过我珠算和劳动。她的字写得很好，对我颇有影响。

吕露：父亲是怎样的男人？

李亚伟：我父亲走过的路比我母亲还坎坷。因为祖父辈成分不好，轮到他时不断被打倒。我记得小学一年级时，我们被组织去接受一个再教育，上千名中小学生坐在下面，台上是我父亲在代表一拨右派读检讨。我父亲写诗，热爱书法，他那一手王羲之的铁竖银钩让我觉得望尘莫及。

吕露：你是怎样的男人？

李亚伟：我有很多遥远的梦想，但又贪图眼前的享受。有时我觉得这很矛盾，有时又觉得是不矛盾的。

吕露：说说你5个遥远的梦想。让我们看看它是否能够实现？

李亚伟：1. 想在北朝十六国时期生活一次，做职业军人。2. 想在初唐生活一次，当官。3. 想在南宋生活一次，做知识分子。4. 想在现在中国的江南和西北各活一次，做农民和小市民都行。5. 想在古代阿拉伯的一些地方生活一次，研究天文或经商。算起来这辈子不够，可能会要八百年才行。你看能不能实现？

时间看起来无涯

吕露：你最爱谁？

李亚伟：这点我有点大男人（针对所谓小男人），对所爱的人我不能择其一，亲人朋友我全爱，这也许能反映出我不能关起门来和某一个女人过小日子。

吕露：博爱呢就是耍流氓，没有流氓的世界又不可想象。害怕女流氓吗？

李亚伟：对女人我真的博爱，我觉得女人都值得我们去爱。不害怕女流氓，也不喜欢女流氓。

吕露：读你的诗歌，有时候觉得你是坐在天上写诗的人，如果任你选择，你会到哪里去定居？

李亚伟：上面其实已经回答了定居的问题，想请示你批准我在不同的时期去那些地儿。正是因为我有以上愿望，所以我现在正生活在我热爱的几个地方。

吕露：什么事情会让你崩溃？

李亚伟：人有极限，人生有极限，而时间看起来无涯。我主要的诗歌几乎全都想要写这个。

吕露：这一生自己最满意的诗歌是哪一首？背给我听听？

李亚伟：我没有最满意的诗，比较满意的又不止一首，像《岛》、《野马与尘埃》、《空虚的诗》、《好色的诗》、《革命的诗》和还没写完的《河西走廊抒情》，算是我都很满意的诗歌，但还没有哪一首能把我自己都镇住、而且能全文背下来的诗歌。我不少朋友能背我的诗歌，就是我自己背不了，奇了怪了。

吕露：这看起来很忧伤。但奇怪的是，你的诗歌可一点不忧伤。你喜欢那个叫庄子的人吗？

李亚伟：喜欢的。但我知道的庄子只有虚的那一块，缺了生活这一块。所以我只能拿一部分我去喜欢庄子。要是把我再加进庄子里面，就实在很喜欢了。

2010年10月17日

李亚伟：男，1963年生于重庆酉阳。创作过《好汉的诗》（1984—1986）《醉酒的诗》（1985—1986）《好色的诗》（1986—1987）《闯荡江湖》（1987—1988）《航海志》（1987）《野马与尘埃》（1988）《空虚的诗》（1989）《红色岁月》（1992）《寂寞的诗》（2001）《东北短歌》（2003）《河西走廊抒情》（2005—2012）等长诗和组诗，出版有诗集《莽汉-撒娇》《豪猪的诗篇》《红色岁月》（台湾版）。

曾获第四届华语传媒诗歌奖、首届鲁迅文化奖、首届屈原诗歌长诗奖等奖项。

Lü De'an

吕露采访吕德安：
事实上我从未认真地画过一幅女人。

德安给我的上本书《望我天真如初，愿你善良如昨》写过一篇五千字的文章，他说这是写过最长的评论。他是我见过的最朴实的写作者之一，我们在访问时还没有见过面。

你说对了，我喜欢睡觉

吕德安：我猜你是不怎么睡觉的人。

  吕露：？

吕德安：头脑不停的。

  吕露：你继续说。

吕德安：我想你喜欢旅馆不是为了好睡觉。

  吕露：那是为了什么？

吕德安：不知道。为了写作？应该是。

  吕露：我不喜欢"灵感"，所以我不喜欢睡觉。你一定喜欢睡觉，不喜欢旅馆。

吕德安：你说对了，我喜欢睡觉，但不讨厌旅馆。你不喜欢灵感，怎么说？

  吕露：以前我曾对我爱的男人说："你可以控制我的身体，但控制不了我的情绪。"灵感太情绪了，它总控制着情绪，它好像除了控制，什么也做不了，像一个婚姻。我这几天在大理待着消灭灵感，消灭我自己。

吕德安：结果怎样，你过得高兴吗？

  吕露：除了大哭，就是表演。

吕德安：我昨天去给我父亲办理迁墓手续，很顺利。他1986年过世后骨灰一直放在一个寺里。

  吕露：昨天是父亲节，你一定在心里和他说了些话。

吕德安：我给他选了一对联：美德千秋在，高风万古存。回家念给母亲听，她说你们看着办。第一次选墓地时，说这块地将来也可放置我们的，那时忽然有种幸福的归宿感。

他在世时，我曾写过一首诗叫《父亲和我》，讲的是我们一块散步的感受，你读过吗？是的，写这首诗时倒是挺不在意的，只是想写一个场景感受，现在我们一家人都在等着一个地理先生就近找一个日子迁移他的骨灰。然后日子才会恢复正常似的，像了了一个心愿，我说这些很不着边际。

吕露：1998年我们全家人也在为爷爷选墓地。那天，爸爸端着骨灰盒，我是第一次看见爷爷的骨灰盒。他的照片贴在外面。我没有见过他。我很想他。

我从小就希望生长在北方，那里有面条

吕德安：现在我是在家里打工，每天花一些时间为影响力中国网工作。

  吕露：影响力中国是什么？

吕德安：一个人文门户网站，我和朵渔在帮其中的诗歌栏目，目前尚未上线，快了。对我来说是有意义的工作。

  吕露：真好。

吕德安：我好些年不能进入创作，有点江郎才尽了。

  吕露：这是怎么了？

吕德安：也许只是有点虚无，不专注了。

  吕露：为什么不专注？

吕德安：好像没有什么事可做借口，而从前写诗似乎都是信手拈来的事，现在考虑得太多。写作最起码的条件是对文字的信任，现在觉得文字是空的，当然这是写作之前的一种恐惧。

  吕露：你不信任自己吧。

吕德安：也许是阶段性的，我力求自然地进入创作，但有时又需要自我强迫，让自己专注起来，但经常又不信任这样的状态。反问一下，你为什么常哭？

  吕露：我觉得我必须哭。我叫吕露。

吕德安：简单而神秘。女人一哭，常让我想起毕加索的一幅画《哭泣的女人》，哭的脸与手帕融为一体。那你喜欢日子吗？我是说常

觉得日子还是美好的吗？

吕露：毕加索，那个老鬼，蓝色的老鬼。日子是一大碗面，吃不完。

吕德安：你喜欢这个老鬼。我喜欢面。心情好的话，再大碗的面也吃得下。我从小就希望生长在北方，那里有面条。

吕露：南方也有面条，可能你喜欢北方女人。

吕德安：很惊讶你这么想。女人有时是遥远的事物，从这个意义上可以那么说。

吕露：你越想怎样，事情偏偏是那样。我喜欢家，但我又喜欢远方。

吕德安：是。

吕露：你一定画过很多女人。

吕德安：我在纽约街头画过很多女人像，让我心跳的仅一两次。你被人画过吗？

吕露：今年有个画家画了十几幅我。

吕德安：你满意吗？

吕露：我很满意我们能成为很好的朋友。

吕德安：我现在多画抽象的，其实我也想画些具象的。

吕露：他画的我也不具体，反正我也不是一个具体的女孩。在纽约，你会瞎画女人吗？

吕德安：我那是必须画像才能生存，后来想画得不像都不行了，事实上我从未认真地画过一幅女人。所以我特喜欢德孔宁的女人像。

吕露：我喜欢米罗和高更画的女人。

吕德安：米罗的女人画我好像没怎么记得。

吕露：他画的小女孩就是女人。

吕德安：我只记得他的抽象画。

吕露：你从未认真画过女人？

吕德安：或者说画得不够理想。

吕露：该是什么样的？

吕德安：不知道，通常动手后才知道。我也没有正儿八经地先定稿再画什么。

吕露：你在纽约待多久？为什么去那？

吕德安：头尾算来有二十年了，但多数时间还是待在国内。为什么去？陪读，那时前妻在美国留学。不喜欢待在外面。

吕露：二十年前你是什么样子的？

吕德安：一个很好的样子。你二十年前在哪里？

吕露：在妈妈肚子里。

吕德安：那时候我本该也有孩子了，所以二十年可以做很多事的。

吕露：婚姻可怕。

吕德安：好在你说过：你们其实还是些小男人。

我像个农民，情绪上也不怎么生病

吕露：你虚荣吗？

吕德安：很怕虚荣。

吕露：你了解自己吗？

吕德安：大体是的。

吕露：你痛苦吗？

吕德安：停留在这个问题上会更有问题，所以不太去想它。目前我想更多的是如何进入工作状态。

吕露：痛苦很重要，没有爱，也很重要。

吕德安：火和冰同样重要。

吕露：你现在一定在吸烟。

吕德安：我一写字就是不断地抽。

吕露：我也在不断地抽，我看见了毕加索。

吕德安：小姑娘别抽坏了牙。你常生病吗？

吕露：情绪上总是在生病。我不知道这是为什么。你呢？

吕德安：我像个农民，情绪上也不怎么生病。这大概就是我最大的虚荣。

吕露：多么危险的美感。

吕德安：我感觉你在透支自己。

吕露：什么？

吕德安：没什么，人需要调节自己，农民就是这样的在自然里调节。我以前也想娶个农妇，实际上不可能的。

吕露：你喜欢得不到的东西。我也是。

吕德安：所以这就是生活。

吕露：当你有一个东西，这个东西就会马上消失。

吕德安：还会出现的，它不会消失。

吕露：没有状态写作的时候会不会烦躁？

吕德安：以前会，现在有点麻木了，这种烦躁不坏。

吕露：你现在很拘谨？

吕德安：也许吧。我会好的。

吕露：你为什么要拘谨？

吕德安：我想了半天，回答不了自己为什么会是你说的"这么拘谨"，事实上我并不太拘谨。说说你的鱼，你的旅馆里有鱼？

吕露：没有鱼，我想象的。我倒是养了两盆花。

吕德安：在别人的篱下？

吕露：在花盆里，我的房间。

吕德安：我喜欢你做这些事。现在我看到你生活在马蒂斯画中。你有属于自己的房间吗？

吕露：我喜欢我的房间。只要我喜欢，我就有。

吕德安：我也喜欢你这么说。

吕露：我生活在马蒂斯画中，我也生活在高更的塔希提中。你

有自己的房间吗?

吕德安：有，城里一个，山里一个。我1995年回国时就在山上盖房子。那时我单身，跟一帮民工一块盖，都成了传说了。那房子在群山里，房前房后都是巨石头，溪流，和池子。先是和两个同道朋友上去盖的，我们隔溪相向，现在来了更多的人家，都有自己的大大的院子。但一些人盖好后又转卖，所以现在有的邻居不认识。可以说经历了一个自然村落的形成，以及现代化的过程。

吕露：你生活在哪幅画里？

吕德安：古代山水画里。你可在我的诗里看出一些。我最近的一部诗集就叫《适得其所》，里面一首长诗写盖房的事，但好像没写得出彩。你在喂鱼吗？

吕露：我在听你说话。你说你打字慢。

吕德安：是太慢。有一段时期，我独来独往，回来一些时间又消失不见了。在山上，我对你说，我的狗变成了狼，而我变成了鬼。而在美国，我只有四处漂泊的感受。就这样二十年过去，现在是看见你在漂泊，那时你还在母胎里。

吕露：我不知道说什么。

吕德安：我也为自己感动过。但现在这一切经历似乎都放在另一个过去里，等着将来重新打开。现在我很少上山，家里的琐事跑不开，就是你说的婚姻和孩子带来的琐事。好久没能上山过夜了。

我的"情人"只在作品中对旁人是有意思的

吕露：你有没有一个像塞林格的情人那样的人？

吕德安：我不知道"塞林格的情人"是什么样的。只知道《麦田守望者》。

吕露：那你的情人呢？

吕德安：不说这个。

吕露：你在隐藏自己。

吕德安：我在面对自己。

吕露：我不知道你面对自己的时候会不会知道自己是不是在面对？

吕德安：我知道当我说面对自己时，哪些事可说，哪些事可以无语。

吕露：塔可夫斯基在《时光中的时光》写修房子的事情条目细致，他说他想赶紧住到乡下去，他说他无法真情流露。我不知道你是什么情况。也许保护自己就是保护别人吧。

吕德安：我的意思是有些私人的东西对旁人是无意义的，有时对一些人在作品中太多的个人的东西会不以为然的，那些东西过眼烟云而已。而有人却喜好以此强加于人。当今世界这类事太多了！

吕露：我们的虚荣心伤害了我们。

吕德安：当然它也带来了停滞和懒惰。是的，应该克服虚荣。很早以前我读过杨黎回答你的话，他回答了对他自己是真实的，他表达了他对世界的爱和恨，虽然那也是老生常谈，只是在他身上表现得鲜活而可爱。

吕露：我想与你谈谈你的"江郎才尽"。你如何江郎才尽？

吕德安：你很敏感。问我如何"江郎才尽"，这些年来我回答别人问我有无创作的时间，常会顺口这么说，但这么说有时却表现出一种自信，叫自知之明，意思是快了，会出东西的。创作对我来说，首先是一个自然甚至愉快的事情。虽然有时也是一种沉淀的结果，需要静静地挖掘，甚至自我怀疑，甚至虚无。目前我可能正处于这个阶段。

吕露：刚才我说虚荣伤害了我们，想了一下想说，它也帮助了我们。承认虚荣，并且照顾它，它可能会成为一种单纯的词语。原谅我问及你有关"情人"的问题，可能我不认为"情人"是

隐私的。另外，关于江郎才尽，你读到自己处在的阶段与自知之明，我多想看到一个前辈说"我永远都是有才华的！"

吕德安：一些表面的东西有时也取决于你怎么去说它们，用什么态度。安迪沃霍很懂得如何利用这个虚荣，表达他的价值观。我的"情人"只在作品中对旁人是有意思的。

吕露：你觉得安迪怎样？

吕德安：他眼光独到，我行我素，对我他意味着创造性。有一种创造就是在不断地消解创造和创造者之间的界限，安迪属于这种创造。

吕露：中国有安迪吗？

吕德安：也许你就是，而我想这也是当今艺术包括诗歌创作的基本趣向。

吕露：你的趣向？

吕德安：我不敢这么说自己，我想我更愿意在创作中接近某种禅意。一种自由的感受。我不会长篇大论，你一定失望吧。

吕露：我对你不失望。你失望吗？

吕德安：不，你很好。我是说，我这人从来不爱说太多，所以就会越来越不会说得多。

吕露：你认为这是低调吗？你觉得大张旗鼓搞诗歌奖的人好玩吗？

吕德安：不少人总说我低调，说得我最后也认为是这样吧。不过这次帮人做网站，好多人又想不到我会这样。我认为可以大张旗鼓地宣传诗歌。

搞诗歌奖的人各有目的，真正热闹起来又是另一回事，得有好的诗歌和诗人。你了解这些东西吗？

吕露：我怎么可能了解傻逼？宣传诗歌，好一句话。

吕德安：但是不管你需不需要，中国从来就会有那么多写诗的人，不是吗？

吕露：你高兴吗？

吕德安：是，我喜欢你的痛快说法。

吕露：我是问，中国有这么多写诗的，你高兴吗？

吕德安：当然。现在，我们网站要求我们的诗歌板块努力提倡接近大众的诗歌，或者说关心社会问题，让诗歌重新走入生活，像20世纪80年代一样，我想这也是一个永远会被问到的问题，不可避免。

吕露：回到80年代，不可能。

吕德安：当然那只是一个象征。但是直指生活的诗歌还是可期待的。这让我想起安迪。需要对民主的深入认识。这个充满活力的社会也充满了相反的东西，丰富多彩不是吗？应该说是充斥着奇怪的活力，又奇怪地充满希望！

我一直以为诗有时是在说与不说之间的一种游戏，这不是说不需要诚实，相反，那是对诚实的考验。

吕露：但你有时没法控制杜撰这种事。你杜撰过吗？

吕德安：不是杜撰，而是表演。《嚎叫》也让人想起蓝调，你觉得？

吕露：什么是《嚎叫》？

吕德安：跨掉的一代的名篇，金斯堡写的长诗。

吕露：我没看过。我知道有一家酒吧叫嚎叫。

吕德安：找来看看，其中有写给他的共产党员的犹太人母亲。

通常弄出一个好东西我会手舞足蹈

吕露：你闷骚吗？

吕德安：看来有点了。

吕露：你说了金斯堡。你没有必要端坐在椅子上，你可以坐在地上，和我说话。

吕德安：是你的诗使我想起他，我能理解你创作上的"无所顾忌"，也更欣赏这点，但能带来思考的阅读不是坏事，你说呢？其实我是不怎么读书的，相信你比我读得更多。

吕露：你希望生活是安全的吗？

吕德安：是，最好再安静下来。你呢？

吕露：我不知道。

吕德安：当然生活需要有刺激。

吕露：我喜欢安静，也喜欢安全，喜欢刺激，也喜欢冒险。安静有什么好处？安静的时候你是什么样子的？你在纽约的时候是安静的吗？你在中国是安静的吗？

吕德安：人总是不时地会骚动。不管在哪里，很难说自己安静的时候会是什么样子。但我知道我写作时基本是安静的，那样周围的一切就像镜子，你可以透过这个镜子看见自己，至少你以为是这样。

吕露：你满意你的写作吗？

吕德安：一半半吧，至少，至今为止我没有后悔过我曾写过诗。

吕露：为什么？

吕德安：在我看来写作是一种体会自由的行为，当然同时希望它的成果能与旁人分享。

吕露：你看上去很严肃，这种严肃有点令我犯困。

吕德安：因为关于这个问题，我也是越来越无语。

吕露：你会自己问自己吗？

吕德安：当然，但不是这么问自己的，通常弄出一个好东西我会手舞足蹈，一天的心情非常好。然后对自己说，可以什么事别做，好好睡一觉。

吕露：最近你的觉睡得好吗？

吕德安：一直很好，我也不会写不出东西而不好好睡觉。

吕露：你不喜欢什么样的写作者？

吕德安：写作者我都喜欢，写出来的东西就很难说了。

吕露：你满意自己的回答吗？

吕德安：我只能这么回答，我说的是真的，我尽量不愤世嫉俗。你不喜欢什么样的写作者？

吕露：我不喜欢很多，要我列名单吗？我可以列一个小时。

吕德安：哈，不算太多。

吕露：可以说明，你不喜欢的一定比我多。

吕德安：不，我只是抽象地说我喜欢去写作的人，在这个意义上大家是一样的。

吕露：你太严谨了。

吕德安：你这么认为？那么说我不喜欢某某又有什么意思？

吕露：不是因为这个问题，是每一个问题的回答，都很严谨。我没有说这不好。你生气吗？

吕德安：不。通常地说我比较随和。也许我是比较沉闷。

2011年7月11日

吕德安：1960年出生。诗人，画家。

文学创作简历：20世纪80年代初期与诗人画家同仁创建诗社"星期五"，并成为南京著名诗社"他们"的主要成员。此间著个人诗集《纸蛇》、《另一半生命》，诗集《南方以北》。1992年旅居美国纽约，以画谋生，创作长诗《曼凯托》。1994年获首届《他们》文学奖，同年回国在福建家乡北峰筑居山中，创作长诗《适得其所》，同时大量时间投入绘画创作并参与北京牟森戏剧车间从事戏剧实践。1998年再度出国。这期间出版诗集《顽石》，2011年出版诗集《适得其所》。同年获云南高黎贡诗歌主席奖。2011年参与创建"星期五画派"。2012年兼职"影响力中国网"诗歌主持。2014年获《十月》文学奖。2013年进驻北京工作室专业从事绘画创作。

Mang Ke

吕露对话芒克：
我这一生都是天意。

芒克爱笑，我见过他在饭局间隙沉默的几秒钟。

我从没有因为喝酒而痛苦

吕露：喝酒会喝到吐吗？

芒　克：我很少吐，经常喝到不记得吐的时候。我一般吐酒，自己都很难受，会抠着嗓子吐。

吕露：为什么老喜欢喝？

芒　克：我觉得可能是天生对酒比较喜欢。我喝白酒是从18岁开始喝，插队的时候，反正我跟酒有不解之缘。喝酒也是人的一种很好的修行和放松。我为什么喜欢喝酒？喝酒让我非常愉快，我从没有因为喝酒而痛苦。

吕露：你喜欢女人喝酒吗？

芒　克：我不喜欢女人喝醉酒。男人喝醉酒我也不喜欢。

吕露：你从什么时候开始喝酒？第一次喝酒时发生了什么事情？

芒　克：18岁之前。那时候"文化大革命"开始，第一次喝酒喝的是葡萄酒，如果谈喝酒，喝中国白酒，才算真正喝酒。第一次喝白酒是白洋淀插队。我第一次抽烟也是18岁以前，那时候当我抽到第一口烟，我觉得自己永远不会抽烟。

吕露：那时抽烟是什么感觉？

芒　克：那时候抽的是农民卷的烟叶，我抽得是那种全身发冷、痉挛的感觉。那时发誓我不能抽烟。

我相信命运

吕露：现在每天做得最多的事情是？

芒　克：没有一个具体做什么的太多事，基本很规律。现在每天起得比较早，上午时间写写东西或画画。中午之后基本就是比较悠闲。

有时候下午可能会睡一会儿，一般不会睡太多。晚上大部分时间和朋友聚会喝酒，不会喝太晚，12点之前就回来。睡觉不会超过12点。我现在生活中最大的乐趣就是晚上和朋友聚会喝酒。没什么太多别的业余爱好。

吕露：最爱做的事情？

芒　克：我现在最爱做的事情，就是不同的时候做不同的事情。写作的时候最爱做的事情就是写东西，画画的时候就把精力放在画画上，什么都不做的时候就是喝酒。

吕露：你觉得自己老了吗？

芒　克：我觉得自己没老。我觉得自己现在比较开心、愉快，有精力，身体还比较灵活，还能喝很多酒。还有很好的想象力，依然充满情感。

吕露：你的朋友多吗？

芒　克：我的朋友非常的多。

吕露：你想过的生活？你对生活的理解？

芒　克：我现在想过的生活就是我现在在的生活。我相信命运，二来顺其自然。我想要过的生活肯定是我现在在的生活，我现在生活得非常好，我非常满意。我喜欢自由，另外也喜欢按照自己的意愿过。我喜欢写作，现在也喜欢绘画。

他知道我是他的老爸

吕露：喜欢独处吗？

芒　克：我特别喜欢自己单独待着的时间，而我单独待着的时间很少。我所有的在写作和绘画中的时间都是我单独完成的。我喜欢这些日子，我很珍惜，这些日子不多。

吕露：和儿子在一起时都干什么？教训他吗？

芒　克：我从不教训他。我和他在一起特别开心。他跟我特别好。

吕露：希望儿子成一个怎样的男人？

芒　克：噢，那就顺其自然吧。我希望他能有起码的独立的人格、独立精神，一个很强悍的男人。

吕露：强悍怎么解释？

芒　克：起码像我这样。

吕露：你希望他成为你吗？

芒　克：我不希望。他也不可能成为我。我希望他一生中，活得比较健康，比较安全，比较开心，比较愉快。不要经历太多磨难。他是个很懂事的小孩，他特别心疼我。他知道我是他的老爸。

吕露：他怎么心疼你？

芒　克：那就是从感觉上，他从感觉上总是特别关心我。我稍微不舒服，不愉快，我对他发火，他不是害怕我发火，他老是说，爸爸你不要生气。他安慰的是我。

吕露：儿子看你的诗吗？

芒　克：他根本不知道我是干嘛的，我从没告诉过他我是干嘛的。他有时候也会翻我的书，他说有人和他说我是诗人，他不知道诗人是什么。

从我最开始写诗的时候，也没太把这太当回事

吕露：诗人是什么？你觉得自己是什么样子的诗人？

芒　克：我也不知道，诗人不就是写诗么。这个定义很难说。首先，我承认自己是诗人。目前我这个诗人称号是别人给的，反正别人介绍的时候总说我是诗人，我介绍自己从不说自己是诗人。

我如果介绍自己是诗人时，那我一定是一个比较强大的诗人。这个强大，在于人的性格、作品和人品。我相信真正写诗的人，真正了解语言的人，他都会从中看到什么是最好的，什么是最富有智慧的。绝不是自认为这样。当然，我不在乎对我的作品怎么看，我也不在乎所有人认为我是不是诗人。

从我最开始写诗的时候，也没太把这太当回事。我觉得真正的诗歌是极少人的较量。我从不认为诗歌是特别大众的东西，尽管大众可以接受。

吕露：你对自己最难忘的一首诗？

芒　克：我最难忘的诗是目前写的，还没有完成的。

吕露：你生活得快乐吗？

芒　克：我一生都生活得非常快乐。我到现在都非常快乐。我觉得人没有必要不快乐，如果你对人不满意的话，你肯定不会快乐。人都是可爱的，不管他是什么人。

吕露：第三者是什么意思？

芒　克：我从来不认为有第三者，任何人的交往都是一对一的，情感也是，这不涉及第三者。

吕露：背叛是什么意思？

芒　克：背叛就是违背了共同的承诺，相当于出卖。

吕露：你最讨厌什么样子的人？

芒　克：我讨厌不守信用的。另外一个怎么说呢，我要组织一下，对，不仗义的，心胸狭隘。

吕露：你最喜欢什么样子的人？

芒　克：我喜欢可爱的人。

我和我父亲的关系是兄弟姐妹中,最不好的

吕露:令你最尴尬的事情?

芒　克:从来没有最尴尬的。我也有我的弱点,你看我看上去好像很随意,其实我也有害羞和腼腆的东西。

吕露:害羞和腼腆?

芒　克:我觉得这个是天性。比如,你看我到一定年龄,我到场合见的人多了也无所谓了。其实我是一个表演类型的人。我在工作场合上,还是有害羞的东西。紧张就是一种害羞。

吕露:那你一定害怕女子学校?

芒　克:对,我很怕去,我太不喜欢去。以前我姐姐是女子学校的,每次我给姐姐送东西,我都很无奈。爸爸逼我去。

吕露:爸爸是干嘛的?

芒　克:我爸爸是个高级工程师,搞科技的。

吕露:跟爸爸关系怎么样?

芒　克:他是老知识分子,解放前毕业,一直在国家计委。他当时算是比较高级的工程师。我很少见到我的父亲,他不是上班就是出差。我们的关系一直不是很好,谈不上好不好,他见我就是批评教训我。尤其后来,我家里没人搞文学艺术的,就我,我是另类,父亲最寄予希望的是我考大学,学理科。因为上初中时正赶上"文化大革命",没机会上大学。我是从那时候开始写诗,和北岛做《今天》。办这个杂志给我父亲带了很大的麻烦。这个是非法刊物,上边对我有看法,给我父亲很大压力,他是因为担心我,我们产生了很大的矛盾。为这,我们曾有三年没见,因为一见就吵。我和我父亲的关系是兄弟姐妹中,最不好的。

去了很多地方，
这个也就是造成我一生中从此到处游荡

吕露：你青春的秘诀是？

芒　克：我觉得人只要身体健康，你这个人就会很愉快。

吕露：60岁和50岁、40岁、30岁、20岁的不同是什么？每一个阶段的都告诉我。

芒　克：20岁的时候是一个想法最多的年龄，最不稳定的年龄，很情感用事。那时候想死亡的想法很多，写了很多这样的作品。30岁，我得仔细想想，也不是一个成熟的年龄。其实30多岁的人，在心理上，是最不稳定的年龄。因为30岁之前，你肯定要选择你做什么，30岁之后基本是在处理个人生活比较多，当然也是创作很旺盛的年龄，在个人生活上，要面临的是婚姻。40岁，生活的压力最重的年龄，这个时候要维持家庭，照顾父母。

50岁，我觉得是人最好的一个年龄，从思想上也是比较成熟的年龄。从情感上也是比较成熟的。包括男人对性的感觉，也是最成熟的。起码你会关心，真正爱一个女人。年轻的时候，就是瞎要。女孩子多了，就不会珍惜，不珍惜。50多岁的时候会珍惜，也是最负责的时候，认真、非常当回事。

现在刚刚60，还没感受。

吕露：在我印象中，你是浪漫的诗人，你对浪漫的理解？

芒　克：我还真不知道对浪漫怎么理解。

吕露：说说你年轻时候一段漫游的经历。

芒　克：因为我15岁就遇到"文化大革命"，那时我上初中二年级，往后就不再上学。我15岁就串联，可以到处乱走，用不着买火车票，去了广州、上海、昆明、重庆，去了很多地方，这个也就是造成我一生中从此到处游荡。70年代，到农村插队一年，去山西内蒙找朋友玩。也没什么，就想到处走走，那时候身无分文。

吕露：那时候你喜欢吃什么？

芒　克：我这辈子吃东西挺简单的，我对食物很挑剔，但我吃得很简单。那时喜欢吃蔬菜，现在喜欢吃羊肉，最喜欢吃海鲜。

一个人要有出息，首先要从家庭解放出来

吕露：你对待友谊的态度是什么？谈谈你一个好朋友的故事听听。

芒　克：我非常讲义气，非常尊重朋友。朋友最重要的就是信赖。我朋友太多了，故事也太多了。举一个例子也代表不了什么。当一个人背叛我，不守信用，他会成为我朋友，但我不会信赖他。

吕露：年轻时最喜欢的诗人？

芒　克：没有最喜欢的诗人。

吕露：你青春期最叛逆的事情是什么？

芒　克：离开家庭，独立生活。一个人要有出息，首先要从家庭解放出来，不是背叛，起码是走出家庭。

吕露：最喜欢的电影？为什么？

芒　克：年轻时候特别喜欢看电影，我也看过很多电影。但最近这10年我看电影比较少。

吕露：告诉我最喜欢的几部电影。

芒　克：我最喜欢《教父》、《美国往事》、《切·格瓦拉》、《这里的黎明静悄悄》、《静静的顿河》、《沉默的羔羊》、《激情燃烧的岁月》、《英国病人》。

我爱自己没有像爱别人那么投入

吕露：绘画能够给你带来什么？

芒　克：带来生活费。到现在也能带来些愉快。

吕露：你希望你的绘画创作达到什么境界？

芒　克：没有，我就是能达到别人能喜欢。大家看起来就喜欢。

吕露：大家夸你，你高兴吗？

芒　克：高兴，他们夸我，起码是跟我比较友好。谁不尊重对你友好的人呢？

吕露：说说你喜欢的十个画家。

芒　克：梵高、达·芬奇、米开朗基罗、伦勃朗、达利、莫迪里阿尼、莫奈、岳敏君、张大千、拉菲尔。

吕露：你对你的写作满意吗？

芒　克：满意。非常满意。

吕露：你怎么看自己的写作？

芒　克：我写作只是想验证一下我脑子有多大的智慧。

吕露：这话听上去挺自恋的？

芒　克：反正我爱自己没有像爱别人那么投入。有时候，我比较在乎自己，其实在乎自己呢，也是为了感觉自己在别人眼中是个什么人。我不觉得自恋是个好词，在乎自己并非自恋。自恋在我的感觉就是自私。我觉得把自己放在第一位就是自恋。

她让我喜欢，她很性感

吕露：最喜欢的国家和城市，谈谈你对这个国家与这个城市的感觉。

芒　克：我最喜欢中国北京。感觉太多了。我一生最重要的事情都是在这里经历的，所以我最热爱这个城市。

吕露：你的初恋女友是个什么样子的姑娘？你爱什么样子的姑娘？

芒　克：我不想谈这些东西。因为我不想谈我的初恋。所谓的初恋无非就是和一个女孩发生关系。那算不上初恋。人可能都有自己心目中喜欢的女人，我心中喜欢的女人，肯定是语言无法描述的。

吕露：被人甩过吗？告诉我怎么甩的。

芒　克：从来没有过。

吕露：你的美女标准是？

芒　克：就是我的感觉。对女人的感觉，是没法形容的。用语言形容的美女都不是美女。

吕露：那她是什么？

芒　克：语言形容的美女，和真正的美女那是两回事。

吕露：你的婚姻态度？

芒　克：我反正是比较负责任的，但是不能在一块，绝对不迁就。

吕露：你的老婆是美女吗？

芒　克：谈不上美女，起码她让我喜欢。她很性感。男人喜欢女人的标准不一样。

吕露：你老婆是80后，你怎么看80后？

芒　克：我目前接触80后的小孩是最多的，80后一般大部分独生子女居多。从我目前了解的，在干主要工作事情，都是80后。

吕露：你觉得他们野吗？

芒　克：不野，他们挺懂礼貌，跟我们那一代的野，差多了。

吕露：你现在多高？

芒　克：上次在微博上看见有人问我身高，我回答五官端正，1.8米。我现在再缩，能缩多矮。

吕露：已经60岁了，活过了一个花甲，如果让你重新活一次，

你会选择干嘛？

芒　　克：我不会再选择。这都是天意。

2010年11月16日

芒克：诗人，原名姜世伟。朦胧诗人的代表人物之一。1950年生于北京，1969年到白洋淀插队，次年开始写诗。1976年返京，1978年与北岛共同创办文学刊物《今天》。1988年与杨炼、唐晓渡创办"幸存者诗歌俱乐部"及民间诗刊《幸存者》，1991年与唐晓渡等创办民间诗刊《现代汉诗》。著有诗集《心事》《阳光中的向日葵》《芒克诗选》《今天是哪一天》；长篇小说《野事》；随笔集《瞧，这些人》等。作品被译成多国文字，并先后应邀赴美、法、意、德、日、荷兰、澳大利亚等国交流访问。现居北京。

Ouyang Jianghe

**吕露采访欧阳江河：
我今生所来的地方。**

大概是我21岁生日那天，巧的是我们一起吃了午饭，他带了三幅毛笔字过来，有一幅是托我给于坚。他话多，有趣。

吕露：你对衬衫有什么讲究？上次吃饭，你说你刚买了黑衬衫。我喜欢黑衬衫。

欧阳江河：应该说还是有讲究，比如颜色除白色外，通常选深色的，几乎都是单色。衣领不大。牌子嘛，比较随意，合适就行。最近开始选用中式衬衣，价钱贵一些。你提到我刚买的黑衬衣就是中式的，是和万夏一起买的，是北京本地的一个牌子。

吕露：你最喜欢的一件衣服是什么样子的？会不会总是穿着它？

欧阳江河：没有这样一件衣服。衣服总是换着穿。

吕露：你的作息时间？具体告诉我。

欧阳江河：比较有规律，但也偶有例外。晚上基本是在1点至2点入睡，早起时间大致在8点至9点之间。上午早餐后，写作或阅读，上网处理邮件，午饭大致在1点左右。下午很少写作，通常是与朋友一起喝茶聊天，处理具体事务通常也会在下午。有时写写书法，有时接着阅读上午读的书。晚饭基本是与朋友们一起吃，我的朋友非常多，各种各样的朋友，所以我的晚餐时间有些长，通常要2个小时。晚上多半是听音乐。晚11点后停止听，接下来我会看一个或两个电影。

吕露：看起来很小资。用一句话来概括你的生活。

欧阳江河：过自己愿意过的生活。

吕露：我觉得现在很多作家都把写作当成一种社交工具，而不是真正的喜爱写，你觉得呢？

欧阳江河：他们有权力从社交的角度定义自己的写作。我的写作角度可能与此相反，我讨厌用写作来社交，我也有我的理由：诗歌是复杂思想的产物，而不是交流的产物。

吕露：你现在在德国哪座城市？你告诉我说待到月末回来，干嘛去？你现在在干嘛？

欧阳江河：我现在一个人，身在纽伦堡。是一个意外造成我在这座城市的停留。

我此次到德国和奥地利旅行三周，是因为顾彬教授将我的诗作（几乎全是复杂的长诗）翻译成德语出版了。这本精致的小开本诗集篇幅超过100页，印数也不少。我得和顾彬一起，去一些城市的文学中心朗诵，推销诗集。在奥地利，我要去维也纳和萨尔斯堡，德国要去的地方是达姆斯塔德、慕尼黑、莱比锡、科隆、波恩、海德堡、法兰克福。这里面不包括纽伦堡。昨天我和顾彬在慕尼黑朗诵，他次日有课要上，所以一早赶回波恩。我呢，午后独自买了去莱比锡的欧洲特快火车票，因为下一站在莱比锡朗诵。火车经过纽伦堡，我以为要在这里换车，结果下错了地方。一问，车票两天内有效，索性将错就错，在纽伦堡待上一天。这个城市真的很美，二战时没有被盟军轰炸，古老建筑完整地保留下来。我去过的德国城市和小镇超过20处，这里是最美的地方之一。

现在我在这个城市的一个咖啡馆，在电脑上回答你的问题。

吕露：特别痛苦的时候会怎么度过？

欧阳江河：陷入沉默。尽可能不见人。平常我是一个好客的，喜欢说话的人。

吕露：你最爱什么样的女人？

欧阳江河：我其实不会预先知道爱什么样的女人，爱上了才知道。

吕露：你去过一些国家，最难忘的两个国家是？为什么？

欧阳江河：我把这个问题缩小一下，改成最难忘的两个城市。一个是威尼斯，一座特别适合散步的城市，"星期三你就离开的地方，星期四还待在那里"。另一个是纽约，一个我每年都去的地方，很大，很有活力，这个城市的混杂性让我待在其中很自在，外来人可以活得像本地人，只要找到窍门，可以花钱不多就活出滋味和个性。况且纽约的文化生活之丰富居全球之首。

吕露：你最好的朋友是谁？

欧阳江河：翟永明和赵野。我很庆幸认识翟永明三十年了，彼此的交往纯属朋友，这种深切的友情可以持续一生，已经染上了来世般的宿命感。和赵野几乎天天相处，很轻松，很家常，但又有深谈和形而上的成色。

吕露：你觉得自己是一个怎样的男人？

欧阳江河：一个还算与人为善的人。一个根深蒂固的精英分子。有时候性子急，但通常心境比较平静。

吕露：什么是精英分子？精英分子是不是知识分子？

欧阳江河：我们这个时代的精英，绝大多数是知识分子。

吕露：最近在听什么音乐？

欧阳江河：总是听古典音乐。这次旅行途中，听刚买到的CD，主要听俄国钢琴家李赫特的早期录音，听他弹奏的巴赫、舒伯特、贝多芬。还有德国老一代管风琴大师舒尔策20世纪50年代演奏的作品，全部是巴赫，非常珍贵，是那种旧时代的，现在已经完全消失了的演奏风格。3张CD，也是此次欧洲之行买到的。

吕露：那你比较欣赏的歌手？

欧阳江河：范竟马，一个意大利美声唱法的男高音。

吕露：你觉得你了解你的儿子吗？他是一个什么样的男孩？

欧阳江河：老实说，不太了解。他6岁时，我们就分开了，后来一直没有生活在一起。

吕露：真诚对你来说意味着什么？

欧阳江河：真诚太重要了，几乎意味着生命本身。否则，活得像个假人是很可悲的。

吕露：三十年前你在干什么？详细告诉我。

欧阳江河：三十年前，那就是说1981年，我要停下来想一想。到现在为止我回答你的问题都没有停顿，不假思索。

我想了想，其实和现在没实质性的差别。无非是成天读书，经常写作，和朋友聊天。最大的不同在吃上面，那时每天吃食堂。正是在1981年，画家何多苓为我录了李赫特弹奏的巴赫平均律全集，一共4盒半磁带，剩下的半盒磁带录的是加拿大钢琴家古尔德弹奏的巴赫六首帕替塔中的前两首。我听得像吸毒一样。

吕露：你有嫉妒心吗？比如写得比你好的？有句老话说文人总是相轻。

欧阳江河：我完完全全没有一点点写作意义上的嫉妒心。文人相轻，更多指的是彼此看不起。同时代的同行中，有少数我所敬佩的人，看不起的有一大堆，但抱歉我一个也不嫉妒。

吕露：做过后悔的事情吗？

欧阳江河：当然做过。具体是些什么事就不谈了。

吕露：你相信爱情吗？

欧阳江河：相信吧。

吕露：我觉得相信爱情的人都是骗子，我也是个骗子。

欧阳江河：那你就继续骗下去吧，祝年轻的爱情骗子们个个好运，哈哈。

吕露：你最欣赏的作家？

欧阳江河：庄子，卡夫卡，叶芝，庞德，契诃夫。

吕露：酒量怎样？

欧阳江河：一般。

吕露：独处时都做什么？

欧阳江河：听音乐，看书，写作，写书法，看碟。在你这一代新青年看来，这是不是很无趣？

吕露：你眼中的中国？

欧阳江河：我越来越神往古代中国。至于当代中国，我认为非常有吸引力，混乱，有活力，不过一切都太快，太急迫。整个国家已经没什么精神上的想象力，但不需要想象力好像也能活得不错。

吕露：你觉得自己是知识分子吗？你是名人吗？

欧阳江河：我在精神气质上，在为人处事上，在价值观上，是个不折不扣的知识分子。当然我所说的知识分子是加了限定语的。名人是什么意思呢？就我和大众社会建立的关系而言，我肯定不是名人。

吕露：你是在排斥"名人"这个称呼吧？

欧阳江河：一点也不。所谓名人，不过是我们这个时代的一个特定产物，就像大款和媒体人，体育和娱乐明星，他们都是这个时代的特有产物。就像世袭贵族是另一个时代的产物。

吕露：你最感谢谁？

欧阳江河：最感谢的人还是父母。这是真的，不是象征性的。

吕露：喜欢穿什么鞋子？

欧阳江河：便鞋式的，非正式的皮鞋。

吕露：你的理想？

欧阳江河：今生的理想是做一个好的诗人。有来生的话，我的理想还是做一个好的诗人，作家。也许做个最好的钢琴家或者指挥家。

吕露：情人是好东西吗？

欧阳江河：情人不是东西，也不南北。有的情人妙不可言，有的情人让人苦不堪言。没情人不也很好吗，为什么一定要有情人？

吕露：你最大的缺点是？

欧阳江河：凡事追求完美，有时达到不近人情的地步。现在人老了，好了很多。

吕露：你有虚荣吗？在乎别人对你的看法吗？在乎钱吗？你最在乎什么？

欧阳江河：有虚荣，但少得可以忽略不计。一点也不在乎别人的看法，但连这个不在乎我也尽可能加以掩饰，好像还是多少有些在乎的样子。钱的事情，我一生钱不多，但从未缺钱过，总是刚好够用，我一生未被金钱的事情困扰过，这是我生存的一个基本诀窍：千万不要为金钱所扰。所以我不大在乎钱的事情，而且绝对不在钱上面欠人。我最在乎的，还是做人的正派和体面，不与一个庸俗和猥琐的人打交道。

吕露：你觉得诗歌是什么？

欧阳江河：对我来说，诗歌是持续一生的事，是思想和词的手工劳作。

吕露：今年有什么计划？

欧阳江河：今年要写诗，我指的是深思熟虑的重要作品，而非可写可不写的即兴之作。还要办一个自己的书法展览，听几场自己想听的音乐会。

吕露：你觉得最远的地方是哪儿？

欧阳江河：我今生所来的地方。远得我都不知道它在哪里。

2011年3月4日

欧阳江河：1956年生于四川省泸州市。著名诗人，诗学、音乐及文化批评家，书法家，"今天"文学社社长。在国内出版诗集《透过词语的玻璃》(1997年，中国改革出版社)，诗作及诗学文论集《谁去谁留》(1997年，湖南文艺出版社)，文论及随笔集《站在虚构这边》(2000年，三联书店)，诗集《事物的眼泪》(2007年，作家出版社)，诗文自选集《黄山谷的豹》(2012年，辽宁人民出版社)，诗作与随笔集《如此博学的饥饿：欧阳江河，1983—2012》(2013年，作家出版社)，注释本诗集《凤凰》(2014年，活字文化)，诗集《大是大非》(2015年2月，新陆诗丛)。在香港出版繁体字版诗集《凤凰》(2012年，香港牛津大学出版社)，在台湾出版繁体字版本的诗集《手艺与注目礼》(2013年)。在国外出版中德双语诗集《玻璃工厂》(1993年，图宾根大学出版社，彼得·霍夫曼教授翻译)，德语诗集《快餐馆》(2010年，奥地利国家文学中心出版社，顾彬教授翻译)，中德双语诗集《凤凰》(2014年12月，莱比锡出版社，顾彬教授翻译)，中英双语诗集《重影》(2012年，纽约ZEPHYRPRESS，Austin woerner翻译)，中英双语诗集《凤凰》(2014年，纽约ZEPHYRPRESS，Austin woerner翻译)，中法双语诗集《谁去谁留》(2015年2月，巴黎版，尚德兰教授翻译)。欧阳江河的诗作及文论被译成英语、法语、德语、西班牙语、俄语、意大利语等十多种语言。自1993年起，多次应邀赴美国、德国、英国、法国、意大利、荷兰、捷克、匈牙利、奥地利、日本、印度、中国香港等国家和地区，在全球50余所大学及文学中心讲学、朗诵。1993年春至1996年冬居留美国，1997年秋自德国返回国内，现居北京。作为诗人，欧阳江河的诗歌写作强调思辩上的奇崛复杂及语言上的异质混成，强调个人经验与公共现实的深度联系。作为诗学批评家，他在当代中国诗歌的整体理论及文本细读这两个方面均有独特建树。欧阳江河的写作实践深具当代特征，在同时代人中产生了广泛的、持续的影响，被视为20世纪80年代以来中国最重要的代表性诗人。作为书法家，欧阳江河的书法作品在日本、美国、德国、奥地利、中国台湾、中国香港拥有众多机构收藏者及私人藏家。曾在东京(2004)、纽约(2005)、香港(2007)、佛山(2010)、北京(2011，2014)等城市举办个人书法展览。他的书法作品在世界各地拥有众多藏家。

Yan Li

吕露采访严力：
骄傲其实是一个人建造内心的建筑材料。

有两次分别在一个演出酒吧、一个画廊偶遇严力。这两次记得特别清楚，我们在酒吧门口礼貌地拥抱了一下，在画廊那次，吕德安帮我们拍了一张合影，端着酒杯。

在阳光灿烂的日子里咀嚼自杀的意义

吕露：你想过自杀吗？

严　力：第一道问题就触碰了"文革"，我爷爷在我14岁那年的1968年在上海因迫害而自杀，我与他生前的告别是在我13岁离开上海回到北京的父母时。我是在北京出生的，之后就很快被寄养在上海的爷爷奶奶家十二年。我在北京听到父母说他自杀了，说完不久，父母就被发配到五七干校去了，留下我一个人在阳光灿烂的日子里咀嚼自杀的意义，没有答案。但后来几年经常想到自杀，想到把电线缠在身上，然后插上插头……尽管听说我爷爷是上吊自杀的。在后来的很多年之后的1989年，我在纽约写了这样一首诗，之间应该是有关系的：

阳光明媚的星期天

星期天的阳光明媚

我们几乎把露天咖啡馆

坐成了度假的沙滩

我们谈到了美妙的生命和爱情

甚至谈到的死亡也是浪漫的

我们谈到了

自杀者到了另一个世界之后

如果再自杀一次

就又回到了这个世界

星期天的阳光啊

真他妈的太明媚

当然，到目前为止，没有人从那个世界用自杀再回到这个世界，可能证明了那个世界还是很美好的。或者说回来了，只是为了复仇，复仇之后又走了，随便你怎么想吧。"文革"时候的自杀一般不讨论，因为一讨论就涉及那是谁的罪行。

吕露：有过抑郁症么？

严　力：于是，上面的事情就成了我终身的抑郁症。怎么办？没地方看这个病，美国也没地方看，久病成医的我就自己看，我给自己开出的药方就是诗歌。请看下面3张药方：

《负10》
以"文革"为主题的
诉苦大会变成了小会
小会变成了几个人聊天
聊天变成了沉默的回忆
回忆变成了寂寞的文字
文字变成了一行数字
1966—1976
老张的孙女说等于负10

2009年10月

《酒量有限》
我和我父亲从来没有通过
电子邮件
也没有打过手机
他更没有请我吃过麦当劳
我知道这是废话
因为他死于被"文革"蹂躏后的
上世纪八十年代初
现在我和他有时候可以哼哈两句

那也是在我酒后的恍惚中发生

所以这成为我喝酒的一个理由

我想喝到他能与我打手机

通电子邮件

不吃麦当劳也能喝杯星巴克

可是啊

事到如今

要喝到这几样事情都能发生

必须拥有上帝的酒量才行

2011年10月

《第二次生命》

我初中的同校生李向东

1954年出生于北京

写过一些地下诗歌

1983年"严打"时

因乱搞男女关系的流氓罪而被枪毙

二十四年后

2007年的某一天我被吓了一跳

因为他突然醒了过来

他说中国好像搬了一次家

这样的搬家必然再次动用了

全世界受压迫人民团结起来的力量

他说肯定又有过一场延伸到境外的

"文化大革命"

因而占领了他们的花花世界

我说其实没挪过地方

而是市场化压倒了计划经济

你现在看上去还是当年的模样

能这样接着生活真是太妙了

因为你整整存下了二十四年的时间

就可以大张旗鼓地施展才能了

他说别管什么是市场化

我想先了解流氓的这个成分

我还要背上多久?

至于施展才能

不知道如今写诗是否还会有什么后遗症?

不过,最最

最最紧迫的还是先帮我打听一下

有关方面对我的醒来有没有批准的文件?

2007年4月

写过这些诗之后抑郁症加重了,但是加重后它转变成另外一种东西:那就是告诉人们什么叫作历史的抑郁症,所以它演变成了一种必须言说抑郁的责任,所以往后还会接着说呗。

吕露:有种感觉是没法表露的,只能依靠叙述。若抑郁是一种责任的话,我倒想看见你去医院将心理医生治好。

严　力:如果对社会的感受超越了个人的感受,那么我觉得现在这个社会不是缺少医生,而是缺少严格意义上的医学院。

我和纽约女孩谈过恋爱，
就像我和北京女孩谈过一样

吕露：爱过纽约女孩么？

严 力：漂亮的女孩在哪儿都会引起我的审视，但不一定非要付诸行为。审美的享受随时发生，感谢世界上到处都有漂亮的女孩。另一方面，如果有机会接触她们，我则会更注意性格是否阳光和率性，那是另一种更能持久的欣赏，超越了仅仅表面的美。我和纽约女孩谈过恋爱，就像我和北京女孩谈过一样，并没有什么太多奇特的事件，爱能够超越不同的文化，但是爱得不够深的话，不同文化就开始成为问题了。另一个问题是：爱多久？一年还是一个月，或者十年，爱是一个见异思迁的东西，大多数人都会面临着你死我活的麻烦，也常常伴随着挑战道德的勇气。

吕露：我觉得你的回答精彩得天衣无缝，你觉得呢？

严 力："天衣"如果是一件艺术品，可以没有任何缝隙，它不是用来穿的，是理想化的。而我们谈的是要让人去穿的行为，肯定要有开口处能让人往里套的。古话说"万事淫为首，论心不论迹"，也就是说，在这件事上，谁用修养克制了内心的冲动，就是相对文明的。但是，古话又说"不爱江山爱美人"，好像又在赞美不顾一切的爱情。所以最终还是价值观的问题。
我还没有听说一个人疯狂地爱着一个异性，在身体正常的情况下，可以不上床的。也就是说，很难把男女之爱与性行为分开，或者说，能否把器官需求与感情分开？这里还有一个现象：在一些国家里，妓女是合法的。所以这是一个讨论不完的问题，唯一的办法就是使用价值观，持同一价值观的人才说得通。

吕露：你觉得情人是什么？

严 力：那是指结婚之后还是未婚时？婚后有其他的情人，是地雷，随时会引爆，如何解决是一门艺术。除非就是为了引爆而为之的也行。婚前的情人随时转化为婚姻，除非那个情人是结了婚的，任何人婚外有情人，并想相安无事，总是有麻烦的，除非仅仅是精神的，妻子和丈夫能否相信这种超越则是一个大大的问号。情人的定义很麻烦，让人们给它一个定义，真是有点难度。因为要设置各种条件，但是在设置条件时，又会产生其他问题……结果它就不成为定义了，变得很灵活了。情人应该是不限制双方自由的关系吧，这样的关系在男女之间总是遇到各种问题的，因为最终人性是自私和充满占有欲的。我看好的是友人，也喜欢友人这个词，它宽泛又坚定，没有性别限制和需求，有的是义气和道德层次的相近，能长期保持。

吕　露：这像是一位稍稍没有激情的男人的回答。这是理智而梦呓的回答。这是假象。

严　力：这是层次的问题，是讨论第一层还是第三层或更高一层，我认为我们在纸上所讨论的问题，总是应该高于存在的现实，为了让存在有一个希望。这就像人为什么要写诗，而且还写得那么美那么高大，就是为了让行为能向它靠拢一点。

名气从来不会让我像使用一把牙刷那样管用

吕　露：你觉得自己是有名的诗人么？

严　力：大部分写诗的人都知道我写了很多年，如果这算是名气的话，就算是的。但相比国内那么多在出版社出过诗集的诗人来讲，我是没有名气的。我认为自己的名气是在国内的出版社没有出版过诗集，你能买到我的诗集吗？另外，名气也是和社会体制与价值标准有关的，掌握了媒体的人们很容易使自己变得有名。名气从来不会让我像使用一把牙刷那样管用，名气是虚荣的产物，当你的作品能让大家分享，作品才是真正有名气的。

吕露：有关注国内年轻诗人？

严　力：我关注我能读到的所有让我欣赏敬佩的诗歌，无论它是什么年龄的人写的，也无论是哪一个国家的。好诗不问创作者的年龄。

吕露：喜欢高更笔下的塔希提么？你喜欢自己的画么？

严　力：喜欢高更的颜色所透露的原始天真的情感，羡慕他在乡间部落找到的生存机会，但是那样的历史时期好像已经过去了。就像我们中国人的祖先两百年前也可以隐居山上吟诗作画，那时候人类容易找到那样的环境和生活方式，而现在的人口是那时候的五六倍，而地球的面积没有变大。可想而知，我们在资源上不可能享受那样的空间自由了。

至于我自己的画，当然喜欢。因为是我自己审美与价值观的外延，是我对世界的理解，也是我与其他人的一种对话方式。它与我的诗歌和小说等形成有机的互补。

吕露：你相信我是塔希提吗？我也在画画，不过我画的都是你不相信的另一群塔希提，她们是面目狰狞的牧女。

严　力：我相信有另一群以及另另一群，这就是人对生活方式的选择权，但必须学会共存，也就是所说的和谐，但是评判规则要公正，没有特权才行，法律就是这样产生的，而且要经常修改直至相对的完善。

面目狰狞的牧女们认为自己是狰狞的吗？还是你赋予她们的？如果是你赋予的，那就是你的目的了。

一贯的不满意与一贯的满意都不应该成为习惯

吕露：17岁的时候你正在做什么？

严　力：在北京第二机床厂做装配钳工，一个人住在工厂宿舍，父母都在五七干校。天天干活之外就是学习毛泽东语录和人民日报，洗脑呗，幸好市场经济的细胞没有被彻底洗掉。我说的是中国脑子。而我的脑子里本身就只有小学五年级的内容，其他动物性的自由化基因很强，那时候与别人打架是为了安慰自己的失落。17岁时是我的第二年学徒工，那时的工资是18元。我突然觉得17岁与18元好像有什么关系，可能就是年轻与贫穷的关系，或者是激情与被压抑的关系。它们绝对相处得不和谐，所以我就开始写不满社会的诗了。

吕露：你觉得自己的诗写得怎样？与过去相比。

严　力：写得更像我自己的造句了，我希望自己能写出严力式的造句，起码这是对汉语语文的一种补充。文字的可能性很大，而自己能攒出有别于大多数人的陈旧玩法应该是很好玩的事情。也因为它是脑力劳动，会带来作为人有别于动物的乐趣。

吕露：现在，摆脱了贫穷了吗？

严　力：物质的贫穷应该很容易摆脱，如果不是贪得无厌的话。只要比前面说到的17岁那个时期强，我就不会觉得太难忍受。我能忍受物质的贫穷，但社会或环境要给我一个正当的理由：比如天灾时，那就要与天灾斗，人祸时，要与人祸斗。这个过程有长有短，如果最终还是斗不过，就只能忍受了。另外很少有人因为斗不过天灾而自杀的，而斗不过人祸而自杀的，前面提到的"文革"就有很多人斗不过人祸而自杀了。中国人在各种历史时期不是表现了很强的忍受力吗？所以你应该问，对贫穷你有多强的忍受力？那么我就说：不比17岁的那个时期差。

吕露：一直喜欢的事情做到最后会怎样？

严　力：就成为习惯了，离不开了。比如写诗和画画，尤其是自己率性的创作，更是因为热爱才折腾出骨头来的。就当今这个物质社会来看，这个习惯的承受力很强，能承受各种天灾人祸。另外，好像17岁和18元也成为了习惯，但还是经常反省自己，并告诫自己：一贯的不满意与一贯的满意都不应该成为习惯。

吕露：我觉得喜欢的事情做到最后就是无奈。创造其实就是一种无奈。

严　力：你的第一句应该不是真的喜欢，起码不是你自己的喜欢，喜欢不是得到，更应是付出，当你的付出久而久之没有人理解，才是无奈。第二句应该不是无奈，是解脱，人有追求解脱的天性！快刀斩乱麻也是这个意思，纠缠在一堆麻烦的事物中一久，就会寻找解脱，"文革"即是一个例子。

我发现他身上虚荣的东西比我少多了

吕露：年轻对你来说是什么？

严　力：是已经过去的事情，是历史，回忆起来的时候不能乱写，不然就是编造历史了。对人来说，每一个十年的年龄层有各自的乐趣。我如今在享受50之后的这个年龄层，它的乐趣在于，有人管你叫前辈了，就是衰老了呗，哈哈。

吕露：爱情重要吗？

严　力：男女之间的爱情当然很重要，它涵盖很多东西，一两句说不清。就说概念的吧：

阴阳互补是人生很重要的存在环节。正因为此，它伤害起来也是惊天动地的。

如果说理想也是一种爱情，它更是不得了，经常出人命的。因为有人把压迫别人当作理想，还有人把排他性的宗教当作理想……

吕露：你骄傲吗？

严　力：骄傲其实是一个人建造内心的建筑材料，没必要拿到体外来展示。我内心有足够这样的材料。

吕露：你常穿什么样子的鞋子？形容一下。

严　力：脚是个性的，就无所谓鞋是什么品牌或什么主义的。鞋随着我的脚走，有些人是脚随着鞋走。

吕露：你讨厌审问吗？

严　力：我喜欢交流，比如你的这次提问，在我回答之后，我希望能得到你的回馈，也就是你的意见与看法，这样就不是审问了。

如果大家都按照一个版本回答，这本身就已消解了审问。其实人最难做到的是审问自己。现在这个社会，谁审问自己为什么希望富有再富有，因为欲望讨厌审问！

吕露：你会坦诚地回答我的问题吗？我们没有见过，人们好像只会对熟识的人自然。

严　力：是啊。我对整个人类的相似性很熟，世界上那么多种族，与任何一个其他种族交媾都能孕育生命。而世界上的鸟类数千种，则不能互相杂乱地繁殖，证明了人类是太相似了。另一方面，你是吕德安介绍的，我相信他就像诗歌相信韵律。

吕露：德安多年在外，回国后一直待在故乡，甚少出外活动。你与他有什么"好玩儿"的事情？你为什么相信他的韵律？

严　力：作为一个人朴素的韵律。早在二十年前，我们在纽约一起住过几个星期。近距离接触，让我发现他身上虚荣的东西比我少多了。本来我以为自己很少，结果他更少。二十年后的前些日子又接触了他几天，还那样，这就更好玩了。不虚荣的另一种说法是什么？就是诚实啊！

没赶上飞机也是一种失望

吕露：作为朦胧派，还有北岛，现在媒体大抵时不时都在谈论他。你们吵过架吗？

严 力：我们不必吵架。一起过来的那段中国历史，让我理解扭曲的各种可能性，而反扭曲的进展发生在每一个中国人身上，过程都是很难的。另外，道德高地上总是有很好看的眺望，那种精神旅游，很多人乐此不疲，而下山之后自己的行为又另当别论。当然还有一些人以为反扭曲就需要用暴力，可是复仇心理基本上还是动物性的循环。话又说回来，人类的战争还没有在地球范围中停止过一天，世界还是强者为王的模式，所以什么是人类文明的进展？……啊呀，我把事情说远了。是的，回到你的提问吧。对北岛来说，尽管新的社会环境也要调整价值观，但是媒体把很多东西加在他身上，甚至来不及脱。有人也想把他当作一个棋子，我觉得他应能掌握分寸，把行为准则付诸新的作品里，让想邀请他的人去邀请他的作品吧。另外，媒体是发放虚荣的办公室，有些人在排队领取，有些人是媒体会主动发放给他们的。

吕露：最喜欢的女演员？

严 力：为什么是女演员，男演员演得不好？我喜欢演技好的，不管男女。尽管我是男的，在这一点上我还是相信技术和天分的。幻想与女演员有些什么关系吗？到目前为止，我没有接触过女演员，你也可以说我运气不佳。

吕露：是挺"倒霉"的。你可以想象一个女演员出来。你现在，该试图想象，再告诉我。

严 力：早就想出来了，演我太太的那个。

吕露：你想离开北京吗？

严 力：心中没有离开过北京。血液里的东西，光是与八宝山的烟囱就能聊很多事情。

吕露：什么事情会令你失望？

严　力：失望的事情总是有的，没赶上飞机也是一种失望。现在马上就能想到的失望是：为什么很多国家不给中国人免签证？

吕露：平日会做什么？

严　力：生计之外，看书创作，见见想见的朋友，见不到的就通通电话，有时候上新浪微博。

吕露：会去找失去的东西回来吗？

严　力：绝大部分失去的东西都是找不回来的。但是我所经历的时代，如果被某些具有话语权的人写错或歪曲了，我会有冲动去纠正一下，或者按照我所知道的先记下来。作为一个写作的人，首先要记下来。不要让原始材料与人一起走掉了。这也是每个时代写作人的义务，之前的为之前的时代负责，之后的为之后的时代负责，现在的为现在的时代负责。

吕露：你是一个好男人吗？

严　力：应该说是一个不以性别为标准才做好事的人。

2012年1月2日

严力：诗人、画家、作家。1954年生于北京。1973年开始诗歌创作，1979年开始绘画创作。是1979年北京先锋艺术团体"星星画会"和文学团体"今天"的成员。1984年在上海人民公园展览厅举办了国内最早的先锋艺术的个人画展。1985年从北京留学纽约，并于1987年在纽约创立"一行"诗刊，任主编。2009年开始主持每年一次的北京中华世纪坛中秋国际诗歌会。严力出版的诗集有《诗歌的可能性》中英文版、《造句的可能性》中英文版、《还给我》《多面镜旋转体》等，出版的中短篇小说集有《纽约不是天堂》《与纽约共枕》《纽约故事》《最高的葬礼》《母语的遭遇》，长篇小说有《遭遇9·11》《带母语回家》，出版的散文集有《历史的扑克牌》，出版的画集有《从我开始修补》《严力诗画集》等，还有记录个人经历的《事物是它们自己的象征（严力的创作和他的朋友们1974—1984北京）》。获得的荣誉和邀请包括：1986年纽约VASSAR COLLEGE学生罗宝乐所译的《严力诗歌》作为她的毕业论文获得毕业论文奖。1990年英文诗三首被选入美国迪更生大学出版的《文学评论》杂志。1991年短诗《还给我》获美国旧金山北美中华新文艺学会新诗奖第一名。1993年长诗《史诗》译成英文选入《美国文学和评论》诗刊的五周年纪念集中。1994年油画《喝音乐》（作于1984年）被上海美术馆收藏。1995年6月应邀参加瑞典马尔莫市举办的国际诗歌节。2000年油画《休息的劳动者》（作于1980年）被日本福冈亚洲美术馆收藏。2003年被邀请为美国爱荷华大学国际写作中心访问学者。2005年获《诗选刊》2004·中国年度最佳诗歌奖。2005年应伊朗书屋和波斯语协会之邀前往德黑兰进行艺术个展和诗歌朗诵及文学座谈。2009年应邀参加台北第十届国际诗歌节。2010年应邀参加中韩作家会议。2010年应聘美国太平洋路德大学中文系讲授中国现代艺术和文学。2011年荣获首届长安诗歌节长安现代诗成就大奖。2011年应邀参加第50届马其顿斯特鲁加诗歌之夜。2011年应邀参加德黑兰第二届伊朗国际诗歌节。2011年获读书栏目首届《新世纪诗典》2011年度大奖的成就奖。2014年应邀参加的活动有阿联酋迪拜"第六届国际文学节"、第八届云南大理天问诗歌节、法国巴黎第七大学的诗歌春天朗诵会、第八届中韩作家会议。作品被翻译成多种文字，目前定居上海、北京和纽约。

Yang Jian

吕露采访杨键:
我的本性是我的故乡。

我没有见过杨键,也没有他的手机号码。我们唯一一次通话是他家的座机。今年待我打过去是空号。韩东说他手里也没有他的手机号码。

故乡没有了也好

吕露：怎么看女人？

杨　键：女性如同领导，我无法赞美。

吕露：期待爱情吗？

杨　键：我喜欢的还是古典的爱情，现代的爱情大都为乌托邦，恩爱也难免苦难。

吕露：昨天在书里看见毕加索，他好几个情人自杀，好几个疯掉，好几个再也不见他。酷吗？

杨　键：毕加索并非全能冠军。

吕露：你心中的自然？

杨　键：亲人。

吕露：你的画卖钱？

杨　键：快了。

吕露：你穷吗？

杨　键：诗人怎能不穷？

吕露：哪儿是你的故乡？

杨　键：我生下来就没有故乡。我的本来面目是我的故乡。

吕露：我理解为这算是怨天尤人。

杨　键：你的这句话有其他味道。

我不喜欢现在的生活

吕露：终于找到你，你现在是什么样子？喜欢现在的生活吗？

杨　键：我不喜欢现在的生活。因为身边这些邻居天天制造噪音，在楼上砸蛋子，穿高跟鞋，不断地拉铝合金窗户，又把汽车停在我家窗前。我讨厌汽车停在窗前，因为会败坏风水。他们还把我家伸到他们家的枇杷树折断。他们讨厌我家落到他们家的树叶，讨厌我家的爬墙虎。他们说，爬墙虎会招来四脚蛇。我说这些的意思很简单，我这一代的邻里关系也坏掉了。

吕露：清贫的感觉看上去像一杯热水，50℃的水是热的，30℃也是，都是热的。有的能洗澡，有的能泡脚，有的能洗碗，有的人们只会倒掉。你的生活简单。你经常被我熟悉的人谈起。若我要问你，你怎么谈自己？

杨　键：我现在生活的地方要是没有噪音，我真的比谁都快乐。我有一个美丽的院子，有树、有花草。要是有一个单独的地方，我可以把它弄成最美的地方。

幸福都是刹那的，痛苦却很漫长

吕露：每天在做什么？

杨　键：画水墨。写诗养不活我。

吕露：现在，最想念谁？

杨　键：佛陀。我希望早一点与他相知相熟。他才是我真的故乡。

吕露：怎样才可以和一个不可能在一起的人在一起？

杨　键：放弃自我。

吕露：放弃自我等于行尸走肉么？自我又是什么？

杨　键：自我放弃了才有自由。

吕露：你幸福吗？你痛苦吗？你会哭吗？

杨　键：幸福都是刹那的，痛苦却很漫长，我希望有一天这会反过来。一是我家围墙外面有一个收废铁的，每天听着废铁与废铁相撞的声音实在令人无法忍受。

二是土地少了，见不到牛，见不到田，见不到扬麦子，见不到河，诗又从何而来？

吕露：如果让你拍一部电影你会拍什么样的？

杨　键：就拍拍我讲的这些吧。可拍的太多了。

吕露：你是农民吗？

杨　键：我不是。但我知道中国的农民正在消失。有一天，农民要是绝迹了，那也就是人类的尽头。

吕露：我觉得农民不会消失。你很悲观。

杨　键：难说。

袜子有什么好讲的

吕露：为什么不用手机？

杨　键：发短信太麻烦了。

吕露：你的理想？

杨　键：我没有什么大理想，我的理想就是找到我的心，它还是一个陌生人。大理想会害人的。我的理想就是把母亲照顾好，太太平平，养老送终就好了。

吕露：失眠吗？

杨　键：现在睡眠质量不如从前了，睡睡醒醒，可能是假酒喝得多了。有一阵，我喝了十几瓶二锅头，在家睡了几天才好，好像魂都给假酒撵跑了。假东西让人寝食难安，前途惘然。

吕露：喜欢的音乐？

杨　键：要说喜欢也就是古琴、二胡、琵琶之类的。西方音乐听不惯，太做作了，还停留在五音令人耳聋的阶段。

吕露：你看上去像一个正儿八经的情圣，是吗？

杨　键：我没这个本事。

吕露：你的袜子是什么颜色？会亲手洗吗？

杨　键：这个问题没意思。

吕露：怎么没意思？

杨　键：袜子有什么好讲的。我要讲的袜子是我妈妈为我缝过的千针万线的袜子，我一直保留着。

其他人不是阵亡了，就是行尸走肉

吕露：种菜吗？

杨　键：不种。

吕露：你的孩子是什么样子的？你能给他什么？

杨　键：我没有孩子，自身难保，岂敢啊？

吕露：你是迷人的男人吗？

杨　键：我不是迷人的男人，无钱、无车，有衰老多病的母亲。我听说，有钱、有车、有房，但是无父无母就是迷人的男人。国与家是靠忠与孝维系的，现在孝没有了，家只是一个天天想让人逃离的空壳。没有孝，家就是大苦难，只能树倒猢狲散。

吕露：你喜欢的中国作家？

杨　键：于坚和韩东。

吕露：中国现在还有文学吗？

杨　键：这两位不就是吗？我喜欢他们是因为他们的文学是真刀真枪地直指人心。现在假小说家、假诗人太多了、就像假酒、假菜、假水果一个样。

吕露：为什么只喜欢于坚和韩东？

杨　键：因为中国目前只有这两人越战越勇，其他人不是阵亡了，就是行尸走肉。

吕露：做过最有意思的梦？

杨　键：梦见我去世的父亲是一条大红鱼，在半山腰飞。

吕露：最遗憾的事？

杨　键：想写的诗还没有写出来。

二十年前跟现在的生活有区别？

杨　键：变化太大了。仅说一点，二十年前人们虽无力醒透，但天天忙着所谓的精神，现在人们天天忙于赚钱，精神在这些年已经变成阴水沟边的孤魂野鬼了。

吕露：年轻是什么感觉？

杨　键：可以几个晚上不睡觉。

吕露：你做的最疯狂的事？

杨　键：被一头驴子快速拉着下山。这是一头帮我们拉货上山的驴子。它其实认得回家的路，而我却不认得，我只好依靠它。但它下山的速度太快了，我几乎是连滚带爬地给它拖下了山。

吕露：形容今天你一天的生活？

杨　键：写诗，画画，做饭。

2011年9月13日

杨键：1967年出生，安徽马鞍山人。1986年习诗。曾先后获得首届刘丽安诗歌奖、柔刚诗歌奖、宇龙诗歌奖、第六届华语传媒诗人奖。出版诗集有《暮晚》（2003年，河北教育出版社）、《古桥头》（2007年，上海文艺出版社）、《惭愧》（2009年台湾唐山出版社）。

Yang Li

吕露对话杨黎：
谁能明白我说的是什么？

他是一个非常小孩，有时又很严肃的诗人。

分手是死亡的演习

吕露：前天你做了什么？

杨　黎：前天？你让我想想。

吕露：嗯，从你醒来到睡觉你做了什么？

杨　黎：我的记忆其实越来越远。但是我知道，这并不是因为我老了，而是因为我正在失恋和恋爱。早晨，早晨我自然在睡觉，就像其他正常的早晨。我只有一些特殊的早晨，才可能没有睡觉。而中午，我是说前天，我去了李涛那里。他是我的一个朋友。在李涛那里，我们喝了许多酒。这比较特别，仿佛是因为那天高兴。而下午，我去了小房子。那天也就是前天，成都的天气还可以，有太阳，虽然气温还没有从寒冷中缓过来。

重要的是后来，我犹豫了。一方面，我想就近去丽都路，那是我藕断丝连的地方，她住在那里。而另一方面，我想回家——最近我总是想尽快回家，我想上网：有一个人也许在网上等我，我和她聊聊非常愉快。后来，我选择了回家。我们聊得也的确愉快。后来我睡了，并梦见她。

吕露：写诗时犹不犹豫？

杨　黎：不犹豫。

吕露：前不久你写了《给吕露，1》、《给吕露，2》、《给吕露，3》这组诗，其中第一首就提到了分手，非常忧伤。我想，你不仅仅是为分手而忧伤这么简单吧。

杨　黎：我青年时骑过一辆自行车，骑了一两年后，又换了一辆新的。换车时我很高兴，把旧车扔在单位的自行车棚子里，骑着新车就走了。后来，也许有个把月吧，我去自行车棚子取我的车子。当时已经下班比较久，车棚里已经没有什么车子。我突然看见我的那辆旧车，孤零零地半靠在墙角，活脱脱一个丧家之车。我当时，哪个儿骗你，心里突然有点酸酸的。我走过去，那旧车子上已经铺满了灰尘。你说，分手怎么不是忧伤的呢？

吕露：但你一定知道，一开始就会有结局。忧伤也是肯定的。你是自私的，时间也是，女人也是。

杨　黎：那是存在的问题。我后来明白，那是语言问题。分手不是男人女人的事，它是死亡的演习。

我仿佛是一个乱搞男女关系的人

吕露：通常在家都干些什么？

杨　黎：我其实很少回家，在家就是睡觉。

吕露：听上去有点可怕。

杨　黎：我一般是上午在家写作，有时候上午也睡觉。下午才出门。

吕露：你的生活方式健康吗？

杨　黎：在很多人的眼里，我的生活方式是不健康的。但是我自己认为还可以。其实我有我自己的规律，而且这个规律甚至还延续了有很长时间。所以，我自然认为它正常，就像我的性生活。

吕露：你的性生活健康吗？

杨　黎：应该是正常的吧。甚至这种正常让我比较自卑。比如，我没有错误（绝对不是歧视）的性取向，没有恋物癖，也不敢搞SM……所以，我自然正常。当然了，在道德的审视中，我仿佛是一个乱搞男女关系的人。

我的亲密和我的距离其实都不是文学的

吕露：性跟安全感有关系吗？

杨　黎：有。过于迷恋性的人肯定没有安全感，但是不言性的人自然也没有安全感。正常对待，甚至不一般的喜爱，都是正常的。当然，你可以问我，正常有那么重要吗？我会回答你，没有。

吕露：什么女人在你心中最迷人？

杨　黎：迷人的女人，我认为应该有这样几点：一、首先她不能太丑；二、对生活充满激情；三、不能太聪明，不怎么现实；四、吃一点醋，但不过于地想不开；五、懒点，不斤斤计较。
换句话说，我喜欢做梦的女人，感觉她随时都没有睡醒。

吕露：喜欢亲密的关系，还是保持距离的？

杨　黎：我的亲密和我的距离其实都不是文学的。有时候我喜欢黏在一起，拉都拉不开。而有时候我喜欢独处，有一点距离。我有更多的出墙的感觉，和一些刚认识的女人打算做点啥子。这时，我怕太亲密了。但是，我保证，如果她需要，我首先到她那里去。
因为，我们毕竟是在相爱。

吕露：有人说过你是流氓吗？

杨　黎：我从不欺骗女人上床，更不强迫女人就范。我怎么了？我仅仅是喜欢的人多一点，觉得女人都是值得爱的。

吕露：陈丹青说：我体内住着一个女人，你呢？3个？10个？无数个？

杨　黎：我没有。我身体偏小，连一只蚂蚁都住不下，更何况女人？不过，我的心里装着天下的每一个女人，我愿意和她们发生关系。

吕露：假如你的女人愿意跟每一个男人发生关系呢？

杨　黎：我曾经有个女人，属于比较迷恋性生活的那种，我们当时叫性解放，她对于勾引她的男人差不多不会拒绝。我作为她的男朋友，自然心里不舒服。只是她对我特别好，我本身又是比她还开放的人，所以不知道该怎样说。我记得，那段时间我们正在进行友好的分手，已经有好久没有往来。一天，她来找我，并主动勾引我。我没有经得起她的勾引，就和她搞上了。真的，我记得非常清楚，我们搞得爽极了。高潮中，我把她紧紧地抱着，忘记了先前的不愉快。我到现在，都觉得谁跟谁不重要，重要的是你自己跟谁怎样。伟大的高潮啊，它让人忘却此时此刻之外的种种。所谓宠辱皆忘，仿佛山花烂漫。

女人是用来爱的，不是用来计较的。

吕露：你跟妈妈的关系怎么样？

杨　黎：不怎么样。我对她很好。她和我实在是两种人。

吕露：你孤独吗？

杨　黎：孤独。而且不是形而上的孤独，是非常现实的孤独。

吕露：失过几次恋？

杨　黎：失恋是什么意思？准确地讲，我其实没有失过恋，却永远都在失恋。说现实一点，我有过九次刻骨的恋爱经历，其中有两次婚姻，它们最后都以失败告终。也就是说，我的感情生活非常失败。

吕露：麻木吗？

杨　黎：不。我现在还在追求，我相信爱情。

我其实现在依然和许多过去的恋人保持着心灵的联系，我的感情的失败并不是情感的失败，而是现在的爱情——婚姻方式以及现实的错误造成了我的失意。我说过，那是一种更大的悲哀。

吕露：你还爱不爱已经分手的前女友们？对她们是什么感情？女人和诗歌，更依赖哪方？前天，你跟刚提到的朋友李涛在一起喝酒聊了什么？

杨　黎：1980年秋天，你负10岁，我18，我写了一首自己非常喜欢的诗歌，也是我诗歌写作中第一首我能够记住的诗歌，有百多行，叫《我是太阳的情人》。这诗里，有这样几句，什么"我爱呀，爱太阳投射在大地上的每一个光点，爱每一个热爱太阳的男人和女人"等。当时，我正在恋爱，而且是三角恋，迷离得一塌糊涂。但即使如此，我并没有对我的情感做出选择。我发现，我其实根本没有这个能力。后来的结果是，其中一个女友对我说，如果你不再找我，我就不再来了。我说好的，我们就这样分了手。我至今也很想她。

换句话说，我现在依然思恋着我曾经爱过的女人。只是因为种种非我的原因，我不再表露这样的思恋。

而说到女人和诗歌，我更依赖女人——因为诗歌其实就是我自己。前天和我一起喝酒的李涛，我们谈论的是我们即将办的公司。

上帝保佑，让我们能够如愿以偿。

女人在现实中没有她们的身体美丽

吕露：谁说你是废话大师的？

杨　黎：这个我不知道。废话是我2000年提出的诗歌主张，所以后来大家有这样一说。

吕露：现在废话诗人越来越多，我潜移默化地也在往此列播种。有个人说："可以有一个杨黎，但不能有一批。"对此话你如何回应？

杨　黎：这完全是错误的说法。所谓现在越来越多废话诗人，这样的说法本身就不准确。越来越多，究竟有好多？难道还多得过文艺腔的诗歌？还多得过有意义（文以载道和诗言志）的诗歌？还多得过我们司空见惯的比喻和肉麻的抒情那样的诗歌？你说是吗？这是其一。

其二，即使现在废话诗人越来越多，那也只能说明更多的天才意识到了，起码是意识到了，诗歌不一定只是修辞的，也该有非修辞的。

其三，这个特别荒谬：如果我是李白，那应该是多一些李白好呢还是少一些李白好？可以有一个杨黎，但不能有一批杨黎，简直让我想起这样一句话，那就是"只许州官放火，不许百姓点灯"。或者说，杨黎本身就是个错误。阿门。

吕露：有没有混淆过女人（爱情）与诗歌（理想）的关系？

杨 黎：我常常混淆女人和爱情的关系。我总是在身体上分不清楚爱情和女人的差异，而又在感情上找不到女人和爱情的共同点。我热爱——是的，热爱——所有的女人，但是爱情却又总那么若有若无。女人在现实中没有她们的身体美丽，我认为。而爱情呢？爱情在精神上是我永远的诱惑。我迷恋这个诱惑，常常像个瓜娃子，或者是坏蛋。

而诗歌就是我的理想，我甚至说过，诗歌是我的宗教。如果这样来谈这个问题，那女人是诗歌，爱情是理想，我又怎么可以把这个问题说得清楚呢？它们混淆着混淆着，从来就没有分开过。好在诗是废话，那无所谓的。

我爱犯错误，也喜欢犯错误

吕露：你认为什么是小众，什么是大众？你自己呢？

杨 黎：大众是主流，它包括民族、国家和经济危机，当然也包括星光大道和上帝，而小众恰好是这些之外，是一个错误。我爱犯错误，也喜欢犯错误。所以，我自然属于小众一员。

不过，在这个已经全球一体化的世界里，小众可能补充了这个世界的不足。

吕露：那"我爱你"是大众还是小众？你利用过它吗？

杨　黎：爱自然是小众的，特别是爱女人（异性）。大众不谈爱，也不爱，他们谈的是这个时代的价值和道德需要，并瞩目价值的光芒和尊重道德的力量。

我没有利用过爱，我只是享受它。

吕露：你手机里有多少个电话号码？

杨　黎：几十个。没数，应该不到100个，特别是最近掉了两次手机。他们基本上都是诗人。我的外交圈子很狭隘。

吕露：你现在在干嘛？

杨　黎：手机里有132个。我在数我的手机里有多少个电话。

吕露：一直没有停止过写诗吗，或者念头？

杨　黎：当然。我只是因为某些原因，也许写得少点，但却从来没有停止过写诗。它是我的生活，我能够停止我的生活吗？

吕露：我听说海豚是自主呼吸的，如果它们想自杀，只要不吸进下一口空气就行了。

杨　黎：人也可以，那叫自杀。我好像不会。

晃荡在七圣路的几家餐馆，非常快活

吕露：《五个红苹果》是怎么生产出来的？

杨　黎：《五个红苹果》是我2003年写的一首诗，而《五个红苹果》这本诗集是我2004年8月根据我的网络诗集《打炮》、《太阳与红太阳》、《五个红苹果》编辑而成。我不知道你是要问这首诗还是这本诗集：这本诗集里的诗，都是我2000年2月到2004

年8月之间写的作品。这之间,我和韩东等人创办了橡皮先锋文学网,并和许多年轻的朋友一起开创了轰轰烈烈的废话写作。当时我客居北京,常常和张三、华秋、竖、张羞、吴又、小虚、苏非舒、王小菊等一起晃荡在七圣路的几家餐馆,非常快活。我想念。

吕露:我所了解的情况是:1.橡皮网它关闭了。2.你开过橡皮酒吧。3.韩东在写诗上跟你一直存在着分歧。4.吴又做了一个出版公司。

杨　黎:是的。

吕露:那是好时光吗?

杨　黎:你说酒吧?那一般,它其实和橡皮先锋文学网关系不大。

吕露:妈妈知道你在写诗吗?她怎么看?

杨　黎:知道,觉得给我带来了许多麻烦。而最早时,我妈觉得我写诗给我们家带来了许多稀奇古怪的人,这些人还爱在我们家混饭吃。

吕露:废话女诗人中你比较喜欢谁?

杨　黎:废话女诗人我都喜欢。

吕露:现在,你的理想是什么?除了写好诗。

杨　黎:我想买个院子,把写诗的人都搞到一起住。特别是废话诗人。

看到爱情,想到好悲哀

吕露:不喜欢什么样的诗?

杨　黎:文绉绉的诗,押韵的诗,形容词太多的诗,没有细节的诗。

吕露:今天都干了什么?

杨　黎:今天没做什么,中午起床就上网,直到现在。完了,简直是一个枯燥的人。当然我并不这样,仅仅今天是这样。

吕露:你是个穷人吗?

杨 黎:当然是。虽然我曾经有钱,而且今后可能更有钱。

我1991年下海,就是去的湖北。在宜昌、沙市和襄樊做报纸广告。我在那里学会了做生意,当然更学会了与人相处和不要脸。在那里,我开始走向市场。它有好的和坏的两个方面,但是它却必须有一个客观的方面:比如与人相处,不以好恶为前提,而是以利益为前提。

吕露:走向市场是什么意思?

杨 黎:所谓市场原则。

吕露:"掩耳盗铃"这个词假如单一地放在你眼前,你觉得自己会看到什么或想到什么?

杨 黎:看到爱情。想到好悲哀。

吕露:它并不是一切,不是吗?

杨 黎:爱情是一切,特别它掩耳之后。悲哀是一切,如果它盗铃了。

吕露:你是情场高手吗?

杨 黎:我哪里。我只是对爱情公开、公正和公平。

吕露:如果一个女孩问你:爱,是什么?你认为自己谈得好它吗?当然不是谈恋爱的爱,就是爱。

杨 黎:爱是需要,以及帮助。

吕露:我觉得你严肃的时候很好。

杨 黎:我其实最喜欢我不严肃的时候。

吕露:我其实觉得写诗的人都比较傻,比如你。包括我自己。

杨 黎:那就傻吧,我最没有资格辩解。傻是诗歌的本质,聪明是语言的本质。傻想到的是没有,聪明总是更加逼近有。而其实,有是假象,所谓仪态万千。你想想,诗没有,是不是非常傻?请回答。

吕露:你这么说,我感觉傻还好一点。

杨　黎：因为你是诗人。这个时候成都的诗人们还在小房子喝酒，他们真傻。

吕露：你傻，有酒不喝。

杨　黎：我喝，只是今天而已。在诗人的词典里，聪明是贬义词。

废话面前句句平等

吕露：据说，你说过《五个红苹果》这首诗，是个炸弹？

杨　黎：因为这个标题，也就是"五个红苹果"，其实是哲学家维特根斯坦的一个命题，而许多自以为是的人并不知道。所以我说，它是炸弹。其实别跟我谈文化，那是我的幼儿学，只是我现在不喜欢谈这些。

吕露：最早写的诗还记得吗？是废话诗吗？

杨　黎：当然不是，不可能是。我第一首诗，指白话诗，是1979年。那时还没有废话诗，我怎么可以写得出来？虽然，我是废话诗的开山鼻祖。

吕露：你觉得你自己的诗好看吗？

杨　黎：我觉得好看。关键是你以及你们，每一个人都觉得自己的诗好看，不管它是不是好看。我曾经说过，每一个人都觉得自己的诗好，而喜欢看别人的色情小说或者武侠小说。

吕露：我不喜欢看我自己的诗。相反，我越看，越觉得难看。

杨　黎：你还小，或者你是例外。

吕露：怎么才能写出好诗？

杨　黎：有开放的身体，有敏锐的情感，有空洞的脑袋，有成熟的语言，这就可以了。

当然，还必须有诗歌的缘分。

只是，为什么要写好呢？啥子是好？废话面前句句平等！写就是好，写了就好了。

这不是花子啊，乃我写诗多年搞懂的大实话。（注，花子：捯花子，四川黑话）

我的诗歌，写多了，就没有了

吕露：最近又有地方地震海啸了，我想到失去的力量。诗歌给你带来了什么？抑或失去了什么？

杨　黎：诗歌在现实中给我带来的东西不多，但是它让我能够平静地理解地震和海啸。人类平时非常骄傲，压根就看不起诗歌。是的，诗歌无用。但是在非现实的世界里，这世界其实比现实世界还大，诗歌本身就是力量。

所谓灾难，诗歌要对付的就是它们。地震算什么呢？海啸算什么呢？它们和一次车祸有啥子差别？和一个老人的死亡又有啥子差别？

诗歌，我理解我的诗歌，写多了就没有这些东西了。

可是，谁明白我说的是什么呢？

吕露：你写诗是为了什么？带着什么出发点？它有坐落点吗？

杨　黎：我以前已经说过这些问题了，而且说得很多、很理论。所谓为什么写诗，在我来说是简单的、也是唯一的，就是要把字（语言）写得没有意义。它的落脚点就是超越语言，让我们把自以为已经理解的意义重新组装成没有意义的（语言的声音）诗歌。

刻意追求创新是写作上的自卑者

吕露：怎么看虚荣？虚荣写作？我看到很多这样的人：别人写，自己也跟着写；别人写什么，他也写什么。

杨　黎：虚荣在道德上非常可笑，但是在诗歌里是不存在的。我个人不喜欢虚荣，当然也免不了有时会虚荣。在写作上，嗨，跟着别人写其实有什么不对呢？要求所有写作的人都写自己的，那既是理想主义，也是霸权主义。噫吁嚱，危乎高哉。

吕露：跟着写特别没意思，不是吗？

杨　黎：不是，写本身就有意思。这个世界上也没有完全跟着写的东西和人。除非你照着别人的作品抄写一遍。只是那已经不是写了，你说呢？顺便幽默一句，不成功的模仿就是创新。所以，我认为，刻意追求创新是写作上的自卑者。

不要以直率和敢于说真话为光荣

吕露：你极端吗？

杨　黎：极端，而且喜欢极端。只是话说回来，我常常平滑得可爱。

吕露：我还不能够完全理解平滑的意思，能说清楚点儿吗？因为我总觉得它跟油腔滑调差不多一个意思。

杨　黎：自然不是。我们在生活中，应该理解别人的局限以及处事方式，不要以直率和敢于说真话为光荣，搞得他人尴尬。
对于不喜欢的东西，以及人和事，只要不伤大雅，尽量保持沉默。说实在的，这些事情其实和我们关系不大。我们有更需要尖锐的时候和地方。

吕露：20岁的时候你在哪儿？对于不喜欢的东西，是什么反应？

杨　黎：我在成都，在一家银行工作。哦，那个时候，我太他妈尖锐，对于不喜欢的东西，马上反击。我后来知道，那时我年轻，自己的底气不足。

公平是人类的错觉

吕露：你是个大气的男人吗？

杨　黎：也许，当然也未必。

大气小气其实具体该看啥子事情。比如我有一个朋友，他特别豪爽，对钱这个东西出手非常大方。在现在这个社会，他好像应该算大气的了。但是，他其实很小气。对于他自己在乎的事情上，像个农民。比如，他每天都要查看老婆的手机，对那些和老婆关系好点的男人非常仇视。嗨，想一想他也蛮可怜的。

吕露：你相信公平吗？

杨　黎：不相信。

吕露：我感觉部分诗人对中国社会文化，从本身不满足，到气势汹汹的诅咒讽刺，像被醉酒臭男人殴打的淑女，打得最后脸青鼻肿。你觉得呢？

杨　黎：这没有什么好笑的。在中国，这样的人不仅仅是诗人，甚至不是诗人的其他人也有相同性。不要咸鸭蛋看不起卤鸡蛋，其实都是不能生仔的笨蛋了。

2010年3月12日

杨黎：男，1962年8月3日生于成都。当代知名诗人和小说家，废话理论构建者。1979年，17岁的在校高中生杨黎开始写作。1980年底，他与同学王镜等创办"地下刊物"《鼠疫》，从此走上了完全不同的文学"迷途"。1983年，杨黎创作了诗歌《怪客》《中午》等诗篇，确定了自己在中国先锋流派诗歌中的地位与方向。1984年，杨黎自动离开供职四年的中国工商银行，彻底成为一个没有"单位"的自然人。

除了写作之外，杨黎还积极参与地下诗歌活动。1984年，与周伦佑、万夏发起创办民间组织"四川省青年诗人协会"。次年，与万夏、赵野、石光华创办诗刊《现代主义同盟》，并由此联合李亚伟、韩东、于坚，发起"第三代人"诗歌运动，成为这个运动的代表诗人和发言人。1986年，他又与周伦佑、蓝马合作，创办诗歌刊物《非非》。在这前后，杨黎进入他写作的第一个高峰，先后创作了《冷风景》《高处》《西西弗神话》《撒哈拉沙漠上的三张纸牌》《英语学习》《语录与鸟》等诗篇，开一代风气。

1997年，他与何小竹合印诗集《新作品》，重新活跃在诗歌界。1999年，杨黎与何小竹、韩东、于坚、伊沙等人，编辑出版《1999年诗选》。与此同时，杨黎先后写出《杨黎说：诗》《答朵渔关于诗歌12问》《打开天窗说亮话》等诗歌理论文章，提出"废话写作"理论。

进入新世纪后，杨黎的写作迎来了第二次高峰。2000年2月，杨黎创作完成诗歌和小说的双向写作《打炮》。2001年，杨黎与韩东、何小竹、乌青等创办"橡皮先锋文学网"。同年，写作完成关于"第三代人"诗歌运动的专著《灿烂》。2010年，杨黎为自己举办了个人全国诗歌巡回朗诵会，传播他的"废话理论"。2012年，杨黎开始主编出版大型文学杂志《橡皮》……

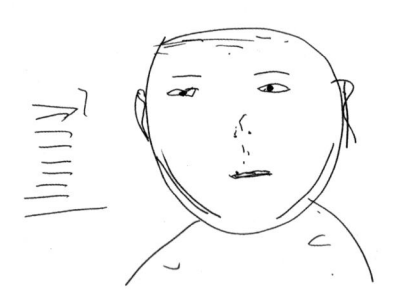

Yu Jian

**吕露对话于坚:
我在疯狂的时代长大。**

很多年前去昆明,约见于坚,他带我去云南大学旁边的一家咖啡馆,他一坐下便掏出本子写字。后来知道《棕皮手记》的一部分出自那个本子。

我比较向往古典的爱情

吕露：作为一位从日常生活入手的诗人，你对特朗斯特罗姆的看法？

于　坚：我喜欢他的一部分诗。他也是其中有象的诗人，所谓"日常生活"在各地并不一样。

一个在夜晚的窗口看见的是蓝色月光下犀牛的脸的世界和经年累月都在拆迁到处灰尘滚滚、挖掘机到处横行霸道的日常生活肯定是不同，这最终会影响到语言和世界观。

吕露：你对待爱情的态度？

于　坚：爱情是什么？具体到每个人恐怕没有统一定义。我比较向往古典的爱情。

吕露：你向往的哲学？

于　坚：自由主义和存在主义不错。但我不向往哲学，在哲学和宗教上，我以为诗歌要高得多。

吕露：你理解的自由？

于　坚：在限制中创造。

吕露：你的妻子是什么样的女人？

于　坚：与我结婚并生子的女人。唯一的。

吕露：你的愿望？

于　坚：安静地写作。

吕露：有没有周游世界的想法？

于　坚：我经常旅行。

吕露：诗歌为什么重要？

于　坚：对于我，人生之意义在于我在写诗。人生之无意义也在于我在写诗。

吕露：你曾说："语言所阐释的是我们对世界存在本身的看法，而并不是世界本身。"在你心中，写作的价值是什么？

于　坚：活着，你需要做某件事情来养活自己、颐养自己。

吕露：如果还能选择，你最想做什么？

于　坚：写作。爱。

我在疯狂的时代长大，又在疯狂的时代进入中年

吕露：记得你写过这样的诗句——

"我总是轻易就被无用的事物激动

被摇晃在山岗上的一些风所激动

被倒塌在玉米地上的一片枯草所激动

无用的秋天不会改变时代的形状

不会改变知识中的罪行

但它会影响我

使我成为一个有感官的人"

韩东跟我说，你在北京见到乔美仁波切后特别佩服他。你看上去像个愤怒的少年。愤怒的少年？是这样吗？

于　坚：乔美仁波切很安静、从容。那种天然而不是修炼出来的从容大度出现在这时代的一个青年身上，印象非常强烈。我们许多人都太愤怒了。我们中间罕见的从容都很做作。因为这个时代太疯狂。

我在疯狂的时代长大，又在疯狂的时代进入中年。被革命流放、被拆迁流放，在自己的故乡被流放，在自己的故乡被"去终古之所居"，苍茫人生，何时尘埃落定。

我在时代的疯人院里看到乔美仁波切，被他的定力深深感染。

吕露：你对先锋的认识？

于　坚：先锋是一种对限制的反抗，但离开了限制，先锋也就不存在了。天马行空很容易。先锋很难，它的方向并不像诗歌青年们以为的那种进化式的。

吕露：女儿读你的诗吗？她说什么？她写诗吗？

于　坚：偶尔读。她说我的诗很好玩。她不写。

吕露：什么女人最美？

于　坚：各美其美，没有"最"。气质和感觉很重要。"最"只相对于动了心的人。

吕露：6月中旬，我们在院子里聊天，你说当工人的时候，因为许多书是禁书，你看过后，常将读过的长篇小说讲给车间的工人听。这些复述故事的能力取决于什么？

于　坚：啊，那时候你得有一种责任，传播真理的责任。我青年时代是铁一样沉默的时代。而我是一只不甘沉默的乌鸦。

在复诉巴尔扎克或者雨果的过程中，我有一种创造的快感，我将文本复原为口语，用我个人的口语再创造了大仲马的《基督山伯爵》。

杨黎是个天才

吕露：你现在孤独吗？

于　坚：很孤独。但不是一般意义上的那种。孤独这个词对我的孤独来说，太做作了。

在人生中，我从不表现为所谓的孤独。孤独与生俱来，人其实像星星一样被抛入宇宙中。承认并自我守护着这种孤独很重要。

吕露：作为朦胧诗后，第一个用口语方式写出汉语杰作的诗人，你欣赏中国哪些诗人？

于　坚：呵呵，我不是第一个。20世纪30年代，用"口语"写作已经是风气。

"口语写作"这个词很模糊，我没这么讲。口语是什么？我是用汉字写作，而非口语。口语与写作的关系，有一个从口音到字面的转换，这是一个转喻的过程。邻近性。口语并不是诗，现代诗是在字面上发生的，并非口音的直录。口音的直录可以用拼音完成，字是另一回事情，例如LING和灵。如果口语写作意识不到这一点，它就只停留在"声音直录"的层面，它被动地被字面改造。而我的口语写作是主动的，是在字面上创造。我欣赏的中国诗人，如果排列出来，那是一个很长的名单。中国20世纪后期以来如果在文化上有什么可以自豪的话，那就是诞生了一批具有"普遍性"的诗人，我的意思是常识意义上的那种诗人。我并非只欣赏所谓口语诗人，其实我更欣赏那些对汉语的本性有自觉意识的诗人。

吕露：怎么看废话诗歌？怎么看废话教主杨黎？

于　坚：杨黎是个天才。这是我1986年首次与他见面时就意识到的。我们有许多天然的，不谋而合之处。废话理论是杨黎的最有影响力的废话。但他不说这些废话，他也就不是杨黎了。

呵呵，他影响了许多模仿他的诗歌废话。而其实他太有意义了，太有意义了，总是激发阐释的冲动。例如撒哈拉沙漠上的三张纸牌，那是什么意思呢，为什么撒哈拉沙漠上会有三张纸牌而不是五张呢，唤起了无数的为什么。而其实就是这样，没有为什么。杨黎的诗有反智的倾向，而20世纪太追求意义，太聪明了。

吕露：去参加某诗会的路上，你叮嘱我，要我今后能自己一个人多去走一些地方，不要怕鬼。在你的作品里，我闻到了广阔

的大地、险峻的山河、和咆哮的闪电的味道。这些力量可以征服自我恐慌吗？

于　坚：大地是庇护者。人对大地的恐惧才是真正的恐惧。真正的恐惧不是对死亡的害怕，而是意识到没有死亡。但人们总是忘记了这一点，于是他们真的很害怕。

韩寒是个好同志

吕露：接受《约翰·克利斯朵夫》的人生观？

于　坚：那是一部张扬个人英雄主义和人道主义的书。在1970那样的时代，这本书是我的圣经之一。

吕露：在你心中，哪些作家是伟大的？

于　坚：被世界文学史视为伟大的作家很多，我青年时代涉猎过大多数。如今我继续在读的是孔子和老子、李白、杜甫。还有契诃夫，我事隔三十年再读他，依然感觉到他的魅力。

吕露：韩寒他为自己曾经错误的言论道歉了（"现代诗歌和诗人都没有存在的必要"），你如何看？

于　坚：韩寒是个好同志。但愿他真的写出点什么来。不只是言论。他骂新诗的那点言论没什么。我骂他两句也没什么。

吕露：孤独感？时代为什么在他那里没留下烙印？诗歌比小说是否有优越感？

于　坚：作为诗人，我确实很有优越感，因为自1979年这个国家重新暧昧地允许人们公开自由表达以来，诗人没有浪费光阴。我们确实写出了某些东西。

吕露：喜欢朗诵吗？诗歌是用来看的还是读的？

于　坚：在中国通常的"团支部式的"诗歌朗诵会上朗诵我非常不喜欢。

但如果是有创造性的诗歌朗诵会,我很乐意,诗歌朗诵是诗歌文本的延伸。

白话诗主要是看的。看的诗和吟咏的诗不仅仅是音律方面的不同,而是思维方式的不同,世界观的不同。

许多性感的人说我很性感

吕露:在诗人中你体魄雄浑,近似于聂鲁达,热爱什么体育运动?

于　坚:游泳、登山,以前还打网球、踢足球。现在大家都没有时间,需要对手的项目约不着人,所以主要搞一个人的运动,比如步行、游泳。

吕露:年轻时打架骂人吗?这个骂人的传统是否得以延续下来?

于　坚:当然了。但没有认真专业地打过一架,都是瞎打一气。现在骂得少了,但还是会骂。

吕露:会自己做饭么?一年中有多少独处时光?

于　坚:当然。我会烧一两种独家菜。

很多时间独处,我比较喜欢独处,不喜欢群集,我更喜欢密谈诗歌。

吕露:听说8月去美国,干什么?

于　坚:我的一部诗集在美国出版。美国的一个机构颁给我一个奖。奖励的方式是邀请我去那里写作、朗诵、讲学两周。与世界其他地方的诗人作家交流。

吕露:男人的光头很多时候是性别炫耀。自己觉得性感吗?

于　坚:嗯,当然。是有许多性感的人说我很性感。

吕露:加勒比的诗人沃尔科特说过:黑皮肤是太阳神的眷顾,

你热爱阳光还是月光？

于　坚：是的。我很喜欢黑皮肤，我注意保持我的深色皮肤。其实我很白。我更热爱月光，阳光太实用了。我喜欢在太阳下晒成棕色但在月光下漫游。

吕露：云南是彩云之乡。大地也是斑斓的。如果不写诗歌，你会不会去画画？

于　坚：会的。其实我是个画家。我用眼睛写诗。

吕露：你是徒步爱好者，如果任由你走下去，你最想去哪里？

于　坚：印度。

吕露：人类是从水里出来的，只有那些爱游泳的人才没有忘记祖先，你上岸后最想成为哪一种？

于　坚：有着黑色丝绸般的皮色的骏马。

吕露：你会在梦里飞吗？做什么样的梦最多？

于　坚：飞过，但不是向上，而是下坠。我不太记得我的梦，我记得一两个很壮丽或者粉红色的梦。

我在旅馆里写作，大清早，忽然有人猛烈敲门

吕露：你取过多少笔名，最终才定下来的？

于　坚：我没有笔名。但用过几个笔名，尼罗、大卫。在1980年以前。

吕露：我猜你是有大梦想的人。如果你失败了，会后悔吗？

于　坚：我不会失败。因为我没有成功的标准。

吕露：喜欢乌鸦吗？你是否可以预见自己的命运？

于　坚：喜欢。这是非常有力的鸟，它的线条、颜色、姿态。在遥远的一天，我曾经在澳大利亚的荒野，等长途客车的时候，仔细地观察它们。真是很漂亮。

我不预见命运。我习惯听天由命。

吕露：海明威喜欢站着写作，克洛德西蒙喜欢用好多种颜色的墨水写不同的心境。你写作时有什么癖好？

于　坚：早起。用各式各样的便条本。

吕露：喜欢什么季节？

于　坚：秋天。

吕露：赫拉克利特说："即使你走完了每一条道路，也不可能找到思想的尽头。"你的思想愿意上高山，还是愿意埋入大河里？

于　坚：不知道。我有思想吗？

吕露：在生殖的道路上，一代人和一代人就是那么一种前赴后继。孩子给你带来多大的快乐？

于　坚：完成了作为一个人的基本的大任务，传宗接代。如果每个人都不传宗接代，世界就不存在了。

吕露：古希腊一个哲学家不愿到著名的城邦去，他更愿意让一个地方因为自己而闻名。你是否有这样的愿望？

于　坚：我不到别处去。很简单，昆明好，这是我的故乡。

吕露：一天中，你最喜欢清晨、午后，还是黄昏？

于　坚：黄昏。

吕露：你害怕鬼怪、雷霆、滔天洪水，还是什么也不害怕？

于　坚：不怕。我与它们是一伙的。我真正害怕的是动物，我甚至害怕一只猫。

吕露：如果你的女儿做了皇后，你会是怎样一种心情？

于　坚：呵呵，不知道。但我希望她有机会成为皇后。她现在是公主。

吕露：你的袜子臭吗？

于　坚：有时候很臭。

吕露：讲一个故事给我听吧。

于　坚：有一天大清早，我在旅馆里写作，忽然有人猛烈敲门。我披着睡衣去开，一个青年维修工抱着一个纸盒子阔步走进来，说，你的电话坏了。不由分说，立即拆掉旧电话，换了一台新的。他说，不是电话的问题，是线路出了毛病。但还是留下了新的电话，然后扬长而去。

我惊魂未定，百思不解。后来想起来，会议为每个与会者要了叫醒电话。

通过写诗获得的任何世俗的好处，都是声名狼藉的

吕露：对年轻诗人，你的忠告。

于　坚：千万别通过写诗获取名声。名声是"桃李不言，下自成蹊"的结果。写诗要获得的是上帝的敬意。通过写诗获得的任何世俗的好处，都是声名狼藉的。

吕露：你觉得自己酷吗？

于　坚：相当酷。

吕露：你的写作是什么时候开始的？当时发生了什么事？

于　坚：忽然出现了某一句。我正走出一家餐馆，或者看见一个站在街心的警察，或者一只乌鸦停在雨后的水泥屋顶上。

吕露：你的写作什么时候受到关注？是哪一首诗歌？你还能够背诵吗？

于　坚：太早了，大约三十多年前。我的诗是写来看的，过目即可，我没有为过目成诵而写。

吕露：你身边的人怎么看待它？你的朋友、同学、亲人？

于　坚：他们通常说很好玩。这评价可不低。好玩多么重要啊，在这个难玩的时代。

吕露：如果不写了，会痛苦吗？

于　坚：会的会的。我就没什么玩场了。

吕露：你渴望得到怎样的荣誉？

于　坚：当我经过故乡的某条小街道的时候，有人在后面说，那个人骑自行车，龙头上挂着一个塑料袋的人是写诗的于坚。我没听见。

吕露：你的作品最希望给什么人看？

于　坚：所有人。包括过去的人和将来的人。

吕露：诗歌给你带来了什么？

于　坚：快乐、丰富、充满激情、骄傲和挫折、被漠视也被重视的一生。

吕露：柏拉图不愿意诗人住在乌托邦，要把诗人开除出理想国，你要是见了他会说什么？

于　坚：呵呵，没想过。我不会见到他的。

吕露：艺术是趣味，是时间让它变得庄严。这好像是老歌德说的话，你同意么？

于　坚：同意。开始是好玩，后来才发现它是味同嚼蜡的经典，论文题目。我的许多诗都是这种命运。

2010年6月29日

于坚：1970年开始写作至今。现为云南师范大学文学院教授。主要作品：诗集：《诗六十首》（1989年）《对一只乌鸦的命名》（1993年）《于坚的诗》（诗选集）（2000年）《便条集1-216》（2001年）《诗集与图像》（2003年）《只有大海苍茫如幕》（诗选集）（2006年）《在漫长的旅途中》（诗选集）（2008年）《彼何人斯—诗集2007—2011》（2013年）《我诉说你所见》（诗选集）（2013年），诗文选集：《于坚集》5卷（2004年），散文集：《棕皮手记》《暗盒笔记》《火车记》《于坚随笔选》4卷、《我的故乡我的城市—昆明记》《众神之河—从澜沧到湄公》《在遥远的莫斯卡》《印度记》等20余种。获台湾《联合报》第十四届新诗奖、鲁迅文学奖、朱自清散文奖等。德语诗集《AKTE 0》获德国亚非拉文学作品推广协会主办的第十届"感受世界"亚非拉优秀文学作品评选第一名。（2011年）"Litprom"(Gesellschaft zur Förderung der Literatur aus Afrika, Asien und Lateinamerika e.v.)（Weltempfänger）摄影作品获美国国家地理杂志全球摄影大赛中国赛区华夏典藏金框奖。

Zhou YunPeng

吕露采访周云蓬：
乘一辆绿皮火车去夏威夷。

和云蓬的对话是2010年了。他是否将火车开到了夏威夷?

爱旅行,爱喝酒,爱海,爱旧旧的老街

吕露:你什么时候来的北京?说说你刚到北京第一天的情景。

周云蓬:1975年,我5岁,妈妈带我来北京看看。第一天,吃到了这一辈子的第一根水果冰棍。记得还是粉红色的。

吕露:你是热爱音乐,还是更热爱诗歌?

周云蓬:我热爱生活、音乐或者诗歌,都不是第一位的。比方说,爱旅行,爱喝酒,爱海,爱旧旧的老街。

吕露:听说你办过一份文学杂志,一共办了多少期?你们杂志推出过多少个有意思的人?

周云蓬:一共办了一期。推出过巫昂、殷龙龙、君儿。

吕露:在北京,你搬过多少次家?

周云蓬:搬过数不清次数的家,谁会记得这些烦心事?

吕露:你住过圆明园、树村、香山、宋庄,哪个地方让你更留恋?

周云蓬:香山,草木氤氲,有野坟,有刺猬,有鬼故事,有假隐士,有刚变成市民的农民。

最讨厌的,是她们甩了我

吕露:你现在用的吉他,多少钱?

周云蓬:吉他一万多。加拿大产的Godin。

吕露:你的初恋,是在哪里经历的?你们之间最难忘的事情?

周云蓬:在沈阳上高中的时候,最难忘的是晚上约会时被老师抓住了。

吕露:你爱过许多女孩,最喜欢她们什么?最讨厌她们什么?

周云蓬:最喜欢她们也喜欢我,最讨厌的是她们甩了我。

吕露:喜欢谁的音乐?(至少说10个)

周云蓬：野孩子，小河，张浅潜，顶楼马戏团，羽人，苏阳，吴吞，林生祥，万能青年旅店，李志，万晓利。

吕露：最喜欢谁写的书？

周云蓬：村上春树《1Q84》。正在读，挺有趣。

吕露：你是个温柔的人，还是一个暴躁的人？这个性格是童年生活带来的吗？

周云蓬：温柔的人，后天养成的。

吕露：在北京许多年里，你一直都是酒吧的歌手，喜欢喝什么酒？

周云蓬：伏特加，黄酒，杜松子酒，朗姆酒，云南糯米酒，青海青稞酒，蒙古草原白。

吕露：爱情和友情，哪个更重要？

周云蓬：爱情更重要。

我不愿意跟孩子相处

吕露：你白天和夜晚的生活，有什么不一样？

周云蓬：白天胆子大，喜欢做好事，晚上胆子小，想做坏事。

吕露：经常全国演出，像候鸟一样迁徙，喜欢南方还是北方，乡村还是城市？

周云蓬：喜欢南方，喜欢小城市。

吕露：你对气候是否敏感？

周云蓬：很敏感，冬天怕冷夏天怕热，春秋犯困。

吕露：人到中年，你认为人生中最重要的是哪几件事？

周云蓬：有个李刚那样的爸爸，有个张楚那样的姐姐，有个祖国一样的母亲。

吕露：你生孩子了吗？

周云蓬：没有。

吕露：你愿意跟什么样的孩子相处？你准备教他什么？

周云蓬：我不愿意跟孩子相处。

吕露：海伦·凯勒写过《假如给你三天光明》，如果也给你三天光明，这三天，你想做什么？

周云蓬：看《阿凡达》，看《盗梦空间》，看《星球大战》，一天一个电影。

爱情就是一次出国，失恋当然就是回国了

吕露：说一件最伤心最绝望的事。

周云蓬：暂时没有。

吕露：说一件最开心最喜悦的事。

周云蓬：也暂时没有。

吕露：你的名字，充满了漂泊感，谁给你起的名字？你不觉得这是一种宿命吗？

周云蓬：我自己起的，是先飘，再起名的。完全的后知后觉。

吕露：在这个时代，诗歌有什么价值？

周云蓬：拯救了诗人自身。

吕露：如果可以选择，你愿意选择在哪个国家哪个朝代？

周云蓬：芬兰、北宋。

吕露：你出生在东北，告诉我你眼中家乡的模样？

周云蓬：忘记了，不太好看。

吕露：说说你最难忘的童年时光。

周云蓬：最难忘的就是绿皮火车和红色推土机了。

吕露：你最喜欢的动物是？

周云蓬：孔雀。

吕露：你认为你是哪种动物？

周云蓬：我是人。

吕露：一年四季，喜欢哪个季节，为什么？

周云蓬：冬天，街上人少。

吕露：在你的歌曲中，最让你动情的是哪首？它是在哪种情景中产生的？

周云蓬：《盲人影院》。是卡夫卡提到过的。

吕露：你最长的爱情有多久？最短的爱情呢？请给爱情一个比喻。

周云蓬：爱情就是一次出国，失恋当然就是回国了。

吕露：贫穷一直在伴随着你吗？你怎么看它？

周云蓬：没有，贫穷很可恶很无聊。

吕露：如果你有钱了，你会做什么事？

周云蓬：在海边买大房子。

在南方，还很温暖

吕露：你今天在做什么？

周云蓬：听了一个小电影，名字叫作《天降》。是讲湖南某山区，人们常年躲避卫星残骸的故事。很魔幻也很现实。

吕露：你现在穿的袜子是谁给你买的？

周云蓬：现在没穿袜子。在南方，还很温暖。

吕露：《不会说话的爱情》这首歌里的那个男人像个忧伤的笨蛋，在失去爱情的时候，我们都会忧伤。通常你怎么度过它？

周云蓬：现在笨蛋或者说不装的笨蛋是那么的稀罕。所谓易得无价宝，难得有笨蛋。度过失恋，就专注地看着这件事情，好像用眼睛照仇人,然后,就快乐了。

吕露:年初,我在王府井附近一个酒吧门口,看见一个白衣女孩打着电话在哭泣。半小时后我再次路过那儿,看见她坐在门口的石头上喝酒,依然在哭泣。如果你路过一个哭泣的女孩,会走过去安慰她吗?

周云蓬:她会以为我要泡妞,我也会这样想自己。再说,为什么偏要坐在王府井路旁哭泣呢?我会以为她在找帅哥。

吕露:在韩寒的《独唱团》里,我觉得最好的文章是你写的《绿皮火车》。你的人生就在一段又一段的旅程里,所有的片段都那么生动、清晰。我想问的是,你的火车想开到哪里去?

周云蓬:想开到夏威夷去,正在修跨海大桥。

2010 年12月8日

周云蓬:1970年出生于辽宁,最具人文气质的中国民谣音乐代表。9岁时失明,15岁弹吉他,19岁上大学,21岁写诗,24岁开始随处漂泊。

Zhang ZhiHao

吕露对话张执浩：
我靠败笔为生，居然乐此不疲。

爱下厨的老张,在某种程度上为我在"文学"路上开启了一条跑道。在某种程度上他改变了我的人生。

憋的结果，说多了会跑气

吕露：这一年为何一直拒绝我的访谈邀请？

张执浩：呃。不只拒绝了你，还拒绝了好几个访谈。没什么明确的原因，只是对访谈这种形式感觉有些厌倦了。以前我答应一年至多被访谈一回，现在我连一回的兴致也没有了，呵呵。唉，究竟能谈出什么呢？我觉得，写作终究是憋的结果，说多了会跑气的。

吕露：怎么看待成功与失败？

张执浩："我靠败笔为生，居然乐此不疲。"这是我在诗中写过的。在我这里没有成功可言。一个值得信赖的写作者，基本上都是失败者。我曾经说过，完全纯粹的写作就是这种面向自生自灭的写作，朝向灰烬、墓穴，和虚无。"所以，被我视为同道的作家，应该是这样一种人：他心怀绝望却永不甘心；他把每一次写作都当作一次受孕，并调动起全部的情感来期待这一刻的来临；他是生活的受迫者，同时还有能力成为自己的助产师。这样的写作者最终可以从宿命出发，抵达不知命运忘其命运的境界。"在这里，我还可以补充一句：我最见不得那种真理在握的人，我最不喜欢看见的嘴脸是那种"成功者"的嘴脸。

吕露：你年轻吗？

张执浩：不，我不年轻了，但也没有老到身心僵化的地步。在某些时候是个孩子，在某些时候就是个老人。我一直在矛盾中活着，也感激这样的矛盾没有被时光轻易解决掉。

我喜欢过很多诗人，但似乎没有一个一直喜欢的

吕露：得奖的诗歌与没有得奖的诗歌的区别是什么？

张执浩：对诗人自己而言，没什么区别。一首诗的好坏，与能否得奖没有关系。得奖仅仅是一种运气，如同摸彩票，但有人就从来不摸不玩这种游戏，那是他自己的事。这些年我有三组诗歌（《美声》《覆盖》《反向》）得过奖，但它们都不是我最好的诗，它们给我带来了一点额外的酒钱，我也不反感。

吕露：你最喜欢的诗人？

张执浩：我喜欢过很多诗人，但似乎没有一个一直喜欢的。所以你很难从我诗歌中清晰地找到哪个诗人的影子。如果非要我说一个的话，最近几年我还保持着对阿米亥的阅读热情。但我尊重很多诗人。

吕露：武汉对于你来说是一座什么样的城市？

张执浩：从大学时代开始，我在武汉已经生活了将近30年。我从来没有把自己当成是武汉人，但我对武汉这座城市怀有十足的亲切感。武汉是一座庞杂的城市，比我去过的任何城市都要庞杂得多。它有很多中心，且遥相呼应。因此，这座城市给外来者带来的第一印象总不是很清晰的。这种不清晰构成了这座城市固有的文化体征。你可以画地为牢，也可以从一个圈子跳进另外一个圈子；你可以静静地活，也可以生龙活虎。这要看你自己的选择。但你若是想在武汉搞"一统江山"，估计很难行得通。

归功于网络的力量

吕露：身为《汉诗》执行主编，你希望把它做到何种境地？

张执浩：《汉诗》已经办了四年了，当初我真没想到能办这么久。这本刊物的定位从一开始就与众不同，既不同于普通的民刊，也迥异于官刊。我们一直秉持着独立、自由、前卫的精神立场，却又赢得了各方面的赞誉，这是我没有想到的。办刊最忌讳的就是"摘果子"，那是懒惰行为。《汉诗》四年，立足"一线"，推出了一大批非常优秀的年轻诗人，也发掘出了许多潜在的诗人，打破了以前官刊的霸气，以及民刊们惯有的小圈子意识。这应该归功于网络的力量。我想，在眼下这样一个时代，指望一本诗歌刊物依靠发行量来扩大自身的影响，肯定是奢望。但我们还可以通过别的手段，譬如以《汉诗》为平台开展一系列活动，尽可能地扩展诗歌的外延，改变诗歌在当代生活的处境。接下来，我们会开展"走高校"、"朗读会"、"诗歌节"等活动，让"民众分享当代诗歌的成就"（韩东语）。如此，《汉诗》就不仅仅是一堆写满分行文字的纸张了，而具有了行动力。

吕露：20世纪80年代涌现了一批独立诗歌杂志，比如韩东的《他们》、北岛的《今天》。你第一次发表诗歌是什么时候，在什么地方？

张执浩：在信息封闭的年代，一个诗人的成长与他所处的地域有关。20世纪80年代，当现代主义运动在四川、南京、上海等地如火如荼的时候，武汉还相对沉寂，当然也有一些骚动，但没有大气象。我那时正在读大学，还没有遇到能将本地的诗歌写作与外界"第三代"诗歌运动接通的人。后来认识了一个名叫姜忠的人，他是从青海来华中师范进修的作家，一个偶然的机会他读了我的诗，说好，便拿回去在一本叫《瀚海潮》的杂志上发表了。那可能是我第一次在公开刊物上发表作品，时间是1985年。接下来就开始在《绿风》、《长江文艺》、《飞天》、《广西文学》、《青春》等刊物上发表诗歌。那时候，我和身边的朋友们还没有"独立杂志"的概念，呵呵。由此可见，当时的武汉诗歌圈还是多么的陈腐。我还记得第一次读到尚仲敏主办的《大学生诗报》的情形：大家像做贼似的，将报纸当传单一样分发出去，兴奋又恐惧。

吕露：你相信爱情吗？

张执浩：信啊，为什么不信？我真的相信。

除了写作，我也没找到更适合我的工作

吕露：什么事情会让你不好意思？

张执浩：很多事情都可能会让我不好意思，我本质上是个腼腆的男人。现在年纪大了，才面皮厚了些。

吕露：平时都做什么？

张执浩：读书、写作、编刊物、会朋友、看电影……呵呵，应该算是比较丰富的了。我已经有十多年没有"单位"意识了，不用像别人那样朝九晚五，一切随心随性。这些年和我待在一起时间最长的是一条狗，你见过的，花旦，一条杂毛狗。我经常和它说话，对视，交流。若是没有这条狗，我现在可能大部分时间生活在外地。

吕露：有没有厌倦过写作？

张执浩：我倒不厌倦写作，我厌倦的是一成不变的写作，那种为写而写的感觉真不好。再说，除了写作，我也没找到更适合我的工作。我教过书，也下过海，但最后还是觉得写作这件事更符合我散漫的气质。

吕露：不快乐的感觉是什么感觉？

张执浩：于我而言，不快乐的感觉就是困兽一般活着。每当意识到自己像个囚徒时，心中就会感觉不快乐。

我经常望着眼泪汪汪的花旦

吕露：你最喜欢武汉哪几个地方？

张执浩：我和朋友们主要在武昌这边活动，我家附近的场所，譬如首义广场、民主路、张之洞路、起义门、昙华林，譬如江滩一带都挺好玩的；很喜欢东湖的野，也喜欢汉口江滩的开阔。

吕露：喝酒的时候都在想什么？

张执浩：没想什么啊。大家都彼此熟悉，谈天说地，感觉很舒服。呵呵，就想着怎么喝得舒服。

吕露：诗歌死了吗？

张执浩：诗歌怎么会死？死的是诗人，一茬一茬地死，都是诗人，而诗歌永在。我同意小引关于诗歌已经"转世"的说法。在眼下，诗歌可能真的已经转世了，以另外一种方式存在于我们的生活中。所以，重新发现诗歌，然后指认出那才是诗，显得很迫切。

吕露：说说你和你的狗。

张执浩：前面我已经说过了。我的狗是这些年与我相处时间最长的家伙。我是被迫承担起了照养它的责任，但我当初没有想到这责任如此严重，以至于影响到了我的生活。"狗东西！"我经常望着眼泪汪汪的花旦骂一句，然后又摸摸它的脑袋。就这样子。

一看见枪，我就有冲动

吕露：怎么看女诗人？

张执浩：女人天性可能离诗更近一些吧。一个女人，只要有语言直觉，有说出内心生活的勇气，就几乎是一个好诗人了。相比而言，男性则显得笨拙一些，他往往还需要借助外在的力量，才能将自己打开。

吕露：失去的东西会回来吗？

张执浩：我曾经丢过一枚扣子，等到后来找到那扣子时，我已经换了一件衣服。

吕露：年轻时你最想做的事？

张执浩：当兵呀。我少年时想当军人，中学还考过空军。直到现在，一看见枪，我就有冲动。

2011年12月16日

张执浩：1965年秋生于湖北荆门，1988年毕业于华中师范大学历史系。现为武汉市文联专业作家，《汉诗》执行主编。主要作品有诗集《苦于赞美》《动物之心》《撞身取暖》和《宽阔》，另著有长篇小说《试图与生活和解》《天堂施工队》《水穷处》，以及中短篇小说集《去动物园看人》等多部。作品曾入选多种文集（年鉴），曾先后获得过中国年度诗歌奖（2002）、人民文学奖（2004）、十月年度诗歌奖（2011），第12届华语文学传媒大奖年度诗人奖（2013），首届中国屈原诗歌奖金奖（2014），第六届湖北文学奖（2014）等奖项。

Chu Chen

吕露对话楚尘：
有一天早晨睁眼醒来，
突然觉得今天与昨天不一样了。

楚尘爱喝红酒，喜好收藏瓶塞，每次见面会带他的出版公司的小说给我，上一次见面带的是冯内古特的小说。

自由。朋友。足球和齐达内。

吕露：你有精神洁癖吗？

楚　尘：哇，这个问题好大呀。精神也有很多种呀。能否具体地说一下？

吕露：写作。交朋友。

楚　尘：可写可不写的就不会去写。交朋友也是一样，宁缺毋滥。我的朋友都是理解力特别强的朋友。无法交流的朋友基本不交。其实交流不一定是要说话的，我和很多球队的队友使用的语言叫足球。

吕露：在足球场踢球？跑步？跟他们在一块儿聊什么？

楚　尘：聊一些很好笑的事情，不一定与运动有关系，互相讥讽，互相开心。都是即兴的，没有连续性。譬如我叫我的朋友朱朱为朱梅西，他叫我楚达内，肉麻至极，很开心，很享受。好像比写作更自由。也比谈论写作有意思多了。

吕露：你喜欢齐达内。如果我没有记错的话，他在世界杯中被红牌罚下了。我喜欢你这么说：好像比写作更自由。

想到塞林格说的："事情往往都是过后很久才能看清。不过，幸福与快乐之间唯一的不同，就在于幸福是实在的固体，而快乐则是一种流体。" 你能感到自由吗？

楚　尘：我一直觉得是很自由的。可是，有时候想想，一切自由都是有限的自由。所以，也许我生下来的那一天起，就不再有自由了。有时候我这样觉得，也许能做一些与自己的想象力平行的事就是一种自由。自由一定与自己有关系，与别人无关。当一定要与别人有关的时候，你一定是不自由的。

我觉得生活太沉默了没有意思。一个人应该与很多东西交流，不仅仅与人，与一棵树，一只猫，或者一条河等等，各种各样。人应该动起来，像风可以乱吹。

齐达内踢得太好了，我个人认为到目前为止还没有一个球员能超过他。他的技术精致极了，没有人能抢到他的球，而他传出去的又总是致命一击。他的意识、创造力是超前的。更重要的是，我觉得他的踢法是有思想的，有哲学的，有诗歌的，有音乐的，到处都有创造。很多女人不太喜欢他，是因为他秃顶了。所以喜欢足球的人们也是很世俗的。他捍卫了自己的自由，即便红牌，即便付出失去世界杯的代价。我理解他，支持他。他其实不是一个情绪化的人。

吕露：你怎么知道齐达内他不是情绪化的人？

楚　尘：关于齐达内，我也是自己的感受。我自己是这么感受他的。别人说的我不在乎。他们怎么说其实与我无关。我们对人的了解是极其有限的。我对朱文说过，虽然我们是好朋友，虽然我们彼此认识了这么久，但我其实是不了解你的。因为你人生中的大多数时间不是和我在一起的。我们一辈子在一起的时间全部加起来不会超过一个月。我理解的朱文只是我想象中的朱文，或者是我感受中的朱文。真实的朱文到底在哪里呢？可能连他自己也说不清。所以人和人之间的相处本质上是很残酷的。

吕露：你比较感官。你这么跟朱文说的时候，他说什么？

楚　尘：朱文只是笑笑。说这个发现很有道理。

吕露：你有什么不能忍受自己的地方？

楚　尘：这个好难回答呀。想了半天，发觉自己还是能够忍受自己的，否则早就活不下去了。

那一天我告诉自己不要再打架了

吕露：你是不是情绪化的人？

楚　尘：我在30岁之前是一个非常情绪化的人。过了30岁以后就开始变了。

吕露：受了什么刺激就变了？你肯定看过钱钟书在《围城》里说的那句话，30岁还狂就没出息。

楚　尘：有一次我与一个朋友吵架，吵架过程中我用酒瓶去砸他。其实不是真的要砸他，只是宣泄一下自己的情绪。因为他骂我的母亲。因为我的母亲刚刚去世不久。结果是酒瓶碎了，飞到了一个女服务员的脸上，血都流出来了。还把一个朋友的女儿吓哭了，才8岁。事后，我想想挺害怕。我很害怕自己失去了控制。只有动物才会失去控制。

而且30岁了，考虑的东西会发生变化。那一年有一天早晨睁眼醒来，突然觉得今天与昨天不一样了。甚至连看外面的阳光的感觉也不一样了。所以那一天我告诉自己不要再打架了。事实上从此之后我再也没有打过架。

吕露，你觉得自己是一个什么样的人？

吕露：因为我的新书马上要上市了。前些天，一个记者过来找我采访。见到她的时候我很惊讶，她是我17岁就采访过我的那位。她见到我的时候没有说什么。结束采访之后，她对我说她觉得我以前太锋芒毕露了，很拽，好像随时要跟人翻脸，而现在，我温和多了，懂得照顾别人。 还有一个故事，我17岁那年，一个杂志主编在杂志卷首语写到了我，她说我是年轻版的卫慧。后来我去杂志社找她"算账"。昨晚我们还在一起吃饭说到这件事，她说我现在长大了，谦虚了不少。我觉得我是一个懒惰、固执、虚荣心很强的人，我很矛盾。我还在学习如何做一个有耐心的人。

楚　尘：你终于长大了。说得好。以前我觉得你是一个小孩。从今天开始我把你当大人了。

吕露：为什么？

楚　尘：我觉得自己长大的时候是发现自己有耐心了。

吕露：所以你说那个砸酒瓶的事情我就很有同感。较劲的、锋

芒毕露的、肤浅的，这些所有给我们带来焦虑的情绪都会变成风的，就像你在足球场上一样。

写作对我来说和踢足球一样

吕露：从什么时候写诗？你跟我说你的小说比诗要多。

楚　尘：大概是从2000年吧。之前一直想写诗。其实我的很多小说里就有诗。

吕露：你认识韩东很久了？开始写诗之前受谁的影响了么？小说，写什么？

楚　尘：我在1996年认识韩东。在1986—1993年间，我有一个写诗的朋友叫金反帝。我的写作是受他影响。可惜他已经去世了。我与他一个单位，住同一层楼上的集体宿舍。他经常给我朗诵他的诗或其他诗人的诗给我听，他的声音很有磁性。但让我觉得写诗很有意思的一件事是，他在他的女朋友家脱了鞋子躺在沙发上读诗，脚很臭，袜子还露出脚指头。女朋友的母亲表达了不满。他的回应是："你怎么能够这样要求一个诗人呢？"那时候他也不过20出头。

我的第一本小说集《有限的交往》，由韩东主编，收录在断裂丛书第一辑。我写的基本上都是没有发生在现实生活中的故事。但我喜欢用真实的地名，甚至一些朋友的名字。那时候有一些认识我的单位的人读了我的小说后很是生气，说你怎么能这样。

吕露：济慈1818年给雷诺兹写信说：我们讨厌那种看得出来是有意影响我们的诗——你要不同意，它就好像要把两手往裤子口袋里一插，做出鄙夷不屑的样子来。

《有限的交往》的写作和出版给你带来了自信心吗？

楚　尘：这本书的写作让我很愉快。因为我的朋友们都在写作。好像我不写点什么就对不起他们的感觉。有一次我去找朱文打乒乓球，他让我坐在客厅里等他，因为他的小说正在结尾。我听见他敲击键盘的声音铿锵有力。大概等了有半个小时，好漫长呀。那种感觉奇妙极了，让我觉得写作是一件很美妙的事情。当时写作对我来说和踢足球一样，只是喜欢，并没有想更多的东西。

我总是觉得我还会写小说的

吕露：你反复看过的小说是哪本？为什么？你写作时有什么习惯？

楚　尘：反复看的有几个作家，但不多。譬如卡夫卡的作品，甚至书信；福克纳的《喧哗与骚动》；乔伊斯的《尤利西斯》；科塔萨尔的《跳房子》；博尔赫斯的小说和诗歌等等。经常看。越看越喜欢。还有每一次重读时能想起上一次读这本书时的心情，身心很快乐的感觉。重读的时候经常也许只是看片段。有一种好久没有吃肉的感受。

我写作的时候一定要有一个非常有节奏的开头，如果开头不顺，我就会停下来。

吕露：乔伊斯是那个写《为芬尼根守灵》的老东西吗？博尔赫斯我也常看，他眼睛看不见后还喜欢拉着人朗诵给他听。你喜欢卡佛、塞林格吗？我反复读的是《九故事》，还有卡佛的诗。

楚　尘：是的。我还比较喜欢库切的《青春》和《等待野蛮人》。我把作家分成超一流、一流、二三流。超一流的作家，极少。一流作家也不多，二三流就多了。像乔伊斯、普鲁斯特就是超一流作家，即便很多人不读，但一定是作家中的喜马拉雅山；陀思妥耶夫斯基、福克纳是一流，海明威、米兰·昆德拉、纳博科夫是二三流。这样分好玩。

吕露：库切好帅，你觉得中国作家的作品一流的多吗？

楚　尘：其实和其他国家一样，中国也不多。

吕露：你干了出版以后，出的书有一流的么？

楚　尘：当然有。否则不是白干了吗？

吕露：你喜欢习惯性幻想吗，在写作里？你还写吗？

楚　尘：习惯性幻想？性幻想，还是喜欢经常幻想？

其实我在写作的时候喜欢幻想，包括性幻想。也就是幻想另一个自己在现实生活中不可能做出的事情。我现在写得很少。小说几乎不写了。因为工作比较忙。若不能全力以赴，只能让它停下来。我总是觉得我还会写小说的，至于是何时，我也不知道。

吕露：听你说最后一句话时我有点儿酸，不晓得为什么。你经常独处吗？大多数时候。

昨晚我在看奈良美智在2012年年末写的日记，他说：不管怎样，我要做的是创造出能随心所欲创作的环境，依照自己的想法而创作。这是我所期盼的事，让我能走进不被任何人打扰、只属于我自己的世界。但至今为止，我却是将作品展示给世人，通过让大家买我的作品才得以这般随心生活至今。

楚　尘：我喜欢独处。独处的时候我觉得有很多朋友，与很多人在一起的时候反而觉得没有朋友。你现在看书挺多的呀。读书也要趁早读。

吕露：你现在生活安定吗？你讨厌自己做什么？

楚　尘：我觉得我一直很安定。我好像不讨厌自己做什么，但经常遗憾自己做了什么。

吕露：我非常喜欢你刚出版的荒木经惟的《东京日和》，那是我最近几年看到的最好的摄影集，不仅仅是他写的那些日记，

我喜欢他写猫猫。当然，说到他，我想到前面提到的齐达内。我觉得他也并不是一个情绪的人。

楚　尘：是，他是一个极其可爱的老人。我们接下来还有更多更好的摄影书。这个月还要出版他的《爱猫奇洛》。森山大道《犬的记忆》也极好。

吕露：书封面很干净，是你们设计师做的吗？你见到荒木本人了吗？怎么一口气出这些日本艺术家的书？

楚　尘：是请陆智昌设计的。我从来没有见到荒木，也许会有机会见的。于坚和他是好朋友，荒木还送了作品给他。他拍过他。但听说他最近身体不太好。

不是一口气出来这么多。出版在三年前开始精心准备。其实在读大学的时候就开始关注他的东西。

吕露：前些时候，你又推出了《新陆诗丛》中国卷，一下子推出了中国六位诗人的最新诗集，西川也送了我一本，他们对你本人评价很好。这是为什么？

楚　尘：呵呵，他们都太善良了，承蒙他们厚爱了。反正我是用心去做他们的诗集。但做得再好，都不值得夸奖。因为这是我的本分。做得不好就是失职。我一直在努力吧。

吕露：你还想做什么？

楚　尘：我喜欢我现在的工作。也许这是我的最后一份工作了。骨子里经常想去大河边钓鱼（不是鱼塘），种一些蔬菜和水果。在有风的树下看看书，懒洋洋地被太阳照着。然后有一些朋友来找我玩。　我很喜欢这种感觉。我记得有一次带几个朋友去我家附近的河边钓鱼，有一个朋友上钩了一条，居然跳到河里去抓它了，虽然鱼后来逃走了。很好。这个经历一直忘不了。

最好在河边还有一片足球场、一片网球场、一张乒乓球台。呵呵。

我和两个妹妹种了很多种花儿

吕露：你有农村生活经历吗？

楚　尘：当然。16岁之前一直在乡下生活。我喜欢我的童年呀。我们那里是水乡，一到夏天整天泡在河里。吃的食物也丰富，水果蔬菜都用大粪施肥。河水是甜的，没有任何污染。比起那时候的生活，我觉得我最好的生活已经过完了。

吕露：我也有农村生活经历，7岁之前每年夏天放暑假都会去保姆的父母家。她家门前有个坝，还有一条河。我和农村小孩一起用废弃的打着补丁的货车轮胎游泳，可好玩了，还去稻谷地捉迷藏，躲在谷堆里边，钓虾、看他们插秧。我还会烧柴火做饭，喝米汤，打井水，做沙包，赤脚走路。估计我以后的90后小孩很少有农村生活经历了。尽管短暂，还是让我感到有"清风拂面"这个词的意思啊。

楚　尘：我和两个妹妹种了很多种花儿，整个院子都是植物。我妈妈专门给丝瓜搭了一个架子，架在正屋与厢房之间，夏天我们就在下边吃饭。一不小心，头就可能撞到丝瓜。还有南瓜，满地都是，我们还帮南瓜花授粉。哎，很有意思的。

吕露：像童话啊，楚尘，好有意思哩。

楚　尘：这些生活还在，并没有消失。只是我不能回去那么长时间。必须整个夏天在乡下，其他季节是感受不到完整的乡村生活的。也许山上的生活不一样吧。我上大学的时候，每年夏天都回去。所以我是不自由的。

吕露：我知道你喜欢开车旅行？

楚　尘：我其实是很喜欢开车旅行的，但早已不适合了。中国的交通太成问题，其实开车已经极不方便。所以，我现在喜欢背一个包到处乱走，骑自行车也喜欢。

吕露：你还能想象自己做别的什么工作吗？

楚　尘：别的工作？没有想过。如果想象的话，我可以做足球教练，去执教巴萨或AC米兰。一定很愉快。

吕露：你感到过自己是天才吗？

楚　尘：从来没有。极其普通的一个人。

我只是做我喜欢的事

吕露：能说你对出版诗集的热爱吗？

楚　尘：我很喜欢这项工作，非常有创造性。其实任何工作都是一样的，如果没有热爱，还不如不做。

吕露：去年你一口气出版了西川、杨黎、翟永明、韩东、于坚、春树等6人的诗集，为什么选择这些人？

楚　尘：2001年我们出版过《年代诗丛》，共2辑，21本诗集。这次是在此基础上继续向前迈进。2012年是《新陆诗丛》，分外国卷和中国卷。你说的是中国卷，选这些诗人是想兼容并蓄，不同风格、不同美学、不同年龄的好作品都能进来。

吕露：诗集现在好卖吗？还是只是多做一点新的出版"产品"？你对纯粹写作者有多信赖？

楚　尘：2000年以来，诗集的销售一直没有变化，印数很低。今天也一样。很多媒体来采访我，问我是不是诗歌现在很繁荣，诗集很好卖。我说是虚假繁荣。我坚信纯粹写作者在我的身边一直很多，而且还会不断涌现，我看到很多人越写越好。我很欣赏他们。作为出版者，我有理由跟踪他们的写作。我不是先设置产品，而是根据作品再做出版计划。

吕露：早前在一家独立书店看见你的小说《有限的交往》。你说你手里也没有这本了，问需要带给你与否，你说不用了。小

说跟诗歌之间对你来说，意味着什么？一种热爱的证据？精神需求，还是别的？

楚　尘：小说、诗歌在我的身边就像我热爱的足球、网球一样。它也许并不意味着什么。就像你呼吸、眺望一样，都是生命之状态。我从未刻意为了什么做什么，也从不做让我不开心的事。所以，我只是做我喜欢的事而已。

吕露：你还喜欢法语，还去学过两年法语，读法文小说，这听上去确实很令人振奋。

楚　尘：这没什么。人应该多学习，只要付出就能得到额外的乐趣。我一直很喜欢加缪、萨特，大学时代几乎看过所有的他们被翻译成中文的作品。我第一次通过法文阅读他们的时候非常兴奋。

吕露：托尼朱特在《责任与重负》中这样写加缪：加缪是个非政治的人物。他并非不关心公共事务，或对政治抉择无所谓，但他本能地、在性情上就不是个隶属某个团体的人（在其个人浪漫的生活与公共活动中都是如此），政治介入的魅力令当时的法国人神魂颠倒，于他却只有寥寥的诱惑。你觉着呢？

恰巧昨晚读到1938年加缪给萨特的《恶心》写的评论："有一类写作的错误在于相信这一点：生命是不幸的，所以生命可悲……宣告存在的荒谬性不能作为目的，它仅仅是一个起点而已。"

楚　尘：加缪是一个特别的存在，他的写作、死亡都很特别。我欣赏他对个体生命的探究和追问。《恶心》我太喜欢了，现在都能背很多段落。这两个作家陪伴了我的大学时光。

吕露：作为出版人，你读到的法文原版小说与翻译过的有什么区别？你更喜欢哪种？怎么看翻译者与作品的关系？就你个人来说，中国翻译者有什么不足的地方？

楚　尘：区别肯定有。我读到的经常有错位，不对等。好的翻译其实就是一种创造，譬如王道乾先生译《情人》、冯至译里尔克，它使我对中文的神奇而感到目瞪口呆。一些人是钟爱翻译而去做翻译，必然译出好的东西。很多人不是，太有功利心了。中国是很现实的，翻译图书的稿费很低，如果纯粹做这项工作，是很难活命的。很多好的译者都有自己的工作，譬如林克、小二、孙仲旭等，他们喜欢译自己想译的东西。这些译家，让我有信心出版更好的译本。说心里话，我时常为付不出高的翻译稿酬而羞愧。

直到某一天，我拿在手上，发觉沉甸甸的

吕露：现在你还写作吗？

楚　尘：我小说基本不写了。诗歌一直在写，但不多。我心里一直有写长篇小说的强烈冲动，但目前我的工作没法静下来。以后再说吧。

吕露：你经常会感到孤独吗？

楚　尘：没有经常孤独。一年也就一二次吧。我觉得自己都没有时间去孤独。我很羡慕那些孤独的人，孤独的人的自我空间一定非常大，属于自己的时间也非常多。

吕露：我有看到你每年都有几次国外旅行，带工作性质的或者纯私人的。旅途中你有遇上什么难忘的人？你会跟他们谈论什么？于坚在三年多以前回答我的孤独的问题的时候，他说"孤独对我来说太做作了"。你觉得作家跟孤独有必然的联系吗？

楚　尘：没有必然的联系。旅行并不神秘。它好比我去踢一场球或看一场电影，其实是一样的。只是一种经历。每一个人都有各种各样的状态，孤独也一样，是生命的常态吧。旅途中最难忘的是碰到熟人。那些陌生人很容易被我忘记了。我们谈得最多的都

是生活中最简单的事，很少去讨论复杂的东西。

吕露：除了出版、运动、旅行，好像你也对现代艺术感兴趣？

楚　尘：我身边的很多朋友都是艺术家，他们熏陶了我。即便没有兴趣，我也要装得很有兴趣的样子。否则他们会不高兴的。呵呵。

吕露：你在乎朋友们怎么看你，是吗？你希望自己在他们眼里是个怎样的人？

楚　尘：其实是不在乎的。我希望他们觉得我是一个快乐的人、一个善于学习的人、一个健康的人。

吕露：那么，当代艺术上，最近你比较关注什么？油画、摄影、影片。

楚　尘：没有偏重的，顺其自然，只要有感觉，我都喜欢。

吕露：你们公司出的荒木经惟跟森山大道的书，你对他俩的作品有什么感觉？

楚　尘：他们都是很一流的摄影师。他们关注的都是个体生命和个体生存。摄影其实也是一种语言，他们似乎天生就有创造这种语言的才能。

吕露：前不久你也去了日本，是去拜访他们吗？你还拍了不少照片发在微信朋友圈，比如开了20年的面包店等。

楚　尘：没有专门去拜访他们。主要还是想多了解一些这方面的信息，加强沟通和版权推进。我元旦还要去一趟。

吕露：出版这些书，你会有成就感吗？跟作者和出版社沟通时，遇上阻碍，你会再坚持吗？

楚　尘：出版就像种庄稼，当然有一种收获的快感。劳动过程中，经常会遇到各种变化和阻力，但最终都解决了。其实需要的就是坚持和耐心，做任何事情都一样。

哎，我房间的暖气不足，有些冷。

吕露：你喜欢喝酒。我记得，几年前，我亲眼看见你从超市里买回一箱子的红酒，你搜集了很多瓶塞，这是为什么？在生活中，你会关注自己与事物之间的微妙联系吗？

楚　尘：我喜欢喝葡萄酒，但喝得不多。人总会喜欢一些东西，不是这个就是那个。我只喜欢收集我喝过的木塞。这个习惯是慢慢形成的，起初有一个口袋正好可以挂在某个地方，我就顺手放进去了，后来越集越多。直到某一天，我拿在手上，发觉沉甸甸的，哇，好多好多的木塞啊。当时的感慨，好像就是我度过的某些时光，分明就在这口袋中。它们是我过去生活的一部分。每一次打开都能闻到酒的余味和香气。后来我就不舍得扔掉了。

吕露：你有想出而没能出版的书吗？你会因为挫败而沮丧吗？从上学到现在你迷惘过吗？

楚　尘：有的。刚开始比较愤怒，但很快就会静下来去想办法，因为你要的是结果，所以必须学会控制自己的情绪。做事情是这样，不能情绪化，否则会一事无成。沮丧感应该会有的，但时间很短。20岁左右的时候，很迷惘，那时候很多事情自己都做不了主，也无法预知。

吕露：现在你觉自己还需要在哪方面努力一点？你害怕失去什么吗？

楚　尘：现在好像没有想过这些，你倒提醒了我。我真想有大把大把的时间去学习一些东西，去做一些自己特别想做的事。我害怕亲朋好友的离世。前几年，一二个年纪轻轻的好朋友突然生病去世了，让我感到伤感，恍恍惚惚的。

吕露：未来有什么计划？

楚　尘：把每一天过好，就是我的未来。我会继续坚持自己想做的事。

吕露：对年轻的写作者，以你切身体会，有什么要说的？

楚　尘：写作只是生活的一部分。

2013年5月13日—2013年12月12日

楚尘：江苏兴化人。1997年1月正式开始写作。著有中短篇小说集《有限的交往》等。2000年开始致力于出版业，策划出版《年代诗丛》《20世纪世界诗歌译丛》《法国诗歌译丛》《法国大诗人传记译丛》《圣艾克絮佩里全集》《历代基督教经典思想文库》《沈从文别集》《周振甫著作别集》《周振甫译注别集》《宗白华别集》《日本摄影文化丛书》等。

主编《新陆诗丛》（外国卷、中国卷）、《断裂丛书》等。

Lan Lan

吕露采访蓝蓝：
你被雨淋湿了，可是你的花儿开了。

蓝蓝有一次约我去她家吃午饭，见到了她一对双胞胎女儿。她跟女儿在一起的对话，和我对她的想象十分贴近，她强大有力，有秩序。

有某些幸福时刻，会想不到要去写作

吕露：你最喜欢自己五官的哪部分？

蓝　蓝：没想过。呵呵，我想想……额头？或者嘴唇。

吕露：那你再想想，为什么是它们？

蓝　蓝：有人夸过吧。哈哈，自己说多少有点自恋。

吕露：讨厌一个人怎么办？

蓝　蓝：敬而远之。

吕露：厌倦过写作吗？

蓝　蓝：没想过。有某些幸福时刻，会想不到要去写作，譬如恋爱的时候，譬如孩子出生的时候，譬如和爹妈在一起聊天的时候。

吕露：难过的时候就应该写作？

蓝　蓝：不一定。太难过或者愤怒或许会写，或许不会写，这要看当时的具体情境。汶川地震时我就无法写，在死难者尸体面前我没法写诗。

吕露：诗，你是写给谁看的？

蓝　蓝：当然首先是自己看。偶尔也会给朋友看。

吕露：获得了什么？

蓝　蓝：快乐。写诗就是让自己快乐的事情。跟种活了一朵小花，养好了一只小狗差不多的。哪怕是在写痛苦，写完也会感到快乐。很悖论，但很真实。

吕露：我从未在写作中感受到快乐，只是满足。

蓝　蓝：满足是不是一种快乐？

吕露：嗯，是快乐。但不是那种快乐。我该怎么说呢，就是，如果我快乐着，我就无法写作，如果我不快乐，至少我可以通过它，利用它，来满足我的缺失。你喜欢独处吗？你独处时最想做什么？如果这个世上没有一个你眷恋的男人女人老人小孩，你觉得自己会是怎样的人？

蓝　蓝：我理解你的意思。大部分时间我觉得独处太可怕了——因为我每天几乎都是一个人在屋子里呆着，除了晚上孩子放学回家。我每天能看到的除了墙壁就是天花板，我都对它们生出了无限歉意。但是，整天在人堆里混也可怕，说不定更空虚。我一个人的时候（就像我现在的生活），就照顾孩子、做家务、读书、写东西。写东西、读书、做家务、照顾孩子。

我当然有眷恋的人。爹娘，妹妹弟弟，孩子，亲戚，贴心的朋友。挺多的。要是没有他们，肯定生不如死——要是没有，那就得找一个令自己眷恋的，自己或许可以创造一个？……又看了一遍你最后一句话，嗯，如果没有一个让你眷恋的人，那大概是心死了，被这个世界伤透了。但是我估计这种想法或许过一段就不会是这样的。因为时间很厉害。过一段儿，很多事情就会改变，比方现在就要春天了，你会忘掉冬天的苦寒。

吕露：对，在人堆里，更加可怕。对，独处时，你必须会自觉地对墙壁和天花板感到歉意。今天我在重看塞林格的《笑面人》，其中，有一段是这么写的：''每天早上，感到非常孤独的笑面人，总是偷偷溜到土匪藏身处周围的密林里去。在那里，他和各种各样的动物交上了朋友：狗啦、白鼠啦、鹰啦、狮子啦、能缠死人的大蟒啦，还有狼。''你最逃避人群的时候是多久之前？还是时刻都逃避？

蓝　蓝：经常逃避。呵呵，这么说似乎很矫情，但这是真话。不过有时候我又真希望有人说说话，别老让我自言自语跟个神经病似的，或者像嫁给电话筒的可怜虫。要是没有值得信赖的枕边人，你也得有三两个永远不会嫌弃你犯贱、瞎闹、出糗的好朋友，死党闺密，铁哥们儿。

大地和阳光结婚生下的花朵

吕露：你最好的朋友是怎样的？

蓝　蓝：各种各样的、拧巴的、格色的、严肃的、温柔的、也有疯疯癫癫的、没心没肺的，基本都是和我一样有很多毛病的人。但都是性情中人，在我眼里各自有非常可爱的地方。我最喜欢的人，应该是不太那么以自我中心的人。

也就是善良，能替别人着想。有原则，也有宽容。

吕露：你有抑郁症吗？

蓝　蓝：有。随心情，有时不好，有时就好了，哈哈。我其实是很容易就快乐的人，一个破笑话就能让我开心半天。

吕露：爱情是个什么东西？

蓝　蓝：我不知道咋定义它。不过我想，如果这辈子无论你是否年轻、是否贫富，长得丑或者美、健康或者有病……你想起来就会有那么一个人在你心中温暖着，我想大概那就是爱情吧，呵呵。

吕露：你的窗外现在是什么景色？

蓝　蓝：阳光灿烂。极其罕见的北京的不太污染的晴天。据说北京改善环境要靠风，今天就是例子——外面在刮风。杨树开始出穗了，法桐还是光秃秃的。我能看到它们在我窗外沉默，那么能忍耐。

吕露：喜欢穿什么材质的衣服？

蓝　蓝：棉布。喜欢棉花，大地和阳光结婚生下的花朵。

吕露：我喜欢蒲公英，也喜欢棉花，你喜欢中国的女诗人？

蓝　蓝：我喜欢善良正直、有独立见解、表达方式独特、为人和为文都好的女诗人。有两个标准：一个是文本，一个是做人。

吕露：我喜欢你这么说。你最喜欢的中国女诗人是谁？

蓝　蓝：李清照？……事实上，我似乎很少要把女诗人和男诗人分开说的习惯。我喜欢的诗人里有不少男性诗人啊。呵呵，你先让我喜欢着点儿。当代的女诗人有很多是我朋友和闺密。我待见王小妮，早期的翟永明、陆忆敏、海男、李南、路也、吕约、宇向的一些诗也都有特点。还有一些很年轻的诗人，名字记不太清楚了。

要是我告诉你，昨天或者去年
我还为某件事感到心如死灰，你会相信吗？

吕露：你产生过幻觉吗？

蓝　蓝：幻觉？……没有。咋界定这事儿呢？

吕露：我觉得就是你会想象成真的感觉，想象一些你希望的事情的画面，那一瞬间是真实的感觉。

蓝　蓝：这样啊……但我知道，那不是真的。你可以想象或者期望，但它不是真的，别骗自己。你可以努力去建造，但砖瓦没有垒砌完好之前，一切都是空中楼阁。假的。

吕露：三毛因为抑郁症，开始学习通灵术，产生了幻觉。我对写作中的女人，有无法抗拒的好感与尊敬，想象中的女人也会做些快乐的事？嗯，怎么看三毛的死？

蓝　蓝："想象中的女人也会做些快乐的事"，呵呵，当然可以，做美梦很快乐。但要知道，那是梦，不是真的。三毛死于抑郁症，可惜了。听专家说，有抑郁症到了一定程度切记要就医，有时候那不是"心病"，而是神经递质缺少某些物质，是真正的病，需要药物干预治疗。抑郁症并不可怕，可怕的是人心冷漠自私！

吕露：最近在读什么书？

蓝　蓝：同时在读的书有狄金森和策兰的诗、哲学家西美尔和薇依的书，波德莱尔和奈保尔的评论集，音乐家马勒、诗人里尔克的书信集，以及卡佛、巴别尔的小说。还有巨多的童话，随手拿起来就可以读。

吕露：我喜欢你说的大部分人，更喜欢书信集和卡佛。

蓝　蓝：福柯有本书叫《不正常的人》，可以看看。

吕露：讲什么的？你喜欢？

蓝　蓝：讲那些世俗意义上所谓"不正常的人"，比如畸形人、残疾人、性压抑者、精神患者，包括所谓"需要改造者"等等。福柯着意在批判新的"种族主义"和人类的不平等。

吕露：《风中的栗树》，读得真想哭。"让我活着遇见你，这足够了。"

蓝　蓝：别哭啊。

吕露：你看自己的诗的时候，会觉得自己特别强硬特别残酷特别迷人特别特别吗？

蓝　蓝：哈哈，这么纠结的没有。一般吧，有的诗自己觉得还行，有的觉得要是再放放可能会更好。

吕露：你看你现在开心的……

蓝　蓝：要是我告诉你，昨天或者去年我还为某件事感到心如死灰，你会相信吗？所以，要相信一切都在改变——除了这一条不变。要相信有人需要你，这个春天需要你。

吕露：我相信你会心如死灰，我也相信你不会一直为一件事心如死灰。你会快乐，你会为一件事一直快乐。

蓝　蓝：呵呵，是啊。你打破了花瓶，可是你赶走了老鼠。你被雨淋湿了，可是你的花儿开了。

狗屁，呸！

吕露：喜欢普拉斯吗？为什么？

蓝　蓝：我专门为她写过一篇文章，是帮出版社写的一篇序，地址在这：http://blog.sina.com.cn/s/blog_54b6d3320100v1ws.html。毫无疑问，普拉斯才气逼人。

我希望她没有自杀。我希望她能离开伤害她的人，好好把孩子养大。我坚信以后她还会遇到珍惜她爱她的人。因为这世界上没有什么人值得她去死——想想看，她的才华！美貌！她的智慧！还有可爱的孩子们。活下去，过段日子就好了，这个傻姑娘。

吕露：她丈夫的情人，后来成了妻子，也是死于自杀。

蓝　蓝：是的。如果为了一个男人的背叛而死，那就太不值得了！别用自己的死去赞美他冷酷的魅力。狗屁，呸！——生命只有一次，好好珍惜，为爱你的人活下去。

吕露：如果你见到普拉斯的前夫，你会对他说什么？

蓝　蓝：我干吗要见他？我不想认识这个人。（可是老实说，我真的读过休斯的诗。我知道一段感情出了问题，有时可能是两个人的原因，或许都有责任。但我无法做到不带任何感情去读这个人的东西，他的每个字前都晃动着普拉斯死去的面孔。而且，他真坚强，活到了晚年。不过，他毕竟把心中留有伤痕的孩子们养大了。）

吕露：对，我们都没有办法不带着情绪去谈论他，因为他伤害了我们爱的人。普拉斯是辛苦的。我不知道她为什么要那么爱他。

蓝　蓝：即便休斯才华横溢……但要谨记一点，一定要远离伤害你的人，哪怕他是大师天才。除非你愿意让自己给这些邪恶的智慧、冷酷的心肠陪葬。醒醒吧。

来快递了，稍等。

吕露：收到了什么？

蓝　蓝：书，或者杂志。我还没拆开。

和女人不一样的人

吕露：回到刚才你说的，嗯，"远离伤害你的人"。想到王尔德说的一句话：不变心的人只能体会爱的庸俗的一面，唯有变心的人知道爱的酸辛。

蓝　蓝：是他说的吗？王尔德说这话啥意思？难道忠贞的爱就是庸俗？他写《快乐王子》时那种无私和美哪儿去了？

吕露：《道连·葛雷的画像》，王尔德。是他说的。

蓝　蓝：或许世上的一切都在变，唯有造物者沉默不语。

吕露：你觉得男人是什么？

蓝　蓝：和女人不一样的人。喜欢男人身上的勇敢、智慧、善良、担当，讨厌男人的懦弱、愚蠢、邪恶、狭隘。其实这对女人来说也一样。

吕露：爱情若遭到背叛，你是否还会爱？

蓝　蓝：应该会吧。我不知道。或许。我抱着要相信人的想法继续生活。不要仇恨和怨恨，一切恨都不要，这才是对自己好。但我可能会小心。

吕露：看汤唯的《晚秋》了吗？

蓝　蓝：没有。很久没出去看电影了。好看吗？

吕露：好看。我喜欢汤唯。她在里面是一个杀掉丈夫的犯人，因为丈夫知道她要跟一个男人跑，丈夫便要杀她。结果，她把他给杀了。在监狱关了七年以后，母亲去世，哥哥交了保释金，她有3天的时间在外。电影主要讲的是她跟一个男人3天的故事。我看哭了。电影最后一句台词是：你好，好久不见。

蓝　蓝：有点怕……爱情和杀人。别杀人，也别自杀，换一种生活方式或许就变了。和生命比，其他都放后面说吧。

吕露：最难过的时候是什么时候？

蓝　蓝：亲人去世和人变了。

吕露：你变过吗？

蓝　蓝：变过，因为旁人也在变。但有一点我觉得自己没变，我还是个理想主义者。

吕露：你有过情人吗？

蓝　蓝：干吗要找情人？我谈恋爱就是想在一起生活，不行就算了吧。

傻了吧唧的，都不好意思说了

吕露：接下来你会做什么？有什么计划？写作计划、生活计划、别的计划。

蓝　蓝：随遇而安吧。写作有啥写啥，生活我就更没法计划了——今儿是愚人节，说不定明天还是。最坚定的愿望是把孩子好好养大，尽可能孝顺我的爹妈。

吕露：你的孩子会写诗吗？

蓝　蓝：我不是特别关心这个。有时候她们会乱写一点。我喜欢这种散漫的样子，别太把写诗当回事，要发表、得奖什么，那会害了孩子，尤其在她们这个年龄。我随她们高兴，喜欢什么都好。

吕露：你还喜欢做什么？

蓝　蓝：抱歉，我喜欢得比较多。我很想养小狗，想养一些老虎和马，养很多小动物。我还想多种点花，要是我有地的话。种菜也行。我还想织毛衣、绣花，我还想学学跳伞，或者做一回航天员去太空看看。很多，傻了吧唧的，都不好意思说了。

对了，我是个没救的天文爱好者，喜欢星星！一切神秘事物。

吕露：我喜欢你这个回答，我喜欢你。我南方的家有两条狗，我属马，我家院子里有树、栀子、玫瑰。院子另一侧也种了季节性的蔬菜。我会织围巾，不会绣花。我喜欢蹦极、喜欢星星。

蓝　蓝：我特别恐高，但又好奇，老纠结了。你也很好玩，蹦极！我想想就害怕。

吕露：你去过最远的地方是哪儿？

蓝　蓝：委内瑞拉。我坐飞机飞了20多个小时（在巴黎转机），越过大西洋，越过赤道，我觉得都到了天尽头了。对了，我跟葛优一样害怕坐飞机。

吕露：去那儿做什么？为什么想到说葛优？

蓝　蓝：去那里参加委内瑞拉国际诗歌节。因为葛优幽默，这么幽默的人也害怕坐飞机，我觉着特逗。

吕露：你英文好吗？

蓝　蓝：不好。但可以找警察叔叔问路，自己坐地铁出去转、找地方吃饭、互相寒暄、互留通信地址，这些都没问题。

吕露：你现在穿着什么颜色的衣服？

蓝　蓝：紫色薄棉衣、牛仔裤、蓝袜子、拖鞋。

吕露：理性主义者的衣服。

蓝　蓝：给我贴个标签啊，在物质上我是稀里糊涂的不想主义。

吕露：什么时候我们一起晒太阳？

蓝　蓝：好。

2012年4月21日

蓝蓝：原名胡兰兰，1967年生于山东烟台。著有诗集：《含笑终生》《情歌》《内心生活》《睡梦睡梦》《诗篇》《蓝蓝诗选》《从这里，到这里》《蓝蓝爱情诗六十首》等，著有散文集《人间情书》《飘零的书页》《滴水的书卷》《夜有一张脸》，著有童话集《蓝蓝的童话》《魔镜》；长篇童话《梦想城》《大树快跑》《坦克上尉歪帽子》等。

Yu Xiang

吕露对话宇向：
首先是人。再是妈。而且是诗人。

我非常喜欢她的诗。我们一起参加过一个展览，吕德安策划的。那次见她，她很高，瘦，害羞，腼腆。

早些年，可能会把自己搞醉

吕露：喜欢什么颜色？为什么？

宇　向：白色、黑色、群青。黑白有包容，大气，是生命的底色。群青是一种暗涌的激情。

吕露：你属于什么颜色？

宇　向：我想是不是需要回答"这三种"。

吕露：对于你，琐碎的生活是怎样的？

宇　向：像机器的运转，很多是不用大脑的，所以有时懒得去重述细节，对于这些生存必需的东西，它们在那里，无时无刻。其间也会有一些好玩的事会令人在枯燥中大笑。跟孩子在一起不会有枯燥感。

吕露：你快乐吗？

宇　向：建立在虚无和悲观之上的快乐。

吕露：你的理想是？

宇　向：是面向真理的一个方向，在这个方向上进行的一切，包括知道自己是谁知道自己应该是谁等等。面对生命要严肃要轻松。重前者容易导入谬误，没人能掌握真理，连摸一下都不可能，重后者就是"不能承受"。

吕露：犯过令自己无法接受的错误吗？

宇　向：想不起有后悔的事。

吕露：难受的时候怎么办？

宇　向：早些年，可能会把自己搞醉。如果有心爱的人在旁边，就跟他抱头痛哭一番。现在不会了，自己能调整好自己。难受的时候可以读《金刚经》。

吕露：想象过自杀吗？

宇　向：懂事就开始想，经常想，以至于想腻了，不怎么想了。

吕露：渴望得到什么？

宇　向：从虚无的角度上：一个平静的死。从时代的角度上：看到一个消灭独裁的世界。

对自己的作品大部分都满意

吕露：你想问我什么问题吗？

宇　向：中午吃什么了？

吕露：一个包子，一瓶可乐。我想象你一样。

宇　向：少喝可乐，谷歌下你就不想喝了。我肚子不舒服，喝了碗八宝粥。其实我也很凑合，这方面我做得不好。

吕露：如果你单身，你的生活会非常简单。

宇　向：这是命运。

吕露：从什么时候开始写诗？

宇　向：2000年，1999年时跃跃欲试。

吕露：跃跃欲试？

宇　向：就是有写的想法啦。

吕露：你觉得自己写得怎样？

宇　向：我写作求质不求量，对自己的作品大部分都满意。也有这种情况，个别的发表出来，一看，我怎么写得这么差。

吕露：你喜欢哪些男诗人的诗？

宇　向：喜欢过很多。阶段性的。去年底读到萨拉蒙的诗，很喜欢。到了这个时期不会再过于喜欢哪些作者了，取不同的角度去欣赏。

吕露：写诗的时候是什么感觉？

宇　向：忘我。

吕露：有意思吗？

宇　向：当然。不仅仅。也是我刚才说的那个，在面向真理的方向上进行的修行一种。你面向它才会有喜悦和解救。因为人随时都会被"黑洞"威胁，那种时刻，人本能是向光的方向的。

吕露：有一次，我、吕德安、巫昂等几人在宋庄吃饭给孙磊打电话，大家第一个问题都在问："宇向最近怎样？"他觉得自己受冷落了。嗯。那时我便告诉他我要采访你。

宇　向：没有，他爱开玩笑，特别是美女，呵呵。他属大海的。

吕露：你跟他关系怎样？

宇　向：朋友。

吕露：很多人说中国女人很麻烦，你觉得？

宇　向：要这么说，人都麻烦。"很多人"是指个别旧时代男人吧。别当回事。

吕露：女人应该怎么跟男人相处？

宇　向：不同的女人和不同的男人相处有不同的情况。只要有宽容、两个人想在一起，相处不是难事。

吕露：会厌倦。

宇　向：不会。"左手握右手"是境界。我知道你说的是另一种东西。

我从20世纪90年代就在一家企业，2000年后我不再是个好员工

吕露：形容一下你大部分时间一天的生活。

宇　向：早饭。送小孩上学。上班。杂事。……接小孩。完成老师布置给家长的作业。……想事情。失眠或做梦。

吕露：你上班？

宇　向：我从20世纪90年代就在一家企业。两千年后我不再是个好员工。我逃避仕途，部门也没有政治学习，不干预我的思想，暂

且相安无事。

吕露：你觉得自己是一个怎样的女人？

宇　向：内心比较丰富的一个人，善于用诗歌或者说善于用艺术表达自己和与人沟通，不善于人情世故。比较精神化。

吕露：情绪化吗？

宇　向：有时情绪化。现在好多了。因为我一直很努力在克服这个东西。情绪化会影响别人，而且是负面的影响，一想到这个就不安。如果自己憋着，自伤也大。

吕露：我完全没有办法。

宇　向：过些年，你就有办法了。青春就是有残酷的部分，毫无办法。只有不断地经历，才会改变你。

吕露：写小说吗？

宇　向：写诗前和刚写诗时写过一点，也做过写长篇的打算。后来怀孕了，就放下了。以后写不写，都有可能。

吕露：我喜欢萨冈。我知道这也许很无厘头。我就是挺喜欢她的。

宇　向：我以前看过关于她的一些介绍，作品没怎么读，我嗅到的那种味道是让我感到如果我20来岁时就会读她。你喜欢她，不无厘头。

吕露：昨晚做梦了吗？

宇　向：没睡好，有蚊子。

吕露：我昨晚通宵未睡，看了一部电影。白天睡时都是梦。你喜欢你的房子吗？

宇　向：还行吧，七八十年代的那种旧楼，周遭比较安静，邻居老人多。书房外有一架废弃已久的电线杆，像一个十字架。春天它缠满绿藤。夏天就垂满叶子。秋天它变红变黄，叶子一片片落下。到了冬天它光秃秃的提示在那里，要是下雪就美极了很神圣，你可以想象……你要好好睡觉。

干枯需要雨

吕露：你怕老吗？

宇　向：不怕。

吕露：我不想长大。

宇　向：老天不同意，它会要你乖，听话。

吕露：你做过疯狂的事情吗？

宇　向：做过。

吕露：能说吧？

宇　向：自杀。试图自杀。曾经。

吕露：你希望自己怎样死掉？

宇　向：一觉不再醒来。消失，就像从未来过……不过，现在我活着，就想好好活着，平静地。

吕露：我在吃樱桃。自杀很好。当然，活着也好。

宇　向：自杀不好，尽管人有这个权力，我仍希望人不要自杀。人有求死的本能，也有求生的本能。这句话不能倒过来。

刚看到一则消息，李旺阳的：6月6日，在湖南邵阳市一间医院被其亲属发现身亡，他的死因受到质疑……在此悼念他，悼念为自由故的人们。我们要好好活着。

吕露：你过上想过的生活了吗？有出入吗？

宇　向：想过的生活是不可能的，是幻想。现实一些的想法出入就不多了，本来就知道很多是不能选择的。

吕露：你还哭吗？

宇　向：看电影看时事看文字时投入或者忘我就会哭。

吕露：你会觉得自己有病吗？

宇　向：有。

吕露：你在忍耐？

宇　向：对。

吕露：你性格好吗？

宇　向：不算好吧，内向的部分会自伤。但这些年好多了。与小孩相处的过程，就是一个治疗和解救的过程，这是奇迹。

吕露：我觉得你长得很美。

宇　向：还行。你美。

吕露：你知道我的样子？

宇　向：看照片。

吕露：北京下雨了。

宇　向：济南好多天都要下雨的样子，其间下了一小时。

吕露：我喜欢城市。不喜欢雨。

宇　向：干枯需要雨。

吕露：你跟哪些女诗人有过交往？

宇　向：我想想，有过交往以及见过两面以上的有寒烟、沈娟蕾、安歌、蓝蓝、小安、吕约、翟姐……

很少化妆

吕露：你了解儿子吗？

宇　向：我尽量理解他。

吕露：昨天我跟朋友在说，也许一个人如果一个朋友都没有，那他可能就是完美的。

宇　向：也许完美的人不需要朋友，因为随时都会有人是他的朋友，而无所谓是谁。

吕露：你会故意将自己推入一种境地么？

宇　向：有意无意地说不清，一般不愿违背内心。

吕露：你了解自己吗？

宇　向：一部分。

吕露：其他的在哪儿？

宇　向：混沌中。

吕露：你现在穿着什么样的衣服裤子和鞋？

宇　向：白色裙，凉鞋式的板鞋。

吕露：化妆吗？

宇　向：很少化妆。爱揉眼。

吕露：平时会做什么？

宇　向：发呆。

吕露：你最爱谁？

宇　向：儿子。

吕露：你觉得抑郁症是什么？

宇　向：对什么都不感兴趣，没有生欲。

吕露：你觉得自己的身份是？

宇　向：首先是人。再是妈。而且是诗人。

吕露：你觉得你丈夫是怎样的人？

宇　向：乐善好施，大度，健忘，爱丢……前世修得好。

吕露：你去过最远的地方？

宇　向：巴黎。2002年。

吕露：去那做什么？

宇　向：山艺老师们去欧洲艺术交流，并参观欧洲各大艺术馆，那次可以带家属。

吕露：你喜欢旅行吗？

宇　向：太喜欢了。也喜欢宅着。

吕露：你觉得卡佛是怎样的男人？你喜欢他吗？

宇　向：只知表面，不能说知道他是个什么样的男人，不烦他。很多人爱拿他跟理查德·耶茨相比，从文字上我喜爱后者。

吕露：为什么？

宇　　向：很简单，我第一次读耶茨的作品是《十一种孤独》，被感动，读卡佛没这种感受。

吕露：你在其中找到部分自己吧？

宇　　向：如果自己理解、欣赏、接纳、感动和敏感到的部分也是自己的话，就算。

爱的时候会心神不定

吕露：你会说谎话吗？

宇　　向：会，说得不利索。

吕露：你能接受背叛吗？

宇　　向：背叛是"契约"带来的。如果这个"契约"是有自由和开放余地的，就不会产生背叛说。

吕露：你喜欢色情吗？

宇　　向：有时喜欢，有时不喜欢。

吕露：你想做名人吗？

宇　　向：名人是他者来选择你，跟我没关系。

吕露：如果你现在是一个17岁的女孩，你喜欢的名人写信来告诉你他喜欢你，你会怎样？

宇　　向：17岁？哦，可能就惨啦。

吕露：来，想象一下。也许别人会觉得我们无聊。但，来，你想象一下。

宇　　向：惨啦，不懂？我喜欢的人来信说他喜欢我，不就坠入爱河了么？这个和名不名人没关系，和彼此喜欢有关系。

吕露：为什么是惨了？

宇　　向：爱的时候会心神不定。

吕露：我喜欢写信的人，我经常写信，在写信中会碰见爱情，也许你知道我在说什么。现实里的爱人如果在信里跟我恋爱，我会幸福十倍。

宇　　向：没错。文字加幻觉。

吕露：易哭吗？

宇　　向：易。

吕露：写日记吗？

宇　　向：早就不写了。不觉得有意思。人在这世上留的痕迹已经够多了。

2012年6月11日

宇向：70后重要诗人。曾获"柔刚诗歌奖"（2002），"宇龙诗歌奖"（2006），"文化中国年度诗歌大奖"（2007）等奖项。宇向的作品"能有效挖掘自身的直觉、痛感和超验的思维"，在海内外影响广泛。作品被翻译成英文、法文、西班牙文、葡萄牙文等。著有《哈气》《女巫师》《低调》等。也作为视觉艺术家参加绘画艺术展览。现居住在山东济南。

Wu Ang

吕露对话巫昂:
崇拜一切的不确定性。

她笑的时候好看,她穿着麻质连衣裙笑时更好看。

我一个人也可以玩得很好

吕露：你觉得你长得美吗？

巫　昂：啊，我长得很天然，什么都很大，五官。即便是个母猩猩也会引人注目的吧。

吕露：你喜欢引人注目吗？

巫　昂：我并不是故意的，但因为我喜欢大笑，控制不住声量，经常会被围观。还经常把心理活动说出来，这个很要命。

吕露：为此付出过代价？

巫　昂：好像没有，能有什么代价？哦，心理活动，心理活动只要不邪恶，不太容易付出代价。

吕露：但是你说你有抑郁症。

巫　昂：我没有吧，肯定是开玩笑。

吕露：最近你在做什么？

巫　昂：一如既往，很多工作，写小说，写专栏，工作室的事情。

吕露：你强悍吗？

巫　昂：是的。但是有糖衣，很多人见到我之后，认为我性格很柔软。

吕露：你打架吗？

巫　昂：不会，不擅长。

吕露：你看上去做事情很有计划。

巫　昂：其实没有，经常即兴地生活。

吕露：用一句话形容你的生活。

巫　昂：不确定。

吕露：你现在最想做什么？

巫　昂：这会儿吗，还是未来？

吕露：随你。

巫　昂：最希望今年能够再完成两三个短篇，开了太多的头了，自己都不好意思了。然后我很想养条狗。

吕露：我写了3万的碎片，拼不到一块。我家有两只狗。

巫　昂：我现在有只猫，它经常被喊成小狗，所以我干脆给他找个伴儿。

吕露：它喜欢你吗？

巫　昂：还不错，它喜欢咬我的脚丫子。

吕露：你的脚是什么样子？

巫　昂：经常光脚吧，所以很结实。乌黑亮丽的脚丫子，哈哈。

吕露：你喜欢跟谁玩？

巫　昂：多数时间，我一个人也可以玩得很好。

吕露：一个人会做什么，尽可能说得多一点。

巫　昂：起床后就是烧水，开电脑，泡茶，上厕所，诸如此类。一天我会在很多事情当中切换，不然就是躺在那里一动不动了。非常容易入睡，午睡时间15分钟。也可以出远门，那也没什么计划，说走就走。

吕露：你最喜欢一天中的哪一部分？

巫　昂：早上刚起那会儿，一般是六七点钟。

吕露：这么早起来？

巫　昂：从来都早起，从小到大。

我认为我是一个试验品

吕露：情绪不好的时候做什么？

巫　昂：等它自动好起来，通常是不过夜的。

吕露：你受欢迎吗？

巫　昂：我觉得我还可以吧，但受欢迎有时候也挺多事儿的。

吕露：你不喜欢做什么？

巫　昂：我有孤僻的一面，不乐意跟很多人同时间交朋友。

吕露：你最好的朋友是？

巫　昂：脑海里没有这个人。跳不出来。

吕露：你知道自己是谁吗？

巫　昂：我认为我是一个试验品，一直认为。

吕露：你觉得出名是什么意思？

巫　昂：我永远只会小范围出名，因为大范围出名会增加出行的难度，最好不要。

吕露：以前比较喜欢谁的诗？

巫　昂：小安。她随便说句话都充满天然的美感。不可替代。

吕露：你觉得自己的诗怎样？

巫　昂：也非常好，无可厚非。我喜欢诗里那个绝对诚实，偶然神经质的自己。

吕露：你写的都是真的，是这个意思，是吗？

巫　昂：八卦的角度吗？那不是。内心的诚实跟八卦无关吧。

吕露：最早读的是谁？模仿过谁？

巫　昂：我应该是大学的时候读过那时候很流行的顾城和海子，模仿过顾城。

吕露：那时候你恋爱了吗？

巫　昂：当然，人活着的时间基本上都在恋爱吧。

吕露：喜欢什么样的男人？

巫　昂：没法归类，看上了再归类。

吕露：你研究过心理学？

巫　昂：我不是科班出身，但我是专业的笔迹分析师，现在有一部分的工作也做心理咨询，带学生什么的。

吕露：你觉得他们是有问题的人吗？

巫　昂：每个人在人生的某一个时段都是所谓有问题的人，每个人都是。我很多客户并非有什么了不起的问题，只是为了了解自我。

吕露：自我总是在变，是吗？

巫　昂：不只是，自我还很不受控。

吕露：那怎么办？

巫　昂：跟她搏斗、博弈，想办法让她平静一点儿。

吕露：你以前肯定不是"省油的灯"吧？

巫　昂：我一直很省油，任何时候都算是很省。只是人们觉得那是折腾，在我看来段位很低。

吕露：喜欢的电影？

巫　昂：马上想到的比如《卡廷惨案》，我喜欢科恩兄弟、大卫·林奇这类可以拍类型片的艺术片导演。

吕露：没有看过。

我不喜欢大的社交场合，让我很焦虑

吕露：写日记吗？

巫　昂：不写，没工夫写。

吕露：你是我访问的诗人中回复最快的人，其次是何小竹和小安。

巫　昂：打字太快，不知道你为什么那么慢。所以我一边在看《美国之声》。

吕露：我在抽烟喝水和换音乐，还有回复一个远方亲戚的问候。

巫　昂：good for u。

吕露：最近你的皮肤好吗？

巫　昂：啊，干吗问这个，一直很正常。

吕露：我从尼泊尔回来遇上美容问题，我的下巴全是青春痘。

巫　昂：用一些含茶树精油成分的护肤品。

吕露：为什么？

巫　昂：茶树精油，祛痘的。

吕露：如果你的脸出了问题，出门时你会怎样对待它？和朋友见面以后，你会告诉他们你的脸的问题吗？

巫　昂：我不跟朋友谈论这些，没这个习惯。

吕露：这个夏天去旅行了吗？

巫　昂：我想想，四月份去了贵州，之后好像就没离开北京。

吕露：好像还去了新疆？

巫　昂：哦，对。那不算，一个文化活动，官方组织的，很无趣。

吕露：为什么去？

巫　昂：朋友喊我去的。

吕露：你在哪几个地方生活超过了五年？

巫　昂：福建省南靖县，漳浦县，北京。

吕露：在美国待了几年？

巫　昂：三年。陆续的，中间也常回来。

吕露：在那儿干嘛？

巫　昂：跟在北京一样。为什么每个人都问这个问题呢？只是把生活向东平移了半个地球，没有任何特别目的。

吕露：如果我在美国待了三年，你会问什么？

巫　昂：什么都不问，客套下：很好啊。

吕露：在哪里都一样是吗？

巫　昂：对，对我而言，是的。我喜欢在大城市的远郊生活，既可以进城，又可以避免喧哗。

吕露：你喜欢现在所处的城市吗？

巫　昂：我喜欢北京，因为时间长了，有了感情。

吕露：心烦的事会怎么解决？

巫　昂：只有面对，解决。无法解决的都是情绪问题，情绪问题就是等它过去。

吕露：你算强势的女人吗？

巫　昂：噢，当然。内核还是挺强的，外面都是表面功夫，不真实。

>**吕露：有什么好处？**

巫　昂：没什么好处，天性，天性没法违抗。

>**吕露：你会对闺密说你的生活吗？**

巫　昂：非常亲近的，量少型的。我的朋友非常少，现在。我是说，私人朋友，经常交往的。

>**吕露：你最喜欢做的事是什么？**

巫　昂：自由自在地生活，一睡醒就开始工作，做饭，在乡下溜达。

>**吕露：现在你常去哪儿溜达？**

巫　昂：通州附近的乡下，哈哈。各种村儿，各种庄，地名都是这样。豆各庄，胡各庄，高家庄。

>**吕露：有不自在的时候吗？**

巫　昂：我不喜欢大的社交场合，让我很焦虑。最怕的是开会。

>**吕露：你以前是杂志记者。**

巫　昂：所以我辞职了。

>**吕露：你有生活困难的时候吗？**

巫　昂：当然。但没有到穷困潦倒的时候。

我至少花了十年，才摸到所谓我的风格的边儿

>**吕露：最近写东西了吗？上次你说试着写短篇，开了很多头。**

巫　昂：嘿，我写了许多年的短篇了。最近也是一直在写短篇，在试验类型文学嫁接给纯文学。

>**吕露：你喜欢看谁的短篇？**

巫　昂：太多了。那就随便说几个：契诃夫，海明威，理查德·耶茨，爱伦坡，塞林格，乔伊斯，安妮·普鲁，村上春树……以及这几年很热的卡佛，我也喜欢。

吕露：我也很喜欢卡佛。写短篇要注意什么？

巫　昂：太多了。短篇在各种文学文体里面，其讲究度，我认为，仅次于诗歌。但我认为，短篇最重要的是语言的魅力，然后才是诸如人物、对话、情节、巧妙的结构这些。

没有魅力的语言，约等于这个短篇作家没有形成自己的风格，也约等于白写。因为通俗文学里头几乎没有短篇，或者很少。短篇几乎是纯文学的代名词了吧。

吕露：你写了多少短篇？什么时候你形成了自己的风格？你是什么风格？

巫　昂：估计足够结成两个集子的量吧，不算多。

哦，我觉得跟写诗一样，我至少花了十年，才摸到所谓我的风格的边儿。

吕露：写作是什么？

巫　昂：本质上创造一种遵循这个形态的规则，但最高级的形态是破掉之前的规则。

哦，还可以这么写，还可以写成这样，但依然很好，这是写作的人最有成就感的事情了吧。

吕露：你怎么看塞林格的写作？还有萨冈。

巫　昂：后者先说，是那个时候的畅销女小说家，我对她兴趣不大。塞林格是一个真正的写作天才，《麦田里的守望者》也许沾了邪典的光，我更从《九故事》里面认识到他的不可替代性。

吕露：《九故事》里你喜欢哪个故事？为什么？

巫　昂：我一直最喜欢第一个故事，逮香蕉鱼的最佳日子。多厉害啊，太厉害了，值得背下来。

吕露：还有超越过他的小说么，你认为？

巫　昂：当然有了，小说没法排行。你只能说，你喜欢谁的，这是很主观的。

吕露：你觉得还有谁的不错？

巫　昂：乔伊斯的《都柏林人》，舍伍德·安德烈的《小城畸人》，安妮·普鲁的《近距离》。都是非常经典的短篇集，卡夫卡的短篇也是厉害极了的。我也喜欢诸如山岛由纪夫这样的作家。

吕露：山岛的阴气感觉太重了。

巫　昂：日本文学就是母的，不是吗？美国文学大多是公的。中国文学，比较痛苦，其实是被净身得不彻底，学新文化又不精细。

吕露：青山七惠你觉得怎样？我觉得不错，《一个人的好天气》和《温柔的叹息》，让我比较意外地喜欢上了她。
中国文学停留在某一个时代，也许是古代。

巫　昂：她比较纤巧吧，跟另外一些日本女作家有些类似，诸如柳里美、向田邦子。
中国文学需要每个作家更认真，更努力，而不是破罐子破摔。

吕露：平时你看中国文学类杂志吗？

巫　昂：完全不看。

写小说却需要绝对平静的生活

吕露：你觉得装逼的作家多吗？

巫　昂：装逼的人本身就很多啊。作家其实不是装逼，而是把力气都费在错误的地方，经常地。我就很诧异，大家都是写东西的，然后聚在一起谈的全是八卦和世故。就好像我有时候很诧异画家们聚在一起谈的全是画价。

吕露：很多人会说，在中国写作"写不出来"是制度问题。

巫　昂：是个人问题。

吕露：我也觉得是个人问题，就像家境不好的孩子可以通过自己的努力考上大学走出大山一样。

巫　昂：1.有想法，没办法，技术活儿不够好。2.本来是个奴才，潜意识已经奴才掉了。所以，作家都得是长着反骨的人，反对一切合情合理，大义凛然，有条有理的东西。不怀疑，不反对，怎么创造，拿什么去创造，那只能风花雪月了吧。

这里的怀疑、反对，不完全只针对诸如政治啦，社会啦，政府啦，还有人，人本身的存在，人活着的方式，人建立起来的所谓道德，所谓规矩，所谓正确。

吕露：你认为自己是一个好作家吗？

巫　昂：是，肯定。我对写作这件事愿意假以时日，持之以恒，不离不弃。

吕露：写作需要天赋才华，还需要什么？依你经验看。

巫　昂：天赋是很多人有而做不好的。所以，光有天赋并不可靠。需要持续不断地学习，看别人怎么写，研究好作品本身，琢磨生活中、想象中得来的素材，想着下一个怎么才能更好，更意外。很费心力，以及我坚信，写诗大概颠簸流离的生活没问题，写小说却需要绝对平静的生活。

找到能够后顾无忧跟不把精力花很多到谋生上，简直是很多作家的死结。出了大名，实际上毒药就是名声，耗费了他们的时间和精力。

吕露：作家需要名声吗？

巫　昂：不知道，没想明白这事儿。比如说当演员，很多人每天都在社交，夜店喝酒厮混什么的。写东西的人，我看简直不可能，心都是乱的。要每天写，基本上就是过着半隐居跟苦行僧一样的生活。

名人很多都是社会活动家，写作这个工作本身呢，又跟社会活动家这种头衔是矛盾的。

吕露：你被困扰过吗？

巫　昂：我的社交少，几乎零。这两年已经绝对不为了见媒体之类的事情进城了。除了新书宣传活动，基本上没有任何社会活动了。

我会去休息，睡觉，次日醒来一切如故

吕露：写作会影响作者本身的生活么？

巫　昂：当然。写作是一种侵入性的工作，它会透到你的骨头里面去，灵魂里面去。所以生活必须适应于这个工作，而不是让它来适应生活。

吕露：你觉得它孤独吗？

巫　昂：孤独只是外在的模样，但在非常深的地方，它是最好的伴侣。

吕露：你有对自己在这方面无法忍受的经历吗？

巫　昂：有的，常常自我怀疑，常常觉得它消失了，离我而去。我觉得只有面对写作，我是全然打开自我，毫无保留，绝对付出的。而现实生活有时候是不公平，甚至是伤害。

吕露：卡佛在《论写作》里写道：曾听见作家乔弗瑞·沃尔夫对一群学写作的学生说："别耍廉价的花招。"这也应该写到三乘五的卡片上。我想稍作改动，变成"别耍花招"，句号。我讨厌花招，不管是拙劣的还是精巧的，只要它们在小说里一露面，我往往避之，唯恐不及。花招终究是乏味的，而我又是一个很容易感到乏味的人。我的问题是，写到厌倦的时候支持不住的时候，你会怎么对付自己？写作真的有那么重要吗？坐在桌前奋笔疾书的，几个月，甚至几年，一生，你觉得写作是现实的吗？

巫　昂：我会去休息，睡觉，次日醒来一切如故。如果有一件事，让你可以一辈子如此孜孜以求，永不泯灭内在的热情，如此坚韧而顽固，你还要什么？现实生活太简单，太单薄，太无趣，太容易对付了，没有难度。但写作有难度。充满挑战，很刺激。你越深入就越望得到自己的浅薄，了解自己的浅薄比一直认为自己深邃要重要。

吕露：你讨厌哪一类写作者？

巫　昂：上面你说的：炫耀技巧，用小聪明。装大师，内在空洞，缺乏耐心，投机跟想要一蹴而就的。

吕露：你在写作初始占过其中几条吗？

巫　昂：除了装大师，我都犯过。年轻的时候，想要赶快写出厉害的东西。后来发现，这是违背事物发展的基本规律的。我认为无论诗歌还是小说，十年是入门期，是学徒期，很正常。

吕露：我们分了4次谈话，距离上次谈话大概是一个月以前了。这一个月你写了什么？

巫　昂：主要是完成了一个短篇，大概一万字出头，也是一本叫作《坚果》的小说的约稿，阿丁主编的。短篇叫作《她那么美》，我尝试了新的写法，算是很顺利，也算是满意。有时候会写点儿诗。

吕露：能简单讲一下《她那么美》的情节吗？

巫　昂：啊，以千计，是我小说里经常的男主人公，他身份多变，在这个短篇里面是个前私家侦探。他在潦倒中去往长沙，无意中认识了一个叫作大牙的姑娘，瞬间爱上了对方。这时，长沙出了凶杀案，他越喜欢对方，了解的案情就越多……总之，无数的情节空白暗示，这姑娘是凶手，她吃人。

吕露：算爱情小说吗？挺超现实的。

巫　昂：算是类型文学与纯文学的混血儿，我想做一些这样的尝试。比爱情硬，比类型文学软，在中间寻找一个黄金分割点，好比大卫·林奇和科恩兄弟的电影。

吕露：上周我在书店买了《世界和其他地方》，有一篇你的翻译温特森的小说。翻译的时候你有什么习惯？会作出别的什么尝试吗？

巫　昂：翻译我做得不熟练，够不上专业，只是出版社和编辑的策划，应约而翻译，我翻得特别慢，所以拖稿了。翻译上，我还远未到达自由，早了去了，只能说是个生手，偶尔客串一下。

吕露：局限性很多？

巫　昂：翻译也是个很专业的事情，翻一点点的人怎么能说得上什么？我都不好意思谈这个。

吕露：英美之外用英语写作的，常常令人感觉他们运用的辞藻太堆砌。

巫　昂：哦，不一定。我读过一个南非作家用英文写作的朋友，很厉害。库切的英语也非常漂亮，简洁准确有力。但后来我想，他的作品还缺点儿味道。好像可能太追求硬度，以及精确了。

吕露：你觉得英文对中国写作者重要吗？很多中国写作者不懂英文。

巫　昂：我觉得懂得英文，至少你可以读一读原著，多一个通道了解外国作家写的东西，不是坏事儿，但也不是充分必要条件。到处都是生活，不要被所谓外国的生活经历、多懂一门外语的虚荣所左右吧。

我知道天高地厚了

吕露：你在意别人对你短篇和诗的意见吗？谁最懂你的作品？

巫　昂：我非常在意沈浩波对我诗歌的看法，以及朵渔。短篇的看法，李红旗说过一句话对我鼓励很大，他说我有个叫作《自卑》的短篇可以作为短篇写作的教材。现在我不信了，但当时对我是莫大的鼓励。在彷徨期，这些朋友对我是非常珍贵的。

吕露：为什么不信？

巫　昂：因为我知道天高地厚了吧。

吕露：你怎么看沈浩波的诗？

巫　昂：他有蓬勃的生命力，他直面他的人生，他比多数诗人都开阔。他的诗，有我的作品所没有的颗粒感，我的诗有时候太光滑，太完整了。

吕露：目前，你自己比较满意哪篇短篇？哪首诗？为什么？

巫　昂：啊，短篇可以列出以下几个：《纽约他无处不在》、《那感觉如此神秘》、《比尔·盖茨的礼物》、《消失在折叠空间的村长君》。

诗比较多了，基本上我微博上曾经总结过的45首，是我比较满意的。

吕露：你一般重视名字吗？

巫　昂：我痴迷于给小说和诗起名儿。简直是起名爱好者。

吕露：看出来了。我现在挺想知道你对伤害、忧郁、崩溃这些词的看法，挺俗气的问题吧？我也这么觉得。我还想知道，写作它有没有伤害过你？

巫　昂：人是一种动物，存在肉体跟脆弱的生命。被伤害，无论是他人，还是生活本身，最次也是时间，是再正常不过的事。忧郁是非常常见的情绪，崩溃是某种形容词，我不相信多数说自己崩溃的人，真的崩溃了。人要触及自己的底线很难，早了去了。多数情况下是在娇惯自己。

写作从未伤害过我，它给了我存在的核心价值，它给了我一个继续活下去的最坚硬的理由。它给予我的，超过我给予它的。

吕露：你想过自己的墓志铭吗？

巫　昂：伍迪·艾伦说的：我不想通过死得以不朽，我想通过不死得以不朽。刻墓志铭就是死了，太悲惨了，死了还讲究个啥呢。

吕露：最后一个问题，请用一句话形容巫昂这个女人。

巫　昂：她有连她自己也未必了解的黑暗角落，她崇拜一切的不确定性。

2012年10月4日

巫昂：诗人，作家。曾在《三联生活周刊》任记者，后辞职，成立自己的工作室。出版有诗集《干脆，我来说》《生活不会限速》，长篇《星期一是礼拜几》，以及随笔集《极品》等。现居北京。

Xiao An

吕露采访小安：
大富贵好，小安没劲。

小安是精神病医院护士，写诗很多年，看她的字不会走神。

每次都后悔

吕露：最近过得怎样？

小 安：和以前差不多，睡觉不太好。

吕露：怎么回事？

小 安：我不清楚，可能身体或者脑袋出麻烦了。

吕露：烦吗？

小 安：有点吧，没有细想。喝酒比较能对付。你呢？开心？

吕露：我不喝酒了。就是跟以前一样。你喝酒后会是另一个样子吧？

小 安：别人说是，乱，乱说。其他的乱，我不清楚，讨厌嘛，可能。每次都后悔，要是有后悔药就好了，谁发明一个。

吕露：你今天做了什么？我也想吃一点后悔药。

小 安：吃饭，上班，与别的护士吹牛。晚上喝酒，抽烟。

吕露：在医院抽烟吗？你跟护士们关系怎样？

小 安：躲着抽吧。都是护士嘛，就是像大家想的那样，护士和护士的关系。上完班走人。

吕露：你喜欢病人吗？

小 安：喜欢病人，不喜欢被人管。病人也是这样认为。

吕露：你觉得自己是病人吗？

小 安：经常。在病人面前也经常这样说自己是。

吕露：你想怎么办？

小 安：不知道怎么办。随便吧。病人没什么了不起。

精神病是治不好的

吕露：什么事情会令你快乐？

小　安：好多。没有人压制我。

吕露：喜欢性吗？

小　安：怎么不喜欢，挺好的。

吕露：你讨厌什么女人吗？

小　安：这个啊，太能干的女人吧。

吕露：什么太能干？

小　安：就是，我也说不清楚，也许是太坏的。一般我不会讨厌女人，觉得女人都可怜吧。

吕露：男人呢？

小　安：那是另外一回事，对于男人，主要是性和依赖。男人什么都不会，或者不懂，那就没有意思。男人要会修理房子里的问题，比如电啊，水啊，做饭也可以。

吕露：你会修什么？

小　安：脑袋？如果只修男人，我真不行。差。

吕露：为什么？

小　安：我也不清楚，直觉吧。

吕露：你最大的缺点是什么？

小　安：懒。

吕露：在精神病医院的时候你最常做的事情是？

小　安：让精神病人吃药。还有，给他们说，精神病是治不好的。

吕露：真的治不好吗？

小　安：是。治不好。

吕露：今天我重看了一部纪录片《流浪北京》，里面一个女画家疯了，进了精神病医院打针吃药，后来出院和一个奥地利人结婚了。

小　安：结婚没问题，生孩子没问题，都没问题，但是多苦啊。吃药。

吕露：抑郁症和精神病有直接关系吗？

小　安：我不喜欢抑郁症，我喜欢躁狂症。

吕露：你有吗？

小　安：没有，有就好了。你呢？

吕露：你觉得我有吗？

小　安：我感觉你没有躁狂症。呵呵。感觉好无聊。你认为你有抑郁症？或者焦虑症？

吕露：我觉得我有时候有，短暂。我脾气不好，非常不好。

小　安：你会骂人和打人吗？哈哈哈。我像个精神病医院的医生了。其实什么都不晓得。

吕露：我会打人骂人。

没事也会突然焦虑

吕露：喜欢吃什么？平时在哪儿吃？你生活规律吗？

小　安：什么都喜欢吃，很无聊，我一般吃伙食团。我去买包烟？

吕露：好。

小　安：回来了，我可以问你？

吕露：当然。

小　安：喜欢什么？

吕露：土豆。

小　安：最喜欢什么？

吕露：写信。

小　安：我买菜，从来不买土豆，还有肥肠。

吕露：我从小就爱吃土豆。我也不喜欢肥肠。

小　安：为什么爱土豆？每次吃火锅，他们都点土豆。

吕露：它是万能的。

小　安：你幸福吗？

吕露：幸福。因为总是有事情可以难过。

小　安：你每天做什么？

吕露：因心情而定。

小　安：其实，你过得好。

吕露：为什么问我问题？

小　安：我不知道，圈套？那你问我？

吕露：你觉得访谈无聊吗？

小　安：没有。

吕露：晚上你在看什么电影？

小　安：《绿色椅子》。

吕露：你现在最需要什么？

小　安：吃饭。

吕露：需要热一点什么吃吃吗？

小　安：不需要，9点以后会想起吃点啥。

吕露：你喜欢在家里哪个地方待着？

小　安：卧室，电脑也在旁边。

吕露：一般晚上会做什么？

小　安：不能确定做什么，有时喝酒，聊天，或者写一点东西。大部分时间睡觉。

吕露：你讨厌自己哪一部分？

小　安：手脚，小腿，还有脑袋。

吕露：为什么？

小　安：不好看嘛。要是有一双修长的腿……

吕露：要是有一双修长的腿会怎样？

小　安：高兴。

吕露：恋爱了吗？

小　安：没有，很麻烦。

吕露：一个人的生活比两个人的生活简单吗？

小　安：当然。至少不用去猜对方高不高兴。

吕露：孤独怎么办？

小　安：不想孤独的事。如果一直孤独，那就不叫孤独了。我认为是焦虑。

吕露：你会常焦虑吗？

小　安：经常。

吕露：为什么事情焦虑？

小　安：觉得什么都做不好。没事也会突然焦虑，也可能是抑郁。应该是情绪问题。

有时半夜都在后悔

吕露：你在写什么短篇小说？

小　安：一个人鉴定自己不需要精神正常。想了一下午。

吕露：一口气写完那个鉴定自己精神的短篇是什么感觉？

小　安：很高兴，能够一次写完。一般我都只写一点点。当然那天下午就想好了。

吕露：你觉得你的写作是什么颜色？为什么？

小　安：这个没想过，写作有颜色吗？

吕露：我不知道。

小　安：如果一定要有，那就大红吧，热烈。

吕露：你有后悔的事情吗？能讲一个吗？

小　　安：太多了，有时半夜都在后悔。比如与人大声说话，比如某天喝醉酒后对男人动手动脚，觉得丢脸，后悔好几天。

吕露：你喜欢谈恋爱吗？

小　　安：喜欢吧，没人不喜欢。那也不是害人的东西。

吕露：小安好还是大富贵好？

小　　安：大富贵好，小安没劲。穷死也不错。

吕露：你讨厌什么样的男的？

小　　安：看那要什么时候或者心境，一般讨厌脏兮兮的男人。

吕露：你的生活无聊吗？你会迷惘吗？

小　　安：经常无聊，迷惘得很就复杂了。

母亲总是那样

吕露：自言自语吗？

小　　安：经常自言自语，多到我怀疑自己是否也精神病。而且是模仿一些情景自问自答。今年特别多。

吕露：你应该买一个录音机，或者你想想该怎么办？

小　　安：突然发生的录音不可能。既然都自言自语了就是发生了，没什么办法解决。

吕露：你是什么状态？在家里？披头散发？

小　　安：你猜对了。

吕露：你会说什么？类似？

小　　安：说："哦，还自言自语？""丑死了。""我不想来。""小声一点。"

吕露：自杀过吗？

小　　安：没有。

> 吕露：想杀人吗？

小　安：不，也不敢。

> 吕露：你最快乐的时光是？

小　安：与孩子和平共处，我们都没有过错的时候。

> 吕露：你和他关系好吗？

小　安：经常互相教训，抓住对方缺点就不放。关系当然好。但双方缺点都太多。

> 吕露：他的缺点是什么？还有你的，你的是什么？

小　安：他的，我也不确定，因为自己不好，总是要求对方完美。主要是我的不好。缺点太多，几乎举不出来一个。母亲总是那样，超脱不了。

杨黎算好人吧

> 吕露：你偷偷哭吗？

小　安：现在不了。

> 吕露：你怎么跟杨黎认识的？

小　安：介绍的。我有一个战友认识杨黎，当时我们搞诗社，圈子就扩大了。杨黎到重庆喝酒。我们也算陪酒吧。

> 吕露：那时你们玩什么？

小　安：喝酒，胡扯。也谈诗，主要是他们谈。然后就醉了。

> 吕露：然后呢？

小　安：突然有一天，不得不说到结婚的事，里面有秘密的，但不能说。杨黎算好人吧。

> 吕露：他影响了你的生活吗？

小　安：当然。世俗和诗的。

吕露：你爱他吗？

小　安：爱的，以前。我一直觉得，婚姻就应该爱，也是占有对方。

吕露：你相信它吗？

小　安：不相信。具体落到自己头上，就糊涂了。又相信。太复杂，没法搞清楚。你试试？

吕露：我不敢。

小　安：最好别试。折磨死人。所谓的背叛，其实就是谁先搞另外一个男人女人。婚姻就这么小气。

吕露：我好喜欢你。

小　安：谢谢，我喜欢听这个。我一直是一个死脑筋的人。

吕露：那怎么办呢？

小　安：听我自己的。实在不行，就假装什么都懂。

死脑筋、自卑

吕露：你喜欢现在年轻的哪些诗人？

小　安：我想一下。我知道你是90后，喜欢乌青、张羞、竖、张三，我不知道他们是几零后，但我确实喜欢他们。也许我孤陋寡闻。我还喜欢一个叫菜小龟的，大概叫这个名字，我也很喜欢。

吕露：你啰唆吗？

小　安：不。喝了酒，很激动。

吕露：你有肚子吗？

小　安：哈哈，我看一下。有。

吕露：跳舞怎么样？

小　安：跳不来。

吕露：你有什么问题要问我的吗？

小　安：你想我问你什么？你会跳舞吗？

吕露：我不会跳舞。

小　安：现在在抽烟？

吕露：我刚抽掉7根烟，要命。你呢？

小　安：抽啊，我说我是死脑筋嘛。

吕露：你觉得于坚、韩东、何小竹、杨黎的诗有什么区别？最喜欢谁的？

小　安：诗人都有区别，我喜欢杨黎的。你喜欢谁的？

吕露：我也喜欢杨黎的，最早，我看的就是他的。

小　安：你除了写诗，还喜欢干嘛？就是和诗差不多的东西。

吕露：画画。

小　安：我曾经在微博上看见过，你很认真在画吗？

吕露：我是认真的。

小　安：我觉得你一直认真地在画一个表情。

吕露：你觉得反复画同一个人物，无聊吗？

小　安：不。有兴趣的东西，都不会无聊。

吕露：你对自己最满意的地方？

小　安：腰。反正穿上衣服，别人也看不见。

吕露：最近一次发脾气是为什么？

小　安：今天下午。我认为儿子出卖了我，现在还生气呢。错在我，因为丢脸。

吕露：你幼稚吗？

小　安：肯定。还无聊。你呢，经常撒娇？

吕露：我撒不来娇。我不喜欢撒娇的东西。

小　安：在朋友面前也不？

吕露：我只会发脾气。

小　安：和我一样蠢。你喜欢什么样的男人？

吕露：对我不好的。你自私吗？

小　安：自私。

吕露：你真笨。

小　安：哈哈，还无聊。

吕露：你老了以后会去养老院吗？

小　安：不知道。也许没到老就没了。

吕露：胡说八道什么。今晚上吃了什么？

小　安：菜汤和酒。哎，吕露，你对我来说也是个谜，你喜欢名利吗？

吕露：喜欢。

小　安：好。你爱什么样的文字？喜欢的作家？

吕露：卡夫卡、塞林格、萨冈、海明威、博尔赫斯、安迪沃霍尔。你喜欢名利吗？

小　安：上面的人我都喜欢，但萨冈没读过。还有一个爱·伦坡。名利也是我喜欢的。

吕露：她是一个很牛逼的傻逼，我非常爱她。你要看。我不喜欢在名利面前拐弯抹角，它也不是一个什么不光彩的事。

小　安：我有一个毛病，不读青春期的东西，臭习惯，因为我自卑。

吕露：谁不自卑呢。

小　安：你不知道，我十几岁时，旁边太多美女，只好退缩。

吕露：但你最天真嘛。她们比不上。

小　安：只好这样了。

2013年3月3日

小安：女，1964年生，"非非主义"代表诗人之一。毕业于军医大学，后转业至地方精神病医院做护士。

其代表作品有《种烟叶的女人》《蜘蛛一》《路上一盏灯》《我们来写诗》《内心世界》《夫妻生活》等。部分作品被收入《中国诗年选》《中国新诗年鉴》《中国最佳诗歌》等诗歌选本。现居成都。

Sun Yisheng

**吕露对话孙一圣：
我是在炫耀我多笨，
我多不容易，我多努力。**

孙一圣是我非常好的朋友。他背很重的书包，书包里全是书。他的卧室墙上全是贴纸，贴纸上是他的小说素材。他会在吃饭的时候抽出书来看，他甚至会在电影院里看书。

刚上高中我就开始灰心

吕露：你高考了几次？今年多大？上学是为了什么？

孙一圣：大概四次或者五次吧，我记不清了。跟别人说的时候，只说4次。因为说出去的时候少一次，总比多笨一次好。今年27吧还是26？这个我记得清，只是算不清。上学是为了上而上，因为别人都上。我爸也要我上，而且我爸让我一次次地去高考，我都没有反抗。因为我不知道能干嘛，要去干嘛，只能听我爸的去上学。后来上学久了就不想不上学，不想毕业，害怕毕业，还是不知道自己能干什么，要去干什么。

吕露：你爸爸想让你考什么学校？他想让你做什么？那会儿你喜欢干什么？

孙一圣：我爸想让我考清华或者北大，当然这也是当时学生家长的普遍愿望。随着我学习的逐渐不济，我爸不得不一点点降低自己的期望，最后说能上个本科就不错，但连这个我也没能让他实现。我爸也没有固定地说要我做什么，他只觉着他儿子考个好学校找个好工作，结婚生子，生活无忧就可以了。那会儿我没有喜欢干的事情，特别是一次次高考的那几年，我只有不喜欢干所有事情。

吕露：后来呢，高考完，发生了什么？

孙一圣：中间有一年，我爸给我办了高考移民，但临考前被退回山东。最后一次高考完我爸算是灰了心，没再坚持，我就上了一个师范专科。其实第一次高考考上的也是一个专科院校。

吕露：你灰了心吗？

孙一圣：灰心？刚上高中我就开始灰心。因为我从高一开始没有过好成绩，尽管我认为我当时是我们班最努力的一个。

吕露：彻底走出学校后的第一个夏天，你在想什么？

孙一圣：记不清了。我只能记得毕业后我和同学去郑州人才市场，投了很多简历，没人要我们。

吕露：你第一份工作是？第二份呢？第三份呢？是否还有第四份？

孙一圣：第一份算是在上海一个五星级酒店实习，做酒店的服务生。那时候月工资600。我记得最清楚的是主要职责就是打扫厕所、刷马桶。

第二份工作是化工厂车间的操作工。每天穿上防化服（防止腐蚀皮肤）在车间里劳作，那时候很累，也没什么想法。因为太累，下了班就是睡觉。

第三份是我爸让我回家，我在家里附近的水泥厂做保安，做了几个月，实在是不想在家里待着。我爸妈非要我待在家里，他们觉着儿子不跑出去最安全。后来我就跟我爸谈判，说我要出去，不管去哪。我爸同意了。

第四份就是我从家里还是回到了郑州。因为我也不知道能去哪，起码郑州有同学，可以相互说话。然后在郑州找了一家农药厂工作，一开始也是车间工。因为大学学的是化学，专业做化学实验，所以后来调到实验室做实验员。但是实验室的条件不好，而且全是化学药品。虽然不再那么累，但是对身体有很大的伤害。

吕露：第五份呢？

孙一圣：第五份就是来北京做编辑了。这里需要感谢三个人，王小山、阿丁和阿乙，如果没有他们，我有可能也不会找到这份工作，同样更有可能不会继续写东西。

我不能随时写，我总是需要准备很长时间

吕露：现在你看之前的工作经历，是什么感觉？

孙一圣：挺好的，有时候会想再回去。因为那时候我没遇到过人的尔虞我诈。满眼都是尘土。

吕露：你跟我说过之前在郑州租了间小屋子写小说一年，借的同学的钱，之后碰到阿丁在网上的招聘信息来的北京。

孙一圣：那是第四份工作和第五份工作之间。我在实验室工作一段时间以后，轻松了一些，有了自己思考的时间。然后自己有时候会胡思乱想，但也不知道要干嘛。只是不满于当时自己的思想状态，就看一些书或者电影。看了书以后，才想到上学的时候我也看过一些文学书，可能自己对这方面会有兴趣，然后就去找一些文学类的书来看。那时候是盲目地去看，还没有自己的喜好。然后就尝试着去写东西。写的时间一长，我就觉着工作成了阻碍（因为我觉着这时候我去学习写作年龄已经很大了，我需要全力地去让自己进步得更快一些），即使它是清闲的。所以就辞了工作，在学校附近租了一间小屋，专门看书去学着写东西。我当时看书是完全信任书的，觉着书上说的都对，凡是作家写的小说都写得没有缺点。都是不能说不好的。后来，随着我练习得多了，我才意识到没有东西是完美的，任何好的或者成熟的小说，都有这样或者那样的缺点。它们之所以流传下来，是因为他们有闪光点。优点和缺点并存，每个作家都是在努力让有限的自己接近于无限，但写出的东西仍然是有限的，即使这是一个无限宽广的有限。

大学毕业后那时候对我帮助最大的同学是陈瑾，每次她下班回家做好饭，都会叫我去她那儿吃饭，当时已经形成了习惯。后来我离开郑州，她也嫁到了石家庄。前段时间她告诉我她生了个儿子，我突然感到了世事变迁。

吕露：那段时间你看了谁的书？前几天，你跟我说在郑州一年写的小说里你只留下了一篇。你怎么看待自己写作这件事？你大部分的写作素材是从哪里来的？

孙一圣：那段时间看了唯一的一个长篇，《百年孤独》。那时候觉着还不错。但后来就不喜欢，甚至是厌恶了。接着我开始看各种短篇。因为精神不能集中，容易走神，看长篇是个煎熬，所以只看短篇。那时候看的有博尔赫斯、卡夫卡的，还有麦克尤恩和卡佛的，但麦和卡佛我很快就抛弃了。觉着他们不能满足我最后的表达。我反复看的是福克纳的小说，到现在我还在看。虽然他的《喧哗与骚动》是长篇，但我会随手翻阅，看到哪里是哪里。我觉着我的写作像是在活着吧，如果现在不让我写了，生命就了无生趣了。写作是为了让我努力挣扎抵消活着的各种侵蚀。大部分的写作素材来自于自身的生活经验和想象力。

吕露：好像你更在乎想象力？你对自己的小说产生"怀疑"么？你容易"走火入魔"么？为什么那么快就抛弃了卡佛？

孙一圣：是好像更在乎想象力。但经验也同样在乎，但这个经验是内心的经验。我会经常怀疑我的小说。我不知道你说的走火入魔是什么样子。但我在写《爸你的名字叫保田》的时候，有人说过我写这个的时候走火入魔了，或者完全可能就是在梦境中完成的。抛弃卡佛，可能因为他过分依赖生活经验这一点让我觉着厌倦了。但很多人意识不到这一点。

吕露：你走火入魔是什么样子？你内心装的东西多吗？有时会觉得自己疯了吗？

孙一圣：我没有走火入魔是的样子，我觉着很正常。内心装的东西不多吧，反而是更多外在的东西影响了内心。自己没有疯的感觉，但会有觉着自己是个气球将要爆炸的感觉。

吕露：将要爆炸的感觉？

孙一圣：差不多就像是气球临近崩溃的边缘，完全控制不住。这就像我们总有些难以承受的肉体疼痛一样。

吕露：有点儿卡夫卡《变形记》的味道。

孙一圣：我没往这方面想。但我不喜欢卡夫卡的这个《变形记》，可能是因为他让人完全变成甲虫让我觉着想象力过头了。我喜欢节制的想象力。

吕露：节制的想象力，从哪儿知道的？你能随时写么？

孙一圣：关于节制的想象力，是我自己喜欢的感觉。节制的想象力也可以说是真实的。这里的真实是小说细节的真实。我们为什么总是忽视神话？因为神话太玄，我们难以解释。我们只当成奇观，不当成真实。

就小说的细节而言，我们会忽略真实，从而使叙事显得虚假。举个例子，我向神灵祈求得到一箱珠宝，然后我凭空得到了一箱珠宝。这是不可能实现的。而怎么样使这样荒诞的事情真实起来呢？我依据得到的这箱珠宝，我生活了很长时间。有一天我出了远门，去任意一个地方，我遇到一个人，这人是谁都行。总之我遇到他了，他向我诉苦。他告诉我说，他遇到过一件奇怪的事情。以前（或者是昨天——这样更能体现时间在空间里的不可序性）他凭空丢失过一箱珠宝。这就是事实。我叫他小说里的事件守恒定律。说是定律夸大了，应该是小说里的事件守恒。这是我从物理学的能量守恒定律偷来的词。

我不能随时写，我总是需要准备很长时间。就像看电影，我准备的时候是从开始到结束，真正写作的时间只有片尾字幕的时间。

想做一个写字无忧的人

吕露：你在酒店刷马桶时以及后来当保安时、做实验员时，那期间感受最多的是什么？你会觉得自己和他们是不一样的么？在你眼中，他们是什么人？

孙一圣：当时我最大的感受是，我要是能有一个办公桌，然后再给我一个电脑就好了。我天天想要找到这样的工作，觉着他们清闲，下了班又能随时看电影的那种。但当我真的这样的时候，我又开始厌恶自己了。我现在才觉着那时才是真实的自己。人总是不安于现状，同时又回忆过往。

我觉着和他们是一样的人。这也是我以自己为耻的一点。但他们是正常的，他们一开始就这样，而我是变成这样的。在我眼中，他们只是我向往的人。

吕露：现在你想过什么样子的生活？你想做一个怎样的人？

孙一圣：有一个房子，一台电脑，无人打扰，写字。想做一个写字无忧的人。

吕露：你讨厌自己什么吗？

孙一圣：拖沓。

吕露：你固执吗？

孙一圣：很固执。

吕露：涉及你私人的情绪问题，你的回答非常短促。

孙一圣：因为我把握不准。说不太准确。

吕露：是你不想说太多，是吗？

孙一圣：是真的不知道说啥。只能找个最接近的词回答。

吕露：你觉得自己是怎样子的男孩？你会不会将自己的性格也安排在小说里，比如？

孙一圣：腼腆，寡言同时又极暴躁。暴躁是被层层掩藏的。暂时还没将自己的性格放进小说里。可能已经很多小说里的人物都有我自己的性格了，只是我没觉察到。

我害怕走在一条歧路上而不自知

吕露：谁喜欢你的小说？

孙一圣：不知道。只有吕露给我反复说喜欢保田。

吕露：我不知道是我疯了，还是真的疯了，我真的太喜欢你的小说了。准确地说，从任何角度来看，你是我心中最耐读最朴实最有意思的写作者之一。很多人都急得跳墙累了半辈子，也不及你的《五叔》最后一句话，而我最清楚你为此而作的努力。

孙一圣：《五叔》本是邀约之作，我没觉着能写好。因为之前从没写过非虚构的，也从来没接过写非虚构的稿子。我觉着这个挺有意思，又不长，就写了。但写的过程中前面一直在寻找感觉，直到最后才写出感觉来，但很明显能看出最后是小说的笔法。所以我觉着我还是比较适合写小说。

吕露：我在写的时候总是精神紧张，总是分心。海明威他经常在白天写，写得很顺的时候便止住。你呢？

孙一圣：我觉着有时候海明威是在骗人的。而且任何作家的访谈都靠不住，他们总忍不住夸大事实。我在回答你的问题的时候，也在不自觉地说谎，没有绝对的真实，只有无限于接近真实。

我说不定什么时间写，不分白天夜晚。但只有能够坐下来，就需要等一阵子才能写。写完，过一天再去反复修改前一天的内容。我是写完了顺利的就停，困难的想办法解决掉再开始写。

吕露：你有什么写作的小习惯？

孙一圣：戴耳机听歌算不算习惯。其他还真想不到有什么习惯。

吕露：纳博科夫喜欢在小纸条上用铅笔写，你信吗？

孙一圣：可能写的是提纲或者闪光点，害怕自己忘记的东西。我也经常这么干。

吕露：你是一个怎样的写作者？

孙一圣：忠于自己的写作者吧。但有很大弊端，容易误入歧途而不自知。

保持清醒是很困难的。从这一点说，我觉着卡夫卡和胡安·鲁尔福是清醒的。卡夫卡写了一辈子，没什么差的。而鲁尔福写了两本薄薄的东西就不再写了。

吕露：卡夫卡和鲁尔福哪点上让你受益匪浅？

孙一圣：卡夫卡的想象和点睛之笔。鲁尔福的比较多，说不上来，无论技巧、节制，还有语言等。所以也很容易被鲁尔福忽悠，沉浸到鲁尔福的小说里再跑出来很难。但必须跑出来，不然没有自己的东西。

吕露：你在乎别人对你作品的看法么？想象力是否贯穿在你的小说里？你为什么写小说？

孙一圣：要看是什么样的看法，我感觉正确的我会非常在乎。但是我同时又非常怀疑自己的正确性，这是一个非常头疼的问题。我害怕我走在一条歧路上而不自知，或者根本没有阳关大道。我们都走在歧路上，而阳关大道都是我们自我麻醉的想象。

想象力并没有贯穿，因为我总觉着我的想象力不够，想一个东西，总有想象力的边界阻碍我，我甚至认为我的想象力是贫瘠的。就像前面说的，我更在乎想象力的真实。

为什么写小说这个事，一开始是无意识的。一开始并不认为自己会写，只是为了让自己更好受一些。到后来越写越多的时候，自己形成了一个对写作的看法，就开始怀疑前辈的写作，在逐渐地怀疑过程中确立自己的写作。

吕露：在这点上你痛苦吗？

孙一圣：痛苦吧，但没有这些更痛苦。只能让痛苦麻痹痛苦。

我和我姐趴在门缝里大哭,哭得很伤心

吕露:你的童年是怎么度过的?

孙一圣:平淡、不安、懦弱和阴影。

吕露:那时你常做什么?

孙一圣:经常跟着大人去田地里,他们干活我坐在路边玩土。但印象最深的还是早晨醒来见不到爸妈。他们下地干活去了,把我和我姐锁在家里。我和我姐趴在门缝里大哭,哭得很伤心,边哭边向往门外的世界。直到大人们回来。

吕露:我小时候去过农村,看同龄小孩跟着爸妈在田地里插秧,戴着草帽,他们的腿上总是有甩不掉的蚂蟥。那会儿等他们干完活,我们就一起去河边钓鱼。噢,我还记得,那会儿的井水,特别凉,大伙儿都提水站在自家门口冲凉。

孙一圣:你那是夏天吧,井水是冬暖夏凉。到了冬天,打出来的井水是温的。

吕露:父母看过你的东西么?

孙一圣:我妈不识字。没看过。只有杂志上的我的照片她能看得懂。我爸看过,但他跟我说他看不懂。

吕露:你身边的小说家,喜欢谁?

孙一圣:阿丁、阿乙。

吕露:喜欢阿丁、阿乙什么?

孙一圣:除了人,就是小说。两个人不一样。看小说,很难有人的小说能刺痛你,阿丁、阿乙的都能刺痛。阿丁是从柔软的地方刺痛,而阿乙则是正面的一下子刺中你。这是最直接的喜欢。

吕露:你的小说有什么特点?

孙一圣:不一样的时间有不一样的特点。本来是想找出特点来,可是到现在没能写出来自己想要的好来。只能一点点来。从一开始的注重结构和实验,到语言的打磨,每一个阶段大概都是不一样的。

吕露：厌恶过自己的小说么？自我怀疑过吗？

孙一圣：经常厌恶经常怀疑。有时候怀疑是一个必经的过程。没有不能怀疑的小说。经过了怀疑，才有可能进步。不可能千篇一律。但这里又有一个矛盾点，就像我之前说的，有时候我们经过怀疑以后，走的另外一条路又不是正确的，这一点就值得商榷。有可能另一条路相对以往来说是相对的正确，也有可能是一条歧路。

吕露：那该怎么办？你每天在想什么？写作改变了你的生活吗？

孙一圣：没什么办法，只能按照歧路继续走。或许阳关大道只是一个幌子，我们都会被虚晃一枪。所谓没有正确的道路，我们都走在错误的小径上，就看你错在哪里。只有错误才能交织，正确只能是平行而已，永无交集。我每天都在想所有人都会想的东西的。男人、女人、吃饭、走路等等，没什么不同。

我不知道写作算不算改变了我的生活。我只能说，写作改变了我的思想。如果没有写作，我正处在精神的荒芜状态，野草遍生。

吕露：你想出名么？

孙一圣：想。就像我想得到一个漂亮的女人一样。但你知道漂亮不可靠，就像出了名同样不可靠一样。

吕露：想出什么名？你喜欢怎样的女人？

孙一圣：因为小说而出名吧。至于女人，其实是这样的，有时候喜欢什么的女人是最不可靠的。比如，我会去喜欢短发恬静的女孩子。但是一旦遇到的即使与你之前渴望的相悖，你也会去喜欢。所以喜欢怎么样的，不是自己想象的，而是遇到什么样的。没人会按照你自己预设的样子去成长。

好的作家说不出好的东西来

吕露：我们聊一些感性的东西。

孙一圣：好。可什么算是感性的呢？

吕露：目前，很多问题，你回答得很好。但和我看过的访谈录里的作家感觉差不多。

孙一圣：这感觉不容易。因为我始终坚信，好的作家说不出好的东西来，我觉着很多作家的采访都是在炫耀自己。他们都是在炫耀自己的才华，炫耀自己如何如何厉害，炫耀自己的苦难，把过去的苦难当现在的谈资，这样就暴露了自己的浅薄。当然我也有这毛病。

吕露：你炫耀么？

孙一圣：炫耀。我不是在炫耀我多聪明。我是在炫耀我多笨，我多不容易，我多努力。

吕露：你多笨？多努力？

孙一圣：比如之前我跟你说的我高考四年没考上。这就是其中的一种形式的。当然我不会跟你说我现在有多努力，我写一篇小说花了多大的精力，花了比别人多了几倍的努力来做。我是在通过我以前的样子来迂回地表达我现在的努力。

吕露：你现在最需要什么？我是指精神需求。

孙一圣：应该是空白吧。因为我这段时间太焦头烂额了。不单单是指生活和工作上。更在小说上，我又觉着我走进了死胡同。我需要解放这个死胡同，我一直在努力，可始终在原地打转。我希望我能停下来，歇一歇，然后再来解决这个问题。这样的连轴转，让我简直难以承受。

吕露：你最近在看谁的书？怎么让自己停下来？

孙一圣：最近没在看什么书，应该是看看书让自己停下来。我还没想好看谁的。想看的可以看的太多了。我又精神不能集中，所以看书对我来说简直比写字还煎熬。前两天倒是重新读了两遍《滕王阁序》。

吕露：重读后得到了"停下来"么？

孙一圣：没有，仅仅是稍有缓解。特别是读到那一句"落霞与孤鹜齐飞，秋水共长天一色"。

吕露：你第一次写的小说是什么样子的？

孙一圣：现在回头想想应该是很矫情的样子吧。

吕露：那你就是在说我的东西也矫情，不过我也承认。

孙一圣：关于你的，有本质的不同。说你的矫情不准确，因为你就是这样的，不是装出来的。而我那时候确实是装出来的。

吕露：想过以后的生活么？

孙一圣：没有。

一切生活琐事都令我恐惧

吕露：你想成为怎样的作家？

孙一圣：福克纳那样的。

吕露：如果你没有因写作出名，也没有写到自己喜欢的小说，怎么办？你走在路上、睡觉构思故事的时候会觉得自己荒谬么？

孙一圣：我会很恐惧。我就只能打铺盖回家跟我爸说，爸，给我找房媳妇，让我结婚吧。

我构思的时候没感觉过荒谬，也没感到过可笑。我思考的时候很严肃。但别人不知道我在思考这些。如果别人能看透我的心思，如走在路上我思考这些，他人会觉着荒谬可笑。但我不是他人，所以不会。

吕露：怎么理解"小镇青年"？说一个你身边的小镇青年在北京的故事。

孙一圣：小镇青年，在我的印象中，就是我表哥那样的。我表哥是70后，但我不知道具体有多大。在他上小学的时候，他会带着我去他们班里跟他们班里的女同学炫耀。那些女同学对我总是一惊一乍。我表哥还经常骑着摩托车，带着我穿过我们的乡镇，去小镇的另一头跟他的女朋友们约会。假借我的年少无知博她们一笑。我身边差不多都是小镇青年在北京，关于他们的故事，我不知道说什么。因为太多，几乎渗透到各行各业。

吕露：搬过几次家？

孙一圣：4次。我恐惧搬家恐惧找房子恐惧跟中介打交道，恐惧交水电费。一切的生活琐事都令我恐惧，我觉着它们像一把钝刀一样会把我一刀刀锯疼。

吕露：我也是厌恶琐碎，我更厌恶自己厌恶琐碎这件事。以前我连干洗衣服、还信用卡都要朋友帮我做。

孙一圣：我厌恶不是这种一个人可以解决的琐事，而是必须跟人打交道的琐事。比如你说的银行卡，还有打电话，不是手机，是座机电话，我留下了后遗症。因为之前我家安装了电话以后，我不知道为什么特恐惧电话。只要电话铃声一响我就恐惧，我知道这个需要接。我是对电话那头的恐惧，因为我不知道是谁，我也不知道他要说什么事情。对于这种未知，我的恐惧会随着电话铃声一点点地增强。不管电话响多长时间，我必定会让我家人去接，我从不主动去接。很多次都是铃声一响，我就跑出去喊我爸或者我妈说，来电话了。为此，他们经常责备我为什么不接电话。

吕露：好在你走过来了。我第一次见你的时候，你还对着我笑。为什么我们都那么讨厌这些那些琐碎的事？

孙一圣：是吗？我忘记了。我见人第一面我经常是笑吧。因为我不知道说什么,也不知道要干什么,只能先笑。

吕露:好在之后,我们成为了不错的朋友。

孙一圣:那是因为你人单纯。我喜欢单纯的人,喜欢跟单纯的人打交道,不然会很累。跟你在一起,不累。

不快乐

吕露:目前,令你最快乐的事是?

孙一圣:写完一个令我满意的小说。可惜满意的没几个。

吕露:你觉得身边写作的朋友快乐么?

孙一圣:不快乐,特别是有自己追求的。先不说他们写得好坏,只说他们追求自己想要的小说。他们全都迫于生活压力和自己的各种精神压力,可以说没一人是快乐的。

吕露:我快乐吗?

孙一圣:不快乐。在我看来你的精神压力大于生活压力。

吕露:我总是特别不现实,比如希望自己清除某种阻碍的感觉,比如希望萨冈还活着,很多很多的精神建筑把脑袋弄坏了。昨晚我打着电话就手脚抽筋,你见过我哭很多次,前面你说过,也许是走入了一条歧路。我相信最后一切都是好的。只要你活着,做你喜欢的,抛掉不是你的,你就会自如地努力。写作也是一样的道理。

孙一圣:能保持你这样的状态是最好的。我们很多人都被现实打败蹂躏。等不到努力到的那一天已经低了头。

吕露:我也在努力地想怎么写自己喜欢的东西,经常跟你讨教些感受,我始终觉得你是那种具有想象力、勤奋、言行一致的写作者,在我身边的同龄中也是最优秀的,没有之一。

孙一圣：你这么说，我是真的羞愧。

吕露：我认为精神是最重要的。

孙一圣：是的。

吕露：说说福克纳是怎样的人。你和他哪点一样？

孙一圣：福克纳啊，我翻阅过他的《喧哗与骚动》《八月之光》《圣殿》《我弥留之际》，还有短篇《献给艾米丽的一朵玫瑰花》《熊》，对他人我不是很熟悉。因为对他的生平和为人不了解，只知道他酗酒，生活困顿，迫于生计给好莱坞写过剧本。2014年我集中阅读了福克纳的几乎所有能找到的短篇和他比较重要的几个长篇，除前面提到的外，还有《去吧，摩西》《不败者》和《押沙龙！押沙龙！》，对他以及写作突然有了醍醐灌顶的体悟，而且我又将这些应用到自己的写作中，感觉收到了良好的效果。前段时间阿乙看到我一个小说的开头，先是夸了一下。到了中午，他又害怕我受影响又谆谆教导我说："在读福克纳后，我也控制不住地进入他的长句写法。甚至不要以前的简洁。这种写法的好处就是撕开了闸口，使过去心中不曾去探照的事物和句子都照到了。相信你也体验到了这种美妙。那种狂喜到现在还有。写到第多少个字应该停下来缓缓，相信你会自动知道，而且文辞间的韵律也会自己出来，不要接受任何批评。"他说的这些，也是我体悟到而说不出来的。他总结得非常好，同时也在帮助我，阿乙是个好作家和好老师。

吕露：你迫于生计看国产电视剧，哈哈。

孙一圣：以后不看了，我辞了职。

2013年7月6日

孙一圣：85后。生于山东菏泽，毕业于某师范学院化学系。做过酒店服务生、水泥厂保安、化工厂操作工和农药厂实验员。现居北京。有小说发于《天南》《上海文学》《青年作家》等杂志。并有多篇小说翻译成英文发表在Words Without Borders、Asymptote等国外杂志，并有作品被英国利兹大学东亚系Book Club作为中国当代文学作品选题讨论。有个别小说侥幸发表，更多的小说躺着。小说《爸你的名字叫保田》已写毕，小说《觅莲者乙丑》正在写。

A Ding

吕露对话阿丁：
我觉得我不算个作家，
就是个写小说的。

阿丁开始画画了，画他喜欢的作家。过去他是医生。

下辈子我要托生为专食腐肉的秃鹫

我要栖息在大厦的顶层

一嗅到死亡的气息

就俯冲而下

——亨利·米勒《性爱之旅》

干别的我可能坐不住，但写东西很能

吕露：之前看一篇文章，如果我没有记错的话，里面说你在写完《无尾狗》之后哭了？

阿　丁：嗯，哭了。

吕露：为什么？

阿　丁：又兴奋又难过呗。兴奋是因为终于知道自己还能写小说，难过是因为尝到写长篇的滋味了，不是人干的事，苦。

吕露：为什么写小说？

阿　丁：跟精满则溢一样，写小说就是调整内心"内分泌"的一种手段。有东西郁结了，就得排泄出来。还有就是，如果不写小说的话，活着的意义就衰减了多一半。

吕露：现在你41岁了，你从什么时候开始写作？偶然写成的？害怕写不了么？

阿　丁：三十三四岁才开始写。那时候还在《新京报》，偶然看到阿乙把自己的小说贴博客了。读完觉得自己也可以写写，就开始了，再没停过。不害怕，只要不傻不死就能写下去，这世上的题材太多，这辈子写不完。

吕露：33岁之前看书么？谁的？听说你喜欢《骑兵军》的作

者巴别尔，还喜欢鲁尔福。

阿　丁：看啊，小时候就爱看书。只是中国书读得比较多，尤喜古典的、历史的。没错，鲁尔福和巴别尔都是我最爱，我众多师父中最重要的两位。

吕露：巴别尔我不太知，鲁尔福只出过两本，一本《燃烧的原野》、一本7万字的《佩德罗巴拉莫》，后来再也没写过。你喜欢他们什么？

阿　丁：这二位的著作都很少。巴别尔目前发现的，也就是两本短篇集，还有一些零散的战地日记。本来他是还有其他书稿的，传说还有一部长篇，但因为被逮捕，克格勃将之焚烧了。他和鲁尔福的著作虽然很少，但给许多作家提供的营养，不亚于托尔斯泰和陀思妥耶夫斯基。两人都具有直指人心的精准，和不可复制的简洁。

吕露：你的小说受到了他们的影响吗？写作时容易分心吗？你一定是情绪化的人。

阿　丁：当然有影响。不容易分心，干别的我可能坐不住，但写东西很能。"你一定是情绪化的人"，这不是提问了，呵呵，是臆断性判断了。不过你说对了，我是很情绪化。

吕露：因为我去了你的新浪博客看了，直觉便是。有没有规定自己每天写多少？写作的小习惯？你会把自己沉浸于故事中而不能自拔么？

阿　丁：没规定，顺其自然。每天写多少字这种规定，对我来说太奢侈了。只有不必为生计担心的人才可以有。没什么习惯，就是抽烟，写完了来瓶啤酒。不会，我只会沉浸在别人的小说里，但没有不能自拔的时候，能拔。

我最讨厌的人就是我自己

吕露：你现在的时间多半在做什么？容易紧张么？

阿　丁：写东西，看电影，想生计问题。容易紧张，我心理素质不佳，但好在自我调整能力还算强。

吕露：什么时候会紧张？

阿　丁：任何感到威胁的时候。

吕露：你觉得自己是一个怎样的人？

阿　丁：说不清。人太复杂，你能用寥寥数语说清自己是怎样的一个人吗？比如有人说，我是个善良人，我是个实诚人，我是个狡猾的人，我是个负责任的人等等，这些其实都是一个面而已，没法涵盖一个人。

吕露：我问别人，阿丁是怎样的人？别人说，丁哥是个好人，对人特别好，直爽，不拐弯抹角。

阿　丁：那也是别人看到我多个侧面中的一个而已。

吕露：你现在满意自己的小说么？你讨厌自己么？

阿　丁：我最讨厌的人就是我自己。不过，一想还有更讨厌的人，也就对自己忍了。满意啊，我的小说比某些欺世盗名的强多了。我就烦那些个说自己最好的作品是下一部的装逼犯，作品就是自己的孩子，哪有父母觍着脸说：自己最满意的孩子是下一个呢，是吧？每个孩子都不可能是完美的，可你总不能说对某个孩子不满意吧，那不成混蛋了嘛。

吕露：写作累，你哪儿累？心？你孤独么？

阿　丁：没觉得有多累。我比较乐观。孤独是肯定的，但我已经越来越适应了。

吕露：你当过医生？难以想象。不过鲁尔福开着车去卖轮胎，也觉情理之中。

阿　丁：当过麻醉科大夫。其实那时候最想干外科，拿手术刀更有快感和成就感。

吕露：看见病人压抑么？

阿　丁：不压抑，没什么感觉。只有某些特殊的病人才会引发触动，你知道的。比如，长得漂亮的病人，可爱的病童，才会。

吕露：麻醉师会跟病人说什么？你说什么？

阿　丁：安慰的话。麻醉师在手术过程中，除了要保证病人无痛、安全、肌肉松弛利于外科医生手术之外，还要在手术过程中兼职心理医生。当然，全麻基本就不存在这个问题了。

吕露：有一次在医院，我被麻醉师麻醉之前他让我数绵羊，数了会儿我就睡着了，全麻。之后他拍醒我，让我睁开眼睛跟他说话。那会儿每天上班的感觉怎样？恋爱了么？

阿　丁：前几年还有些新鲜感和成就感，后来就消失了，没意思。恋爱了啊，工作无趣，精神空虚，不恋爱可怎么活。

吕露：从医生到报社编辑这个跨度挺大的。什么情况？

阿　丁：中间有个过程。先是从医院辞职了，去开诊所，两年。不是为了悬壶济世，我也没那个能力，就是想赚钱。但两年之后就厌倦了，觉得自己整日面对病病歪歪的患者，一点指望都没有。后来做了一段时间的生意，把开诊所赚的钱都赔进去了。再后来彻底无业，绝望了，觉得自己干什么都不成。差点儿顶不住就央求院长让我回去上班了。结果某次去泡网吧，看见有征稿的，就写了一篇，没想到发表了，是《体坛周报》，一篇球评。后来认识了一个在《重庆青年报》做编辑的朋友，交羊华，他约我写体育专栏。写了几期之后，他们老总徐志茂先生就打来电话，问我愿不愿意去《重庆青年报》做编辑。我听到这消息乐疯了。第二天订票，第三天就去重庆了。此后辗转了几家媒体，也就是在这期间，才开始写东西。

吕露：父母当时怎么看你转行？好端端开诊所的钱不赚。做编辑应该也只能管自己？到重庆后开始上班，后来很快厌倦了么？

阿　丁：我爸快气疯了，因为他就是医生。当时他还说了句很悲凉的话，他指着书架上的医学书说，回头等我死了就烧了吧，反正也没人看了。去重庆后倒没厌倦，我对媒体编辑工作很有兴趣，不过干了一年就想家了。所以跳槽到了天津《每日新报》，因为离家近了。

吕露：跟父母关系很紧张过么？后来他们怎么看你？现在呢？

阿　丁：紧张过。他们一度觉得我特不争气，瞎折腾，不听老人言等等。后来好多了，因为我第一本书就献给了他们，老头老太太如今家里来了客人就跟人家嘚瑟。

吕露：他们看明白了你的小说吗？我家人看了我的书说看不懂。

阿　丁：他们说他们能看明白，还劝我说以后别写那么黄。哈哈。

做文学期刊是我最愿意做的事

吕露：你快乐吗？

阿　丁：快乐不快乐交互存在。我努力的主要原因之一就是赚取快乐来冲抵不快乐。

吕露：你很理想主义吗？去年在凤凰卫视一个访谈，你说到亨利·米勒的那段话铸成写《无尾狗》，你总是皱着眉头。当然，在几个职业的转换之后开始做《坚果》，夭折后你在网易博客写了一篇《坚果》早夭的纪念文。

阿　丁：理想主义说不上，但多少有点儿理想。你说要没点理想，还怎么活呢？不过是想让日子有个盼头。

嗯，亨利·米勒那句话是个强刺激，那句话有极强的画面感和穿透力。《无尾狗》就是亨利·米勒的那只秃鹫引来的。

做《坚果》是机缘巧合，《坚果》夭折是那巧合不堪一击。做文学期刊是我最愿意做的事，我相信，它会复活的，但未必还叫《坚果》，也许它会有个更好听的名字。

吕露：你内心强大吗？这是个物质权势的世界，《坚果》夭折后，为什么还要再继续做？

阿　丁：不是太强大，我很容易气馁。不过好在我一贯没心没肺，挺能想得开，会自我排解。

不甘心呗。死得冤，所以就想让它活回来。如果真能让它复活，不指望靠这赚钱，不赔就知足了。因为本来就是因为喜欢才做的。

吕露：你怎么看亨利·米勒的作品？

阿　丁：《南北回归线》都很一般，被高估了。我最喜欢《性爱之旅》，我引的他那句话就出自这本书。亨利·米勒教会了我最重要的一点，就是不羁的写作方式。他的文本对我的意义，就相当于一个沉浸在信手涂鸦的孩子能够告诉你的——随意地涂吧画吧，没有什么东西不可描摹。两个字归纳，就是自由。文学没有高贵与低贱、清洁与污秽之分，人类世界所有的事物，皆可诉诸彼端。他的粉丝之一，雷蒙德·卡佛也说过，琐碎的事都可入书。原话比这个说得精彩，我记不得了。

吕露：你在某个访谈也说过，什么东西都可以用文字来写，文字可以写所有，大意是这个。同样，你说希望自己的文字能够活得长久一点。你的野心很纯粹，也做到了自己想做的事。对年轻写作者，有什么建议？阅读的，写作提醒。

阿　丁：不敢说建议，说点个人感受吧。先别急着动笔，多读书吧。读好书，读经典。跟盖房子一样，把地基夯实了，再考虑上层建筑的问题，克制浮躁和表达欲。前面我说过了，写作是个精满则溢的生理加心理活动，有了存货自然会流淌出来的。当然硬挤也不是不可以，没准能无限接近郭敬明老师。

吕露：那你觉着韩寒怎样？冯唐说的金线，你认同吗？有没有发现好些好作家都是野路子出来的？

阿　丁：韩寒的杂文写得挺好的，这个时代需要他的文字。

文学的金线肯定存在，但每个写作者都会有自己的一条线。郭敬明和冯唐老师的各自认为的金线肯定是不同质地的。

因为文无定法，所以野路子才更能成就作家。写作这种事，毕竟不是操作车床，没有程序可循，否则就是八股了。

吕露：你跟国内哪些小说家接触较多？你们在一块儿聊啥？我喜欢你说的那句话：脏话也是一种话，假话才不是话。

阿　丁：除了阿乙、走走等少数几个朋友，其实接触都不是太多。偶尔聊，也多是分享下最近读的好书，还有就是对某些热点问题的看法。

原话是，脏话是人话一种，假话才不是人话。因为脏话杀不了人，但假话可以。古往今来，死于假话的，比死于枪炮之下的多得多。

吕露：你的小说有些写得就比较隐晦。《你进化得太快了》，开始我没看明白，重看了遍觉着它的反抗力是坚硬的。

阿　丁：其实好多小说都这样，读者没办法穷尽一切，完全参破作者的想法基本是不可能的。所以老祖宗才说，诗无达诂，小说也不例外。隐隐地得到一些东西就可以了。

胡思乱想是我最爱

吕露：你的小说情节都来自哪儿？你会想到某些细节，记下来，等写的时候填补进去？你拼贴吗？

阿　丁：来自脑袋呗。一般不会，大多是写的过程中自然冒出来的，像河道一样，河水到了某处遇到阻碍，自然会选择最方便通过的轨迹。

吕露：写得不顺时，心烦意乱吗？

阿　丁：会啊，烦躁。这种时候我就放弃，去躺一会儿，看会儿书什么的。尽量不去想它，它自己会冒出来的。

吕露：你的书房是怎样的？

阿　丁：没有专门的书房，就是一墙书架。书放不下了，堆得到处都是。

吕露：写东西，你挑时间、地点吗？

阿　丁：地点不挑，在哪都可以。不过时间得挑，必须有大块的时间才写。

吕露：用过几个电脑？写完之前会把稿子给朋友看？

阿　丁：用过3个电脑了，现在是第三个。不会，写完后才让朋友看，然后听他们的意见，批评性意见和赞美，但更听得进去后者。

吕露：耐心怎样？有没有推倒重来过？你觉着自己是一个什么样的作家，想达到什么样的"高度"吗？

阿　丁：写东西上我很有耐心，推倒重来的事不多，但有。我电脑里还存着些写废的东西，但它们不全是废物，有些有可利用价值。我觉得我不算个作家，就是个写小说的吧。因为太喜欢这个，也不会干别的。

我想达到自己死了，但书还有人看的"高度"，你活得肯定比我长，将来你记得帮我验证下，好消息就烧送给我。

吕露：我一定烧给你，你要老了看不得书，我就把《性爱之旅》录下来给你听，我学过播音。另外，在地铁里看陌生人端着书坐那儿看，会多看那几眼吗？你每天看书吗？最近看什么？

阿　丁：在地铁里发现陌生人正在读书，就会心生亲近感，还很好奇，想办法凑过去看看对方读的是什么书。这年头，在地铁里发现个抱着纸质书读的可不容易。小概率事件。

每天都读。现在正在读库切，已读完他的《耶稣的童年》和《铁器时代》，目前正重读他的《耻》。我准备把库切的作品全部读一遍，值得读其全部作品的作家不多，库切是一个。他是我又一位老师，他的乳汁营养富足，够喝一阵子的。

吕露：喜欢什么样的女孩？

阿　丁：话少的，相对安静的。

吕露：你怕老吗？会胡思乱想吗？

阿　丁：怕啊，因为我心理年龄跟不上生理衰老的速度。胡思乱想是我最爱。一个人如果失去了胡思乱想的能力，比失去性功能还可怕。

吕露：在北京多少年了？喜欢哪个地方？

阿　丁：2003年到的，十年了。喜欢我家附近，南城。这里不那么贵族，接地气。适合我这种对生活要求不高的土鳖生存。

阿乙

吕露：你跟阿乙关系怎么这么好？

阿　丁：我俩是一辈子的朋友，能分享痛苦的那种。而且我们能包容对方的缺点。你不知道，其实谁都一身毛病，寻常朋友，或许就疏远了绝交了，但我和阿乙不会。

吕露：你喜欢阿乙什么？

阿　丁：对写作的虔诚，还有哪怕是千人饭局也得抱着本书，虽然睽睽众目我自岿然不动的名士范儿。我就做不到，我特别在意他人的感受，可阿乙不管，你们喝你们的，我看我的。所以阿乙在的场合我绝不看书，虽然包里也随时装着书。一个怪物就行了，俩就有点儿多。

吕露：你们彼此出第一本书的时候，为对方高兴么？出版对你们来说，重要吗？

阿　丁：高兴啊，我还嫉妒他。以为他都出两本了我还一本都出不来。不过杀了他也不解决问题啊，只好默默地写，默默地等。

重要，写字的人有几个不愿意自己的文字被更多人看到呢？毕竟谁都不是卡夫卡。

吕露：你觉着你们出名了吗？

阿 丁：没什么感觉。不想出太大的名，写字的人，还是沉静点儿好。被太多人知道不是什么好事。

吕露：你的书卖得怎样？在意销量吗？

阿 丁：卖得还凑合吧，我容易知足。不大在意销量，不过我在意最好能多赚点儿钱。可这确实不是我该操心的事。

吕露：世面上说纯文学特别不赚钱，你说呢？

阿 丁：好像是吧。肯定不如心灵鸡汤和郭敬明的书好卖。

吕露：女小说家，喜欢读谁的？

阿 丁：弗兰纳里·奥康纳。

吕露：她是不是有一个小说，大概讲的是一个假腿的人被同伴发现假的之后从树上扔下去了？忘记叫什么了？

阿 丁：嗯，《善良的乡下人》，我读过的最残忍的小说。小说里没有任何人死，却让人浑身发冷。

吕露：我还想知道你对萨冈什么感觉？

阿 丁：萨冈我读得不多，挺好的，精灵古怪的才女。

吕露：就你看的女小说家跟男小说家，差距大吗？

阿 丁：还是挺大的。就量上来说，如果让你马上说出十位男性和十位女性文学大师，哪个好说？

原因我说不清，肯定不是才华问题，应该是男性更社会人一些，女性则容易被家庭拖累。

吕露：逃避家庭日常琐碎吗？

阿 丁：这个很复杂，有时候逃避，有时候又离不了，看心情。

吕露：你脾气好吗？摔东西吗？

阿 丁：我脾气不好，性格也不好，摔过东西。我这德行的时候，我最讨厌我自己。

吕露：你总说讨厌自己，那你喜欢自己什么？

阿　丁：哈哈，肯定有自己喜欢的地方，否则早自戕了。比如，我对自己在某些方面的思考能力还算满意，想象力什么的。还有就是这些年多了些韧劲，少了些浮躁。另外，我对自己比较狠，贪玩偷懒的时候我会及时遏止。

吕露：你觉着自己有或有过抑郁症吗？

阿　丁：有过。前几年，现在好些了。不过还好，我的排解渠道比较多元，比如我不良嗜好多，抽烟、喝酒、和知己发发牢骚，骂骂脏话什么的。居然能没恶化，得感激我身上的种种陋习和小恶行。

吕露：什么时候你会感到痛苦？

阿　丁：写作不顺的时候，和特别孤独的时候。

吕露：下一本小说什么时候出来？

阿　丁：预计最快十月底吧。没有意外的话，《大家》杂志会在九月先发。

吕露：阿丁，你为什么叫阿丁？

阿　丁：原来叫阿拉丁。我这辈子唯一的一次从商经历，特灰头土脸的那次，开的小公司就叫阿拉丁工作室，结果赔了个一塌糊涂。后来我就用阿拉丁这个名字，提醒自己别干蠢事了。再后来，因为太卡通，就把"拉"字去掉了，成了阿丁。挺好，笔画简单，尤其签名时很占便宜。有一次慕容雪村恨恨地说，你和阿乙签名太省劲了，哼。

吕露：阿乙为什么叫阿乙？

阿　丁：巧合。

投笔从戎，上阵杀敌，最后马革裹尸

吕露：今天你去参加什么活动去了？据说是聊"我为什么写作"？

阿　丁：嗯，柴春芽的新书的一个主题活动。他刚出版了一本《我故乡的四种死亡方式》，还拍了同名电影。他邀我和阿乙，三个朋友聊了聊，为什么这个时代还要坚持写小说。

吕露：你怎么说？

阿　丁：我说得不多。和跟你此前说的差不多。不写小说活着就意义大减，此外文学有软化人心的作用，一个人心质地僵硬的民族是没指望的民族。以及，在地理意义上的亡国已经不大可能发生的现实下，文化的消亡就等于亡国。最简单最流行的说法是：没文化真可怕。而隶属于文学的小说，就是文化的重要组成部分。

吕露：你认为就目前自己已写完的小说，缺少什么吗？

阿　丁：缺死了也不用遗憾的东西。

吕露：最喜欢自己哪篇小说？

阿　丁：《秦舞阳》《人奶》《你进化得太快了》《上帝是吾师》《低俗小说》《三个贼》，都还算喜欢。《无尾狗》也喜欢，但只喜欢局部。

吕露：每写完一篇，会反复修改吗？

阿　丁：会，至少七八遍。我做编辑多年，深知好稿子是打磨出来的，没有浑然天成这回事。至少对我来说没有，我不是天才。

吕露：修改时会给别人看么？你是实力派？

阿　丁：不会，改完才会。
我也不是实力派，我是野路子派。说好听点，我是文无定法的坚定践行者和拥护者之一。

吕露：不可能一下子写完，写时怎么找感觉？

阿　丁：不用找感觉，不会断，不写的时候我脑子里也在写，在组织，在发酵。

吕露：你还喜欢看电影，好像看过很多电影了。

阿　丁：喜欢。正好这段时间失业，宅家里看了好多。好电影和好小说同样有营养，而且电影本身就源于文字，源于人脑，伟大的电影照样是人类最优秀的精神产物。

吕露：失业是什么感觉？会为生存烦恼吗？以后会写电影？

阿　丁：我没被人开过，都是自己滚蛋的，腻了烦了就走。所以感觉还不算坏，有种解脱感。

会啊，生存不易，尤其是你身上压着负担的时候。

电影有可能碰。但电视剧不写，浪费生命。

吕露：平常穿什么鞋子？

阿　丁：夏天就是人字拖，其他三季高帮马丁靴。

吕露：喜欢什么颜色？

阿　丁：黑、白。

吕露：无法独处时会烦躁吗？

阿　丁：会。尤其是约了一圈人都没空陪你喝酒的时候。这种时候，我战胜烦躁的方式就是，自己下楼去喝，把自己弄得脑子不转了，好回去倒头便睡。

吕露：你抽万宝路。你对未来有什么期待？

阿　丁：我现在抽的是Lucky Strike，万宝路太贵了，我抽烟又多，好彩便宜点儿。

我希望凭借自己的能力和努力，让亲人活得好些，让自己活得从容些，尽可能延长写作生命。

吕露：父母对你有什么担忧么？

阿　丁：有啊。他们的担忧和他们的年龄和年代匹配，无非是退休啊，保障啊什么的。我从来不考虑那么远，到什么阶段就有什么阶段的活法。想太多了等于庸人自扰，还不如把时间用在构思和胡思乱想上呢。

吕露：为什么在北京待着而不是别的什么地方？

阿　丁：这里朋友多，说话的人多。还有就是十年了，习惯了。而且，炼狱有利于人思维上的成长。还有，北京也有她美好的一面，观察各色人等、观察人性的多侧面，没有比北京更适合的地方了。

吕露：用三个词或物品形容自己。

阿　丁：混蛋、自恋加自卑，物品就是衣兜里的皱褶。

吕露：你相信爱情吗？

阿　丁：相信爱，不相信爱情。爱情是生理冲动，短期行为，半衰期极短。爱是永恒，肉体消亡了，爱不会死，不会风化，不会降解。

吕露：看爱情电影哭过吗？

阿　丁：阿　丁：哭过。不过是好多年前的事了。现在只为爱湿眼圈，比如昨天看《疯狂原始人》，眼睛就湿了，润了。

吕露：我看《这个杀手不太冷》哭得厉害，看了很多遍，往后看就没哭了。想问，如果让你回到中国某个朝代，你想回到哪里？

阿　丁：北宋。文人的黄金时代。赵匡胤有承诺并遵守了，不杀上书言事人。

吕露：那会儿你是长发飘飘衣冠楚楚地坐在池塘边吟诗，用毛笔写古文的壮士吧？

阿　丁：我觉得我可能是文武双全的那种，嘿嘿。投笔从戎，上阵杀敌，最后马革裹尸，被后人广为传唱。男人都有个英雄梦，我也不例外。

2013年7月14日

阿丁：1972年12月生人，籍贯河北保定。曾从医，司职麻醉医师。辞职后进入媒体，先后在《重庆青年报》《每日新报》《新京报》工作，任职记者、编辑、主编。国内第一款纯文学APP果仁小说创办人。著有长篇小说《无尾狗》《我要在你坟前跳舞唱歌》，中短篇小说集《寻欢者不知所终》《胎心、异物及其他》，随笔集《软体动物》《心猿》等。

Zou Zou

吕露对话走走：
如果我还写作，我会留在中国。

在和走走做访问时，不自觉停顿了一会儿。

写作和求真,是证明自己存在的唯一途径

吕露: 你现在,穿什么样的衣服?

走　走: 睡衣。舒服的、不好看的。

吕露: 爱收拾屋子么?

走　走: 不喜欢,家里有钟点工。除非心情特别不好,无法做任何事的时候,喜欢扫地和拖地板。

吕露: 心情多变么?

走　走: 不。我在朋友中间是以理性著称的,那个双手交叉的实验,我也是右手拇指在上,是男性思维为主导。

吕露: 不上班时喜欢待在哪儿?

走　走: 家。我尽量把所有需要见友的时间安排在上班的一三五。平时能不出门就不出门。

吕露: 为什么是一三五。你喜欢待在家里的哪个位置?

走　走: 我们单位上班时间是一三五。书桌前。

吕露: 自己做饭?

走　走: 不做饭,钟点工会做。我不想让柴米油盐消耗掉自己读书学习的时间。不管多少人声称生活比写作重要,在我看来,女性作家之所以如此容易被消磨,就是因为耽于生活所带来的惰性。

吕露: 钟点工在你家做事多久了,同她相处怎样?

走　走: 时间很久,3年多,相处很愉快。她是四川人,一儿一女,经常会在工作结束后和我聊她子女的事。

吕露: 你会跟她说你的事么?

走　走: 不会。我一般只倾听。事实上,我自己的私事,我也不太会和自己的朋友讲。

吕露: 你的书桌是什么材质的?现在它上面放着什么?

走　走: 就是最简单的宜家出品,白色长条桌。台灯、笔记本电脑、水杯、空调遥控器、手机。

吕露：你为生活担忧吗？

走　走：我因为对生活、对未来没有任何安全感，所以不会有担忧。我现在想的就是，如何把自己要写的都写完，把要看的书都看完。也因此，我选择不要孩子。不能再让一个生命从0-1-0，其间还经历种种未知。

吕露：你觉着自己离群索居么？写、读书，能满足你现在的需求吗？

走　走：我有很多男性朋友，他们或是写作者，或是对政治民生问题保持高度关注的人。我会和他们聊天。所以我不觉得自己离群索居。对我来说，写作和求真，是证明自己存在的唯一途径。现在在和你聊天的时候，在等你打出问题的时候，我还在看有关丁玲的材料。

吕露：丁玲是谁？

走　走：我的微博基本是我的读书笔记，你也可以从那上面看到我摘录的一些材料。

在社交场合，我不是个很有礼貌的人

吕露：为什么写作？

走　走：一开始是想探求自己；然后是想探寻这个社会；现在是想探知人心，假设自己面临同样处境，自己又会如何选择，为人之底线到底在哪里。

吕露：累不累？

走　走：心累。

吕露：最近在写东西吗？会发表吗？

走　走：《长城》会发关于储安平的《失踪》；《夜歌和白天的歌》，

《江南》杂志编辑给我写了信。我觉得,如果没有读者,我可能也很难撑下来。所以我理解,沈从文当年无法写文章的痛苦。我不在乎出版本身,但是我在乎它被阅读到。所有我的图书编辑都知道,我从来不谈任何要求。但我在乎它形成,被看见。现在每写完一篇新的,先发我那些文友们看,他们的意见我也会听取。这其实是最支持我的一些人。

吕露:你希望读者都是哪些人?

走　走:我希望,至少这个系列,年轻的人都能看到,希望他们会因此产生怀疑、产生求知的好奇,产生对这片土地真相探寻的冲动。一篇文章,能影响到一个人,就是好事。

我是个不称职的佛教徒,因为皈依佛门,首先要放弃的是怀疑。我做不到,但我觉得,写作本身,是我自己的一种修行。

吕露:什么时候开始写作?跟过去相比,你变了吗?

走　走:读高中时就开始写。那时为了虚荣,想和同桌女生竞争,她是有名的才女。大学恋爱不顺时也会写点短篇,最长的写到一万字,拿去投稿《萌芽》,编辑找我谈,建议我给《小说界》,最终没发成。大学毕业后,因为一篇写听摇滚乐的散文发在《上海文学》,机缘巧合被贝塔斯曼的编辑发现,和我签约,写了自己第一个长篇小说。

我觉得自己变了很多,是因为随着关注题材本身的厚重,人也变得严肃。

吕露:我小时候给《萌芽》投稿,未果。你一定男朋友比女朋友多。

走　走:对的。我在乎智识上的交流,目前最好的女性朋友是位图书编辑。即便和我自己的女性作者聊天,我也经常会有失望之感。

吕露:为什么?不太跟女性交往,是不是觉着她们大部分都挺事儿的?

走　走:我不知道"事儿"这词具体指哪些。她们不会提出合理建议,我该再去看哪些方面的书；她们对写作技巧、叙事学等等也没有兴趣研究，即便是专业写作者。

有一次，一个女作者来看我，我约了隔壁杂志的女编辑一起。那位编辑来之前，我还和她稍稍交流了文学本身的问题。那位女编辑一来，她们立刻开始讨论起来，牛排怎么做最好吃。

我的微信群里，我的男性朋友们经常会和我分享一些他们觉得有分量有思考深度的文章，最近建议我看的是黄章晋那篇《失落的母语》；我的微博上也是如此，朋友们@我的，往往是，谁谁谁的哪本书，有着怎样的不同观点。

吕露：你当时的心理活动一定是希望赶紧吃完这顿午餐，还是？

走　走：我希望快点结束。在社交场合，我不是个很有礼貌的人，在我没法马上离开的情况下，我会自顾自看书。我随身带iPad，上面都是我自己要看的书。

从这个角度来看，你也可以认为我是一个非常"功利"的人。

吕露：我不认为这是功利，我喜欢你这样。在上海，或在上海之外，什么社交场合你会去？你的男性朋友都是怎样的人？

走　走：见新的写作者，见与自己谈得来的写作者，和图书有关的一些请我参与的活动等等。

我的男性朋友，基本都是以写作为生或和我一样，身为编辑同时写作的。他们和其他作者不同的是，对这一职业始终存有敬畏之心。一般来说，男性作家到了30来岁，不会再去重复自己习惯的自我叙述题材，他们会为此搜集资料、开拓新的可能性。我的那些朋友，他们对自由、平等等等人权的概念考虑得比较多；喜欢文史哲。也有一些艺术家朋友。

吕露：你怎么看写过几篇小说的女作家最后晃荡在饭局中？

走　走：饭局需要红花点缀吧，她们能刺激绿叶妙语如珠。事实上，就我见过的一些饭局里女作者的表现，我觉得她们除了喝酒、调笑，别无其他。很多讨论，有点想法的话，大多来自她们想取悦的男性。有些故事也告诉我们，江浙一带的年轻女作者，去了北京后被一顿饭局能见识到的各路人马炫得人仰马翻、失去自我。归根结底，我觉得欠缺独立思考能力的人，无论男女，都会很容易迷失。

吕露：我不喜欢出卖自己，靠人上位的女作家。

走走：这种会有，但我觉得是暂时的。因为最终，是所有写下的东西在自己说话。走出来是容易的，但能走多远，却是艰难的。当然，如果根本不在乎自己是否能走下去，这问题也就不是问题了。而对于是问题的那些人，前面所说的那些也不太会发生。

我为我是《收获》编辑而骄傲

吕露：现在中国女性关注这类是否比男性少之又少，就像你最近在写何其芳等人，还有人写他们吗？

走走：就我所知，以我这样用小说方式而不是传记方式处理的，可能不太有吧。我觉得男性的钻研、在材料上下功夫、坐板凳的精神，比女性来得足。

就像我喜欢的沈从文说过的，认定自己要到的去处后，"一定放弃任何抵抗愿望，一直向下沉。不管它是带咸味的海水，还是带苦味的人生，沉到底为止"。

吕露：昨晚在你微博里收藏了这句话。你对自己的写作有什么要求？

走走：不重复，不惯性叙述，敬畏文字本身。其他要求没有，因为那涉及天赋等等。但我提到的那些，是自己可以做到的。

吕露：在《收获》做编辑多久？复旦大学中文系也挺了不起的，似乎一开始你就是这样子的。

走　走：不是。我是复旦外文系的。25岁时我在《收获》长篇专号上发了长篇小说，主编李小林老师指导我改了一年，五稿，觉得我还算有灵气，问我愿不愿意进《收获》工作，条件是此后我没法再在《收获》上发小说。这是我梦寐以求的工作，所以马上从外企辞职。那时是2003年。先在下属的图书公司做编辑，2006年图书公司解体，我进入杂志社做编辑至今。现在每天和文字、书本打交道，我很满意这样的生活。文学性文字会让人的内心柔软，不会因为社会而变得麻木。

吕露：所以你的工作类型并没太大转变。你觉着《收获》是怎样的杂志？

走　走：我赞同我们主编程永新说过的一句话。他说，《收获》是最少世故的纯文学杂志。大体上，它做到了。文学本身是终极评判标准。巴金曾对《收获》有过这样的要求，不刊登广告，不办奖。这让这本杂志保持了更多的独立性。这种气质会影响编辑的视野、选择范围。真心话，我为我是《收获》的一名编辑而骄傲。　它确实具备某种"安那其"精神。

吕露：《收获》和《萌芽》是我很尊重的杂志。给热爱文学的很多人提供了有质量的阅读和发表机会。前不久，我去电台探亲，碰见台长，跟台长说有机会还是要做些读书节目，哪怕一周三次，半个小时。但他说，电台已经过了最好的时代，做读书节目非常难，不可能。

走　走：我倒觉得未必。我每次坐出租车，听司机在听那些野史，就着急，忍不住会告诉他，其实是怎样怎样的。今天听电台的很多人是开车一族，不管他们是司机还是中产，如果能在某些瞬间，听到有知识含金量的内容，我觉得是件好事。

吕露：我心想，如果有一天能让我再回到直播间，只有读书节目能让我回去。

走　走：这个我也喜欢。骨子里，还是有某种启蒙主义在"作祟"……

我基本没走过任何弯路

吕露：你最多一次，一天多少字？

走　走：现在的话就一两千字。刚开始写自己那些成长记忆的时候，可以很快，一天五六千字。

吕露：你和母亲关系怎样？

走　走：挺好的。她比较特别。比如我小时候特别喜欢和我辩论，培养了我某种怀疑任何论调、答案的思考习惯；在花花草草方面的动手能力特别强；既现实又理想主义，比如她支持我从事写作，但又希望我写点风花雪月；对她来说，现金比礼物贴心。

吕露：什么时候决定不生孩子？母亲怎么看待你作出的决定？

走　走：这是我一直的想法。她前几年经常旁敲侧击，拿我舅舅家的孩子的小孩刺激我，比如她怎么去培养小孩背唐诗等等。上次见她，她居然和我说，你现在年龄也大了，要是再生小孩，对你损伤太大，我看你还是去西藏领养一个小孩吧。

吕露：你喜欢一个人的生活吗？

走　走：我喜欢的。大部分时候我都希望自己是一个人。

吕露：跑步吗？坐家里久了，出去运动吗？游泳？

走　走：不太喜欢运动，顶多饭后散散步。

吕露：小时候想着自己长大后做什么？

走　走：做作家。小学一年级我就定下这个目标了。所以我基本没走过任何弯路。5岁我母亲让我背完成语词典，然后我看完意大利童话，那时还不知道是卡尔维诺编的。我喜欢听故事。我母亲以前为了哄我睡觉，给我编她杜撰的几重天故事。今天是一重天，明天是二重天，等等。

吕露：母亲是做什么工作的？那时候那么小，写什么？

走　走：我母亲是女中毕业的，俄罗斯教会学校，喜欢看书，后来阴差阳错做了财务。小时候我要是犯了错，我母亲就要我把事情经过写下来，如果能打动她，就免去体罚。

吕露：写日记么？她偷看过你的日记吗？

走　走：我不写日记，她也不看。小时候就写写作文；初中开始写诗，在报纸杂志上发表散文；高中开始写小说，写在硬皮抄上。

吕露：现在书柜里大概有多少本书？

走　走：不多，就几百本。我看过一遍的书，确定不会再看第二遍的，就送人。我对书不是很有占有欲。

吕露：你的内心容易失控吗？

走　走：不容易。事实上，我不知道失控是什么。你觉得什么状态能称之为失控？就是它的定义到底是什么？我举个例子，有时我坐在出租车上，开在高架上，就想，如果我现在打开车门出去，会怎样；然后，会看到另外一个"我"在看着这个"我"行动，然后我会因此想象司机的反应，想象事情会发展成怎样。有时还会有另一层面的观察，就是现在这个哭着的笑着的我，是真实的吗？那个我，是不是在演戏？如果是演戏，受到了什么东西的影响？电视剧？电影？这样一间隔，要失控就很难了吧。当然它有另外的影响，就是我写作时也不太有这种"失控"，而这种意义的"失控"，很可能会产生出灵光，而我没有。我的文本里，是不允许泥沙俱下的。在写长篇时，其实文本会受到伤害。但这是性格使然。

吕露：事实上，对我来说，失控常常存在。每一个失控的由头都围绕着一个点，很难说得清。我喜欢你刚才说高架桥的那个想象，有时我还在想，失控的写作会是怎样的？

走　走：诗人会比较多见吧。一个长篇小说作者，很难因失控而完成作品的。久而久之，可能就会抑制这种可能性。

我问过一些长篇小说作者，极端的一些，即便每天不间断写下去，仍然会每天都把之前写过的全部看上一遍。也就是说，他们不会因为情绪在那里写作。

除了工作以外，
我不看当代中国作家的文学作品

吕露：你觉着写作者要具备什么？

走　走：对文字敬畏（一个作者寄给编辑的稿子，如果满是错别字，我认为不会走得更远，即便这一篇可发）；有自知之明（这需要建立在广泛阅读而不是只读自己喜欢、知道、手边的那些）；善于学习不同领域知识，因而建立开阔的视野。

吕露：大部分时间，你都是在写吗？快乐吗？

走　走：不是，大部分时间都是在阅读。每周有一半的时间阅读工作关系上的作者来稿；剩下一半时间中的大半，是用来阅读和我写作有关的材料，或者新出版的外国文学作品。写，是建立在资料完善、准备充足基础上的。我不觉得做这些与快乐有关，事实上，是平静。

吕露：这条路上走得顺吗？我知道的好些写作者，一路就换了多个不一样的工作。

走　走：从常理判断而言很顺吧：基本没被退稿过；因为一篇3500字的散文，贝塔斯曼就让我成了签约作家写长篇小说；在《收获》长篇专号上发的是我第二个长篇小说，在笛安也发表长篇小说之前，我是《收获》历史上最年轻的长篇小说作者；然后因此被调进杂志社，10年来，每天都在和文字打交道，保持比较好的"知己知彼"状态，我觉得非常顺。当然，如果从市场判断，从来没有一部作品畅销过，好几本稿子没法出版，可能算不得顺，但我更在意的是我在意的文友的评论。他们觉得不好，没进步，我才会觉得沮丧。

吕露：年长一点的长篇小说会好吗？你认为笛安的小说怎样？

走　走：作为一个编辑，判断的唯一标准是，是否适合我们杂志，适合的就是好的，编辑不是评论家，不负责挑刺，负责的是沙里淘金,肯定适合的那部分,剔掉不够适合的;作为一个读者,除了工作以外,我不看当代中国作家的文学作品。

吕露:你希望自己的小说畅销吗?

走 走:事实上是没想过……因为我自己喜欢的那些作品,都不畅销……要求自己的作品畅销,就有点自相矛盾了。

吕露:当时那3500字散文,贝塔斯曼有没有告诉你他们喜欢这篇文章什么?

走 走:当时是青春文学萌芽之时,前有卫慧棉棉,他们希望我们这4个签约作家能写点不同的青春生活吧。我那篇散文写的是在上海地下酒吧听摇滚、爱上乐队主唱的故事,他们希望把这写成长篇。

吕露:你的青春生活叛逆吗?

走 走:不知道叛逆的定义是什么……何况我们那时的所谓叛逆,也和今天的叛逆不可同日而语吧。16岁恋爱,现在应该算是正常;大学时自己在外面租房子住(那时我们还有舍监要来查房),现在是大流;上班后,每周五晚上坐火车去北京听摇滚,周日再坐夜班车回上海(那时精力旺盛……)。除了吃止疼片,没吸过毒……

吕露:会因为什么事情生自己的气?

走 走:我不太会生气。最近的一次生气,是因为一个自己的毕业论文找人代笔的朋友,却在网上拼命攻击郭敬明,声称不会看这样一个抄袭者的任何作品。然后在整个办公室以一对众,哈哈。

吕露:谁以一对众,你吗?

走 走:嗯。他们年纪都比我大,所以没法接受。没有输赢,我也明白了他们是怎么想的。但有一点,我坚持不能自以为道德上有优越感,就去扔石头的观点,他们是认同的。老一辈,连杨幂饰演的角色接受了《ME》杂志主编随便给她但贵重的礼物都不能接受。他们认为是没家教的表现。这一角度,我倒是从未想到过。

法国文学符合了我的审美趣味

吕露：现在每天你最期待什么时候？

走　走：真的没有。日光之下并无新事，没有期待。如果今天的阅读有惊喜，会格外高兴。

吕露：你先生怎么说你？

走　走：他是法国人，他认为我特别，不像中国女人。

吕露：你们在一起有差异吗？饮食、文化。

走　走：我们不太讨论文学本身，但会讨论很多观点。

他在中国很多年，所以饮食方面没有什么问题；文化上的差异还是很大的，他们因为公开得到的信息比我们多很多，看问题的角度也比我们多维。比如这次我们一起看《林肯传》，他认为，林肯用不正当手段（贿赂方式得到投票）强力推行了废奴法案，本质上没有改变人们头脑中的思想，接下来的几十年，仍然杀戮不断。他认为应该用正当的方式，先从思想上让人们接受，然后才能出台法案。我当时是坚决站在林肯这边的，但他的观点让我有所思考。

吕露：你喜欢他什么？

走　走：喜欢他，就是因为他非常好奇，总想知道更多；从来不拘泥于常见观点。我喜欢能和我讨论、愿意和我讨论的人。从不敷衍，非常认真。

吕露：你们用什么语言交流？

走　走：法语。此外在精神层面上也比较一致，他也是佛教徒。

吕露：我想起来了，你在复旦学的外语是不是法语？

走　走：我本科学习的是日语，后来自己去AF读法语，他是我老师。

吕露：法国作家读得多吗？

走　走：非常多。我第一次开始转型就是因为受到法国新小说的影响。到现在为止，每年的龚古尔奖得奖作品，我都会阅读。

吕露：最初读的谁？

走　走：罗伯·格里耶，然后是菲利普·图森，我比较喜欢艾什诺兹。

吕露：法国文学跟其他国家的文学有什么区别？为什么对此着迷？

走　走：我对语言有比较洁癖的要求。相比而言，苏联文学的译本往往冗长烦琐；日本文学是因为自身语法体系，也会显得比较啰唆（但日本的和歌、俳句，是另一种境界的极简之美）；法国文学语言自身有一种理性的光芒；和法国文学相比，美国文学更在意怎么讲好一个故事，但是向自己内心开掘的力度和维度没有法国文学那么深重，对比美国的艺术电影和法国的艺术电影就能知道区别了。

所以无论是关注人性、动机复杂，还是语言极简之美，法国文学都符合我的审美趣味。

吕露：喜欢法国的电影？

走　走：很喜欢。法国电影和文学的气质是一脉相承的。我记得有一部法国电影《洞》，黑白老片，讲越狱面前自己的选择。最终是什么决定一个人会告密，又是什么让人衡量逃避风险而不是走向自由。

吕露：你会去法国生活么？

走　走：如果我还写作，我会留在中国。否则我会成为我曾经看不起的那些写作者。我想写的东西，是想让在此地生活的中国人，对我们的过去有警醒、求知之心。而这些东西，西方人其实比我们了解得更深、更透彻，离开这里，我写作的意义就不存在了。

2013年7月19日

走走：《收获》杂志编辑。被称为"中间代新女性"先锋特质最突出的作家。擅于心灵叙事，语言诗意化色彩极浓，对人物内心的幽微与诉求的展示异常细腻与丰富。 著有长篇小说《得不到你》（《爱无还》）《房间之内欲望之外》（爱有期）《我快要碎掉了》《怪兽》；中短篇小说集《哀恸有时跳舞有时》《961213与961312》《天黑前》等。

Yu Yishuang

吕露对话于一爽：
我觉得文学是个好东西。

她的小说常用同一个名字，她很会写小说。

我没什么耐心在写作上

吕露：你是从什么时候开始喝酒的？还有，从什么时候开始写字的？

于一爽：2009年喝酒，之前也喝，5岁？我老觉得写小说算写字，因为我没写过诗。写小说是2011年，之前给媒体写过专栏。但，那些什么都不算。

吕露：你觉着朋友们为什么喜欢跟你喝酒？他们觉着你写的东西怎样？

于一爽：我要是个男的，我也喜欢有个女的跟我喝酒，酒桌不是任何女人都能自我表现的地方，这方面我又很听话。我觉得我有天分，一部分，但是我没什么耐心在写作上。我觉得如果朋友感兴趣就是看看，又没有在小说里说谁坏话吧，我容易以自己的生活为主题。

吕露：你的耐心在什么事儿上？我觉着看你微博、新浪博客，喜欢得很，脑子灵，字灵，完全就一个让人看着就爽的姑娘。

于一爽：如果一件事儿让我费出太多精力，我会恨这件事儿，我觉得伤害自尊。所有做不到的事情都默认为不重要，我会。这个弱点有点儿致命。

吕露：但你必须要费出精力，除了恨还会怎样？你觉着自己的理想处理方法是？

于一爽：那就是设定的问题，必然如此的事儿，我有点儿迷信。恨一个人什么样？

吕露：我以前特见不得一个人，老在朋友面儿说人家不是，后来觉着自己特可笑。恨一个人挺难看的，要不然把他给灭了？你呢？

于一爽：我觉得可能是我比较自私，只喜欢自己，没什么人值得恨，也不想别人很深刻地进入自己的生活，我觉得那样会大难临头。

吕露：你跟闺密之间呢？

于一爽：我觉得我和闺密更像男的和男的之间吧，我没有女朋友去聊个化妆品减肥什么的。对，会聊男的。我还是男闺密挺多的，也挺奇怪的。都没想过上床，刚认识的时候可能有过这种机会，到后来就什么都不是了，就成朋友了。我喜欢和他们聊，会给我比较直接的答案，尤其在男女问题上。

吕露：在他们那儿你是什么样儿的？你们都哪儿认识的？你能给他们带来什么？

于一爽：不知道。应该都看我没什么性欲吧，不然不会一直保持这种关系，哈哈哈。朋友或者朋友的朋友，吃饭什么的，没有在虚拟世界认识过什么人。能给他们和我自己带来消磨晚上时光的机会。

如果有一个文学杂志发我小说，我会觉得比挣几万块还满足虚荣心

吕露：大部分时间你都在干嘛？

于一爽：我希望工作只占我4成时间，但现在可能是6成。有冲动的时候会写东西，和朋友见面，要是能不喝酒最好了。还有一部分时间会对自己正在经历的事儿伤感，这样也挺装逼的。另外还有一小部分时间用来控制强迫症，以及焦虑，看书看电影也会，出去走走，重复地看一些东西。我现在一边儿跟你说话就一边儿再看几页洛夫斯基的《蓝》。这和我最近的一些生活场景经历有关，所以在看。另外在读《安娜·卡列尼娜》。我小时候读不下去，我现在觉得好动人，我原来还写过这个微博，每个女人一生都应该出轨一次，最糟的结果也就是卧轨，当然这不

是说我要对我的生活不忠诚，但是我喜欢这样想。而且安娜的结构真的很有意思。小说里，安娜和她的丈夫完全是在两条行线里叙述。

吕露：我只看了安娜的电影没看书。她好像中邪了，我不太敢跟着看进去。这件事发生在现实里，我觉着我可能会疯掉，事情总是这样。你现在的工作内容是？我看过你好些采访，都挺严肃的，你在采访别人之前会做哪些准备？另外，你的强迫症、焦虑是什么？

于一爽：维持一个网站的文化频道的正常运行，主要是策划。采访的话，是因为请不到主持人就自己了，我其实不想采，我很怀疑采访这件事儿本身，人面对镜头就都有掩饰了。我也很多没跟你说实话现在。我会考虑我用什么样的语气和他交流吧，其他的我觉得都不重要都是材料，是不是只有强迫症和焦虑症会让人觉得自己很都市？因为有时候和被采访者在生活中认识，这样就让我很难再从一个记者的角度去看他，没有神话作用之后，很多采访都觉得不值得、没意义。有人说，伴随人一生的情绪就是恐惧，我不知道你怎么理解。我觉得是的。我好怕好多事儿。我觉得焦虑强迫或者其他都和这个有关，希望生活得确定一点，但是现在这种要求确定成了烦恼本身。

吕露：强迫症跟焦虑症的感觉挺让人更接近某种物质，我不知道它是什么。它好像挺酷挺装的。上次吃饭碰见芒克，他说起你采访他跑去找他，他说你平常喝酒没事儿，一采访就严肃得很，他就在那儿大笑。我一直在怀疑采访的表演成分可能就是百分百的，它不是假的也不是真实的。对于恐惧，它确实让人的生活变得非常迅疾。最近我在准备一个一个小时的讲座PPT，想着要面对一群人讲文学就觉着挺可怕的，谁还会去读书？

于一爽：对。因为采访就是我的工作本身，那我就尊重他的风格。我也有很多分歧，比如对采访的理解方面。但是我又不是一个愿意为工作争取的人，那我就可以适应。当着一群人讲文学，是口淫犯吧。哈哈哈哈哈。我会读书，如果有一个文学杂志发我小说，我会觉得比挣几万块还满足虚荣心，是挺傻的。

不习惯别人对我好，
对我好的我全部涌泉相报了

吕露：来说说《云像没有犄角和尾巴瘸了腿的长颈鹿》，这名字怎么回事？

于一爽：这名字是失败一回事儿，我很矛盾。一方面我不跟朋友说这本书，因为我觉得我现在不是这种生活、这种状态，也不会再写这种东西。当时给好几个名字，瞎给的，他要了这个，出版社都说他疯了。但是非要牵强附会的话，也可以这么认为，就是书是写的酒局，其实很不真实。每一天的生活，当时，就像这个书名一样，看不出逻辑等等，而且因为它会让一些人记不住以及不舒服，我觉得也不错。

吕露：这书是零散写的酒局文章攒起来的，还是临时写的？

于一爽：三四年前陆续写的，我基本不会临时写东西，没这个能力。也有出版社找我，说临时写个什么什么，后来就流产了。孤注一掷、破釜沉舟的事儿我都做不了，我觉得逃避生活必须有好几条路。虽然很多道理我也懂，就是有时候一条道走到黑，从成果上来讲是最有效的。但我觉得，可能，不是那种人那就不是那种人了。

吕露：这本书里的人，这些酒局，你觉着最喜欢跟谁一块儿？

于一爽：艾丹。他的饭局比较封闭，就那几个人，也不是搞文学的，都是收藏的什么。我不太喜欢和搞文学的在一块儿，有时候。可能还是他本身我感兴趣，可能是双子座原因。要让我描述，就字太多了，我喜欢双子座，很喜欢。

吕露：你自己组局都会叫谁？

于一爽：几年前叫喝酒的多，我一般就叫一个人，让他们再随便叫。现在就是跟不喝酒的见见，我不组局的时候就自己拿酒之类的。组局挺难的。所以那些能把这事儿干几十年的，我觉得好厉害。有时候弄不好就把互相厌恶的互相睡过的放在一个桌子上了。

吕露：我组局的时候都快累死了，主要是脑子累，特别是介绍对方认识，都不认识，冷了还要跟冷了的人说话。你现在去饭局多吗？

于一爽：是，我就很怕冷场，其实我本来倒也不很喜欢说话。去得不多，很多人知道我要结婚怎么怎么样就不叫了。不叫我我倒踏实了，叫我就给我带来困扰，因为我又不是什么很彻底的人。一般一场就走，原来能三四场，总觉得会有好玩儿的事儿发生。越到最后的话，主要是没有体力，经常觉得很累。

吕露：怕结婚吗？

于一爽：不怕。怕另外一件事儿，但不能告诉你，我有时候想平静地生活，觉得挺好。回家做饭，和男朋友在沙发上看看电视，其实这是特别一般的。但是很多年，我都没有过。我觉得能不能平庸地生活要靠运气吧。当然，平庸没什么不好。害怕平庸才有问题。比如我妹妹，就是结婚生孩子，她没有太多机会遇见别的男人，也就不需要经历选择或者其他。我原来问过一个朋友，他会看星盘，我说你看过那种命特别好的吗？他说没有特别好的，只是有人比较平，既不牛逼，可是也没什么伤心事儿。

吕露：你有崩溃的时候吗？致命弱点？

于一爽：我想起来了，我刚才说的焦虑和强迫，可能主要是我特别喜欢想一件事儿，但是又没有什么出路，因为从任何角度想，这件事儿可能都是成立的，敏感，我觉得不好。我到现在还没想过自杀，这倒是真的，可能是没有这个基因。致命弱点是习惯于取悦别人，总觉得要让别人满意才行，可能是没有安全感。但是女的老拿安全感说事儿，我觉得也很矫情。每次说"你满意吗"的时候，都觉得好心酸，我觉得是天生的，因为也没有非常特别的童年记忆让我必须如此。我还喜欢哭，熟悉我的人都知道。原来狗子说我是"硬撑着"型人格，我觉得说得挺像我的。我不会让别人觉得我不舒服了或者怎么样，但是肯定谁都有这种时刻，我觉得让别人照顾，自尊心受不了，不习惯别人对我好，对我好的我全部涌泉相报了，不信你可以试试。另外还有一个弱点是，我喜欢谈恋爱，非常喜欢谈恋爱。这样是不是太耽误时间了？

吕露：我喜欢你这样，挺好的，我不知道谁跟我说过，反正很多次，好几个人都跟我说："于一爽她特懂事儿，特低调，不露富，做事儿不利用人。"谈恋爱也挺好的，一点都不耽误，倒觉着伤心挺耽误时间的。

于一爽：哈哈哈，谁啊。我可能害怕遭到报应吧。但是也可能是运气好，就是没有经历生存极限，不需要我去利用别人活着怎么样。但那些必然如此的人，我觉得也是合理的。我对别人的道德判断非常低的，做什么我都不吃惊，但我觉得伤感。觉得自己被辜负这种感觉也还不错，但我不喜欢写东西的时候流露这些。我觉得就低级了。但，本质上肯定挺悲观的。

他永远会原谅我

吕露：写东西上你有什么理想吗？

于一爽：我觉得本质上也是对生活颇为严肃的，不然完全没必要写东西，写东西多孤独啊。我觉得要对自己真诚。我有想写的，我就会写。有时候就是写给一个人看的，比如一个我很在乎的人。
你害怕说理想吗？我害怕。有些事挺容易的，但是也挺不容易的，比如每天1000字，你可以吗？

吕露：它很麻烦。理想很麻烦。反正有人问我的时候我没法说。理想一不小心就会变成屁了。我一直都没有上过班，我没法每天写作，但有时一天写一两万，有时最少几百字。你喜欢写微博？

于一爽：我觉得喜欢写东西的人，都有点儿虚荣心吧。微博更证明了这点，也许，但都没有朋友面对面好。要是没有工作，我应该不会关注那么多人。现在关注了500多。没意思。谁喜欢背对背呢？有几个，我没加关注，我自己输入看，就爱那么几个人。

吕露：你脾气好吗？

于一爽：认为我脾气好的，都是不了解我。我觉得我在外面表现出来的，只是社会礼仪的一种吧。好多人也不值得我发脾气，只有男朋友值得。因为知道他永远会原谅我。

吕露：你怎么知道他永远会原谅你？

于一爽：那就是我不应该用永远这个词，除非我真的想激怒他。但现在为止，还没有一件事儿真正值得，真正发生。

吕露：你更愿意过怎样的生活，和谁相爱？

于一爽：我有时候想平静地生活，我现在最需要的就是所有我在乎的人身体好，其实我不在乎的人我也希望身体好，但是好像许愿的话，管不了那么多。但我有时候又觉得，不是所有人都有平静生活的运气，以及越来越难被别人真正理解。有时候我挺羡慕我妹妹的，没谈过太多恋爱，然后就结婚生孩子，工作也很稳定。但是我能过那种生活吗？可能也过不了。我确实觉得，我有过太多的机会以及贵人相助，而且每次我也投入，我也是真的。这种诱惑，总容易让我怀疑一些人和人之间最根本的承诺以及感受，不知道怎么办好，有点儿悲伤。我昨天晚上又看了一遍《廊桥遗梦》，哭得稀里哗啦。我原来看过很多遍不理解，现在越来越理解了，就是无论做出什么选择，都会伤害一个人。我又想对自己真实，按自己的内心生活，觉得人应该克制，这是我现在最大的困惑。当然，不光是爱情，很多地方我都这样理解。

吕露：前天下午，在一个音乐节用大帐篷搭建的书房，我跟几个写东西的人分别在那儿做讲座。我没讲自己的书，一股脑儿在那讲萨冈，还专门花了几个晚上做了一个严肃的PPT。主持人问我萨冈是怎样的在我心里，我一下子说出几个词：孤独、自由、虚无、恐惧、失去、浅薄、迷人、虚荣、精神、难以忍受、疯狂、真诚、完美。我想我们身上都是其中的一些也许是全部。萨冈她在一个访谈里说，想象超越了对人的尊重。想象有一种伟大的美德，没有想象，一切都会失去。我觉着也许就是这样，爱情，还是别的什么生活，都需要靠虚构。平静是虚构出来的。平静太难了，不是吗？怎样可以停止伤害？

于一爽：我也有时候很想学学数理化，是不是对世界的理解就不一样了。你说得是，平静是虚构的。我觉得，我之所以羡慕我妹妹的生活，可能还是我太自私了，别人有的我没有的我就都想要，包括那些傻逼的部分。不能停止伤害，这是设定的问题。为什么会自私，我有时候会想这个问题，我和我男朋友聊过。我觉得他根本不能懂独生子女的那种焦虑，当然这只是其中很少的一部分。本质上来讲，我还是觉得，想尊重自己的生活。因为害怕，所以变成了世界只有自己这么大的一个现实。这样不好。你害怕生活的平庸吗？我原来跟狗子聊过，后来我们又觉得，害怕平庸本身就很可怕，为什么要害怕呢？原来看一个书里写：谁也不爱，哪也不去，啥也不干。

吕露：我害怕平庸的生活，非常害怕。准确上来说，我觉着这

种害怕超越了对失去爱情的害怕。我有想过怎么去找另外的东西去遮蔽、平衡这种想法。但都非常无用。独生子女那种焦虑，你说得对。那种焦虑，我记得三岛由纪夫说过，城市少年首先是从小说和电影里学到如何恋爱的。你之前说到安娜、说到廊桥，说到羡慕表妹平庸的生活，你有没有想过自己是如何真正长大的？

于一爽：我有过很多对失去爱情的害怕，但又想想，直到真正失去的时候我又很坚强、无所谓了。很多事情都这样，真发生的时候我不害怕，还没发生的时候我就怕死了。我觉得最糟糕的感受是犹豫不决，包括感情也是，最糟糕的是反反复复。但事实上生活中又总是如此。去遮蔽去平衡的办法就是喝酒。原来我一个女朋友说，生活太长，光靠一条路逃避远远不够，所以可能还要再找一条路。我觉得都有因果吧。因为我父母对我太好了，所以我没有资格让他们不好。当然这种感觉也没什么不好的，我愿意放弃我可以放弃的，为了让我在乎的人舒服。我觉得长大是突然之间，比如第一次意识到失去亲人，第一次跟男人做爱，第一次吃毓婷的时候，发现你根本不想和这个男人组成一个家庭，第一次面对家里人生病，但是又没有告诉你，然后你会意识到自己是不是在别人看来没有责任和义务，第一次拿年薪，好多好多，都让你觉得无论好的坏的，发生在别人身上的也会发生在自己身上。

吕露：睡觉跟哭比较能暂时遮蔽害怕，发泄挺重要的。不能太忍，否则太难受了。我可能跟你相反，我总是非常自私地为了让自己舒服让别人难受。你跟表妹，跟你爸妈在一块儿，会聊我们今天聊的这些问题么？你觉得女孩子懂点儿文学是不是特别令人难受？你在微博上为什么总是那么无厘头、又道理十足地悲观？

于一爽：你睡得着吗？哭好，但我不喝多不会哭，喝多特别爱哭。不会的，我觉得亲情是派生的吧，尤其兄弟姐妹那种，没什么共同话题。如果我们不是兄弟姐妹，我们也一定不会有机会成为朋友。是不是所有女孩儿在父亲面前都很简单，比如只谈过一次恋爱这种？我觉得文学是个好东西，当然还有很多也都是好东西。我没什么后悔的，我愿意知道这些，虽然可能会变得敏感和焦虑，至少是强化这种敏感和焦虑。如果无厘头是来自周星驰，那其实我觉得他也很悲观，我看《大话西游》是肯定哭的，因为我用手机发微博不喜欢打字。而且我默认为很多人智商和我一样，那我就会省略掉我觉得所有人都会懂的部分。至于那些不悲观的人，靠什么活着？正能量？那我也想，但那些不能给我安慰。

喜剧不能打动我，但悲剧也挺可笑的

吕露：前天跟曹寇在去讲座的车子里，他跟我说你的有趣是骨子里的但别人不是，很多人是故意的后天的有趣，你不是在制造有趣而是在呈现。当我对付害怕的时候能睡着，而且还能做梦。比如有一阵子，我心里非常不舒服，就整天睡觉，真的是整天的睡，我把梦都记下来了，比真实的生活真实太多了，在梦里还能把你从没见过的人都见了个遍。扯远了，继续问你，你能想象最糟糕的生活？

于一爽：哈哈哈，一个处女座这么说太赞了。但我觉得我的有趣需要别人激发，如果在很严肃的场合，我也愿意做一个呆逼。不高兴的时候睡觉比不高兴的时候吃饭好一万倍有没有？我相信一点——这个世界上的梦所有人都做过。最糟糕的生活是承受别人死亡。其实现在也不怎么爱认识人，我很少主动认识什么人，总觉得认识的越多，以后参加的葬礼越多。当然除非他们比我活得长。但是如果我先死的话，就得让别人承受这些，也怪难过的。我还害怕自己变得迟钝，我讨厌智商低的东西。

吕露：你容易感动吗？你觉着北京妞身上有什么毛病？

于一爽：很容易，我觉得我共情能力很强，觉得每个人都是合理的，也容易体会别人的处境。比如说我谈过一些恋爱，可我也从来没有觉得谁是错的，每个人都有离开我和我离开他的理由。但共情能力太好，为别人想得太多，让别人舒服了，自己就很容易不舒服。当然这个和我有时候的自私是一个事情的两个方面。呃，北京的姑娘，我觉得总容易让别人觉得我不需要照顾吧。这让我有时候挫败感很强。不太计较了，感情上也不计较，这样可能不好。

吕露：你觉着自己是一个正常的女孩吗？你觉着自己会过上正常的生活吗？正常又是什么？

于一爽：我觉得本质上我挺弱的。比如月经来得不好，我就会和特别好的女朋友聊，害怕怀孕，不知道怎么面对接下来的生活，然后不敢给别人打电话，害怕做体检，反正就是会害怕很多事情。微博上有人认为我是女汉子，我觉得哈哈哈，但是这么想，真的，算了吧，完全不是。我觉得就是你说的，正常生活是想象出来的吧。我羡慕我周围的一些人，可能是打算喝到死了，我做不到。那你说不正常又是什么？你觉得一个女人会因为感情上的不节制受到惩罚吗？我现在可能越来越体会到：虽然克制不一定能带来快乐，但放纵肯定带不来。我也不是很迷信星座，就是看着玩儿，从这个盘大概可以让你了解我，本身是水瓶，上升是天秤，都是风向，摇摆不定那种。然后月亮是双鱼，就是情感上也很摇摆不定，其他就是天蝎、魔羯、魔羯、天蝎了。

吕露：我上升也是天秤。我觉着不正常是非常文本的，非常孤独痛苦，反正没一个让人舒服的感觉。我喜欢克制的感情，我

就特别保守，爱上一个人绝不罢休，一般人肯定受不了我还要用各种潜台词说我怎么怎么固执、疯狂。我觉着只有固执的感情才是存在的，我喜欢死心塌地的那种感情，不管别人对我是不是这样，至少我是这样。好多人说女作家特难缠，我觉得也是。要我是男的，也绝不会找像我这样的女孩结婚的，最多精神恋爱一下。我喜欢弱的女孩，我也是。我总觉着弱的女孩最后命都挺好的。你喜欢悲剧是吗？

于一爽：我倒是羡慕你这种彻底的人。我从来不强迫任何人，我觉得自尊是我非常宝贵的品质。如果我觉得一个关系要结束了，哪怕是预感到，我也会先提出来，我不喜欢看见不体面的场景发生。我觉得互相不要为难才是对的，但是如果碰见了一个也同样这么认为的男的，那两个人的这种善良可能就是一种懦弱了，我也没想好。你觉得是不是只有忠诚的女孩儿才会命好呢？但有时候只是这么说，事实上总会碰上另外的情景。我觉得喜剧不能打动我，但悲剧也挺可笑的。

吕露：我知道忠诚这个词听上去很假很傻。我觉着忠诚对我来说就是一个石头对着另一个石头，不小心就会把自己给伤了。其实好多事儿都是做给自己看的，自己觉着这么做呢能显出自己特纯情，那样做呢显得特善良，都狗屁，都做给自己看的。我挺喜欢悲剧的。好多次当我一跟残酷现实的生活接触，就特别觉着自己弱不禁风，像我很多次看《工厂女孩》就特别伤心，那么好的女孩自己把自己给毁了，不知道你看了没有？她本来有一个非常完美的未来，但她向安迪·沃霍尔投奔。我觉着能够替别人着想的人挺痛苦的，我身边都是这样的人。但我知道，我看到的和他们说的都不会是一样的。生活本来就很随意、充满着虚构的部分。没有虚构，不会有意思。你挺理智的。

于一爽：是啊，如果不让她这么做她会更痛苦。比起遗憾，我宁愿后悔。但是这两个词之间的差别大吗？我也没想好。只有离开的时候才会不忠诚，对吗？付出可以付出的，承担可以承担的，这样的女人就棒了。

吕露：你还会写小说吗？写小说的时候爽吗？

于一爽：写。只想写这个，我没写过诗。其他给媒体的就已经完全不写了，写的时候会让自己的生活觉得更合理吧，可能我喜欢回忆。我觉得过去的都是好的，未来我倒不是很期待。这么说不是装逼，因为我只能越来越老了。

吕露：你是那种会过日子的姑娘吗？喜欢琐碎的生活吗？比如洗衣服做饭擦地组织家庭聚会之类的？

于一爽：我没什么钱的概念。我觉得我挺能挣钱的，然后花钱呢，有些地方我不在乎，比如出去玩儿住个特好的酒店再喝个特好的咖啡。我不怎么买奢侈品，除了书包，而且我不戴首饰。我觉得你说的这些事儿都特浪费时间，我收拾东西就是扔东西，我除了记在脑子里的，应该记住的，我没留过什么东西。而且看不得东西的包装袋，我买回来任何东西都要拆到最后一层，然后再给放进储物柜。我没让别人来过我家，还得刷碗。不喜欢琐碎的，看见有的女的弄十字绣，我想的是，疯了吧。我原来认识一个人，他有好几个屋子，一个屋子脏了就去另外一个屋子住，然后他都用纸内裤，从来不洗，他也是个名人，特别有才华，就是没有女人，所以自己可能也不想在这种事情上用心了。

吕露：不喜欢什么类型的姑娘？

于一爽：不相信爱情的。我觉得那样都会比较苦。

2013年10月30日

于一爽：1984年出生，媒体人、作家。出版有《云像没有犄角和尾巴瘸了腿的长颈鹿》《一切坚固的都烟消云散》等。

Sun Zhizheng

吕露对话孙智正：
写作是让人害羞的事情。

他把生活的方方面面，变成小说。

它让我几乎没有觉得空虚的时候

吕露：你做过最疯狂的有关写作的事儿是什么？

孙智正：想了一下，好像没什么疯狂的事，可能我本身就不是一个疯狂的人。

吕露：为什么写作？你喜欢它？

孙智正：我想过这个问题，以前要写"创作谈"的时候我考虑过。简单地说应该是两方面原因，一是已经变成习惯了，二是为了通过写作获得名利。其实写作是让人挺害羞的事情，老马在做《青少年》时，把我很早前些的《写作让人害羞》找出来，印在了《青少年》的背后，我觉得挺好的。

吕露：那现在呢？得失了什么？

孙智正：现在我更加离不开了，更加习惯了，而且除了它我简直找不出其他更好的适合我的途径了。得到的是写作和阅读的快乐。我想如果不写作的话，快乐没这么强烈，而且它让我几乎没有觉得空虚的时候。失去的应该是，我没有其他时间去做其他事情了，也没有机会发展其他能力了，还有我失去了一些朋友，当然也得到了很多写作上的非常优秀的朋友。

吕露：你觉得你得到了名利了吗？在你这儿，名利会让你产生什么感觉？写作令你有更接近"精神"吗？

孙智正：利是几乎没有，名我觉得在写作圈里差不多了，基本满足了我的要求，我喜欢的写作者基本上也都知道或喜欢我了。应该是那种很满足的感觉。没有，我觉得我本身就是"精神"病，做其他事，我也还是这样。

我有时看我小时候认识的亲戚或熟人，比如我几个叔叔和我哥哥，我觉得他们的精神气质，完全不适合去上班，做一个非常普通的社会上的人。有些高中同学也是这样，他们本身天生就是更"精神"的，不过他们现在显得没病了。

吕露：你失去了什么朋友？因为写作失去？精神令你痛苦吗？

孙智正：我只是觉得非常虚无。从理论上我不太能接受人最终是要死的这么件事。你有没有觉得很荒诞，每一代人每一个人都重新来过，然后他最终是要死的，你都不知道他为什么要来活一遍。所以我希望人都要永生下去。

不能因为说就是单单因为写作失去了，而是你会让人觉得你这个人不成熟，不可依靠。

我挺高兴的，但还是有点失落

吕露：你想过怎样完美地死掉吗？孤独吗？有一个朋友接受杂志采访，记者问他对我有什么期待，他说，希望我更孤独一点。其实我明白他的意思。你觉得孤独的写作美妙吗？

孙智正：我不喜欢孤独，我觉得孤独地写作一点也不美妙。为什么要孤独呢？还是不要孤独了吧。我觉得写作是需要"交流"的，写和写之间，写和看之间。不要有痛苦地死掉，因为痛很痛苦。不会经常，每天我都觉得忙不过来。只是想到最终要死掉的时候，我有那种虚无感袭来，或者被虚无的认识笼罩着。但还是要活得开心点啊，最好幽默点。不过我一直有那种不需要出来见人的期待。

吕露：为什么希望有不需要出来见人的期待？你经常在微博上贴你写的小说，目前为止你计算了你写了多少字？你觉得自己酷吗？

孙智正：可能本质上我是个宅男，我从小见人会很紧张，克服了很多年，现在大家说我好点儿了。刚才我算了一下，《青少年》42万，《句群》大概有50万，《南方》27万，还有中短篇集《杀手》

有十五六万，这样大概有100万。我觉得我想法上超级酷，但在待人接物方面，我不是一个酷人，哈哈。我有个朋友说，希望我以后穿得酷一点，把想法从表面上表现出来。

吕露：那你怎么回复朋友这句的？《青少年》是你第一本正式出版物？编辑找上门来的还是你去找的编辑？他喜欢《青少年》什么？

孙智正：我说好啊。但是经常要去买衣服，比较麻烦，要和服务员接触，也有点麻烦。

是的，《青少年》是我主动问能不能出，我知道他很喜欢这个小说，他说怎么夸也不为过，我忘记了。大概是说很喜欢《青少年》很平静、流水账的写法，无论从哪一页看起都无所谓。

吕露：但是你可以不用跟服务员讲话，你只需拿你看上的东西结账走人就是。我觉得外表也是挺好玩儿的，必须酷才行，要更酷一点。有时候，你想，比如你喜欢一个作者的小说，再去网络上查看他的网页发现他就是那种酷酷的样子，就会觉着自己真聪明。我经常这样。《青少年》写了几年？你担心销量吗？为什么封面是你的大头照？

孙智正：我先去变得更瘦点。写了一年，销量，反正卖不动的吧，他们也知道。不知道，希望是他们觉得我比较帅吧，哈哈。

吕露：《青少年》、《句群》和《南方》有什么区别？什么时候你会意识到你写完了一篇小说？

孙智正：区别就是字数不一样。就是写完的时候。

吕露：名字呢？

孙智正：噢对，名字也是不一样的。

吕露：你喜欢短的名字，随便起的？

孙智正：我不喜欢太长的名字，也不喜欢特别的名字，更加不喜欢题目是一句话之类的。不过别人这么干的时候，我觉得也干得挺好的，在我自己小说上，我不喜欢这么干。两三个字的，名词，现成的，这样的最好了。

吕露：你在微博上说还有一本书刚刚签下合同，让我猜猜，是《句群》？

孙智正：《句群》和《南方》都签了。说是明年年初都会出来。

吕露：同一家出版商？后面两本是编辑提出来的吧？你高兴吗？

孙智正：另外两家出版商。是的。我挺高兴的，但还是有点失落，我知道这也改变不了什么，不能让我变成土豪。我看见作家富豪榜我就生气，这么点钱怎么就富豪了，怎么我还上不了。这些人写得太差了，哪天我写得差一点，可能也就上了。

吕露：怎么不早一点出版？

孙智正：我也想问他们啊，怎么现在才找我。我刚开始写东西的时候，跟一个大学女同学说，那时我们有点要谈恋爱的意思。我说等我十年，我就可以出书了。在浙江小有名气，我真的等了十年。我对自己写东西有信心，不需要十年。但我觉得我这个人得熬十年才会有这种机会，真是苦命。我现在也很想发财，这样就不用上班了，不过我估计也要至少等十年。

每个人都有很好的理由让自己发疯

吕露：现在上的什么班？

孙智正：一个杂志社，要坐班。

吕露：你也可以悄悄写。

孙智正：有时会，不自在。总的来说，杂志社对我还是很宽容，知道我在干什么，也没有明里指责之类的。

吕露：有人说作家的命运很飘渺，这是屁话吗？

孙智正：我觉得主要是人的性格。作家只是一种职业和爱好，有些人无论去做什么,他的命都会很飘渺。有时你看网上的奇闻怪谈,你会发现,每个人都很崩溃,写东西搞文艺的人,他时时都在表露他的崩溃。那些人可能就一下子表露他的崩溃,那就真是崩溃了,杀人啊杀全家,强奸母牛啊之类的。比如有些人你眼看着真的很成熟,然后他因为打牌会跟人很认真打架,你简直觉得不可思议。有时路上看见两辆车撞了,这两个人居然打起来了,我有时觉得不可思议,某种原因是因为平时他们都很压抑。

吕露:你要是有钱了,会干嘛?把孩子送出去念书?住个大房子?安心写作?

孙智正:就不用卖时间了,就可以安排我自己的时间。

吕露:你有想过为什么他们写那么烂还能上榜吗?

孙智正:就是因为烂所以能卖得好。一般的人他又没有鉴赏力的,廉价的东西卖得最好。书商也是故意做烂书为了能卖。

吕露:说说你喜欢的作家们。

孙智正:太多。

吕露:选择性说。

孙智正:李白、罗伯·格里耶、图森、艾什诺兹、兰陵笑笑生、韩庆邦、苏轼、汪曾祺、杨黎、乌青,废话壶说诗江湖垃圾派的诗人们,还有贝克特、西蒙,还有我特别喜欢高中两个同学写的练笔,当时走路的时候都看。

吕露:你有喜欢看的女作家吗?

孙智正:斯泰因、萧红、杜拉斯,还有写《天象仪》的那个女的。

吕露:说说你喜欢杜拉斯的原因。

孙智正:有天赋,写得不错,对写作的理解和感觉都对,写得比较个性,又畅销,也懂得怎么活,活得还不错。

吕露:写作的时间固定吗?还是有时间就写?

孙智正:没有固定的时间,有想写的东西了,就找个时间写。

吕露：你经常悲观吗？

孙智正：很少，我可能是个虚无但乐观的人。

吕露：你有觉得自己脑子有问题过吗？

孙智正：没有，智力正常。我不喜欢神经病，也不喜欢自以为神经病，也不认为神经有问题能帮助写作之类的。

吕露：为什么？

孙智正：因为神经病就是神经病，什么事情也做不了，除了发神经之外。

吕露：你认为一些作家疯了、自杀，或者去疗养院，是神经病吗？

孙智正：这个不好说。每个人都有很好的理由让自己发疯，一个成年人居然可以不发疯，其实倒是挺疯狂的事情。

吕露：经常克制自己吗？

孙智正：有人发疯了，对我来说不是贬义的事情，我也不会去笑或说一个人，啊，他发疯了，但我不希望自己发疯。我下意识地不希望自己让别人尴尬。

吕露：从来没有发过疯是吗？

孙智正：你说的发疯指啥？

吕露：精神崩溃。

孙智正：没有。我就算喝醉的时候，就算吐了也知道自己在干什么，我听说有人会喝得失忆，我倒有点好奇那是什么状态，没有记忆，那应该是彻底放松的时候。

吕露：听上去，挺好的。我很羡慕你的状态。非常好。你对自己有什么难以忍受的地方吗？

孙智正：我希望自己八面玲珑长袖善舞一点，什么样的人都能对付得来。

永恒的作家

吕露：你现在的写作是你满意的吗？

孙智正：等到过段时间回过头来看，才能确定现在到底写得怎么样。就像小时候写字，过段时间回过头来看，就像陌生人写的，才能更清楚地发现优劣。

大学毕业之后有一年写得很多，有十几二十万字，字数实际上不是太多，但花了不少时间，那时就是闷头瞎写。现在回头看，全是废品。

吕露：你想成为怎样的作家？

孙智正：永恒的作家。

吕露：你希望自己的作品能有固定的出版编辑么？当别人问你《青少年》的最打动人的地方是哪儿，你会说什么？

孙智正：希望有一个最能接受和理解我的编辑。我觉得现在《青少年》的编辑差不多就是，希望和出版方的出版气质相投，可以尽力宣传。好难用一句话概括，你看了吗？你觉得是？

吕露：当然看了，我觉得像电视剧，看了会觉得很难过，为什么？我不知道。写它们的时候有想过它们会出版吗？你认为中国的读者能理解《青少年》吗？

孙智正：今天另外有个朋友采访我，我也说《青少年》是未来的电视剧。可能像一个朋友说的，《青少年》是对时间的哀悯。我相信一定是可以出版的（所以我不是一个悲观的人），我相信可以理解，有的可以理解成这是青春小说，自己也写作的读者就更能理解了，只不过需要有很好的渠道让更多的能接受的人知道有《青少年》。或者用宣传压服他们，你想连杜拉斯、米兰·昆德拉的都能卖，他们的是真正难读。但你只要告诉买书的人一个理由，他们就会买。当然这说的是他们买不买，不是理不理解的问题了。

吕露：出版成全了《青少年》真正的面世，它并没有改变你的生活现状，你还是很高兴对吗？有没有想过放弃写作？今天我在看菲茨杰拉德的《崩溃》，随后了解了一下他的生平，44岁就死掉了，一生为钱和太太的精神失常所困。还有耶茨，到60岁还在为钱发愁。你觉得使作家健康活下去并能自由写作的关键点是？如果没有钱，那怎么更好活下去？

孙智正：高兴就只有一瞬间，就是知道要出版的时候，马上就会失落。因为知道它不会改变我的现状，不会让我变成土豪，可能等收到稿费的时候还会高兴一下。偶尔冒出过这个念头，可是已经不太可能了，因为我已经陷得这么深，我已经很习惯写东西本身带来的快感了。还有我还能去做其他事情么，做其他事情获得不了这么多赞了。

我相信再过十年，我就不用为钱发愁了（啊，如果再过十年还要发愁，我在这里这么说了，很丢脸的）。清醒地认识自己，能做到什么，做不到什么。如果没有钱，那就少花点儿、不委屈自己的情况下多挣一点，多想想比自己穷的人。哈哈，这样可以更好地活下去。

吕露：你的写作内容来自于哪儿？你相信经验吗？

孙智正：基本来自我个人的经历和语言的经验。我不喜欢写想象的东西或别人那里听来的故事，觉得那个跟我自己无关。我何苦来着，去打牌不是更好吗，为什么要坐到电脑前面这么辛苦打字，手指头都会磨出茧来的。除非以后我写电影剧本，可能会写虚构的、黑帮的、科幻的、犯罪的内容，这也会很快乐。

吕露：你会跟朋友们交流写作上的事儿吗？

孙智正：其实我最喜欢就是跟朋友说写作上的事了，其他我也不知道聊什么。不过大部分时候都在瞎聊，我也不太喜欢老说自己的观点，因为我总表现得很希望别人接受，然后有时口头表达不清楚，也会让我苦闷。

吕露：经常跟你聊的是谁？在看一些传记的时候，我特别羡慕一些作家能够经常通信交流自己看了什么书自己的想法等等，也非常有做欣赏作读书笔记习惯的作家。

孙智正：没有经常聊写作的朋友。平时一起玩得多的就是小平。平时就看写作的朋友发的微信微博的只言片语。我觉得最好还是写东西的朋友在一起玩，但不用专门讨论写作，那样有点奇怪。读书笔记小时候老师教我们做过，还说毛泽东就是这么干的。不过我觉得读书笔记太辛苦了，真的记下来又不会去看的，还是把时间用来去看别的吧。没有一个作家值得那么深究啊，大概知道他的玩法就差不多了，下回看到他有新东西就再看一看。其实在最初的阅读中，已经感受得差不多了。

如果我没有结婚，我的写作内容里就没有结婚

吕露：目前为止，做过几个职业？

孙智正：杂志编辑，网站编辑，网站编辑，杂志编辑。啊，这么说来是不是只有一个职业，就是换了三四份工。然后我三四年时间没上班待在家里，这应该算第二份职业。

吕露：在家干嘛？那三四年怎么过的？

孙智正：就是看看东西上上网写写东西，经常出去和朋友们吃饭，吃来吃去就那么几个人。那些年一下子胖了很多，幸好我底子薄，还不能算是胖子。也试过想靠写稿子生活之类的，发现不适应，写不想写的稿子不开心，不会主动去找，也试过两三次电视剧，也没弄下来。我想试着上班一样写稿子，两套系统，A系统写稿子，B系统写想写的，结果A系统极度萎缩，B系统占用了脑盘太多资源。

吕露：三四年一晃就过了，那时候会不会觉得是在浪费时间？你什么时候结婚的？

孙智正：没有觉得。只是有时觉得人会萎靡，不用洗头不用注意穿着，每次早上起来非常艰巨地完成刷牙洗脸的工作。但现在又很想过那样的日子了，毕竟所有的时间都是自己的。2010年结婚的。

吕露：你老婆高兴你写东西吗？

孙智正：她抱着无可无不可的态度。

吕露：结婚跟写作之间有什么影响吗？它们互相影响了对方吗？

孙智正：是那种无意识的影响吧，就像你每段生活对你的影响，就像你去上幼儿园了、上小学了、上大学了、工作了的那种影响，没有特别的地方。可以肯定的是，如果我没有结婚，我的写作内容里就没有结婚，结婚提供了"内容"。

吕露：你会否定自己的作品吗？

孙智正：会。开始写的东西基本上否定了，现在否定的越来越少，不如把肯定留给下面要写的东西。

吕露：在写作上你有没有死角，就是你没有能力写的？你会觉着自己的眼光窄吗？

孙智正：会有很多的，比如历史题材的、科幻的我写不了，政治小说我也写不了，等等。不会，我非常悦纳万物，如果窄，那就是经历和精力所限。

吕露：你生活中跟写作中的你是一样的吗？

孙智正：基本一致，我这个人不分裂。

对我来说，语言和真实更重要

吕露：你想象力丰富吗？

孙智正：应该还不错，只是我反对想象力。

吕露：为什么？

孙智正：因为所有人所谓的想象力都太贫乏了，很廉价也没什么意思，使劲去复制"生活"就可以了，语言本身这么单调机械，去复制真实已经那么吃力了。还有想象力，谁都有一大把，其实很没意思。你有没有觉得？比如每个人做梦的时候很有想象力，但看别人写下来的梦都很没意思。因为它是"假"的，不真实的，浮飘的，没有逻辑的，想怎么来就怎么来的。我们要做的是很努力地很清醒地去做工匠一般的活儿，像工匠一样地做一个"艺术家"，不是像"小资""文青""疯子""神经病"一样地做一个艺术家。真实比想象力更有想象力。

吕露：我保持中立的态度。但提出一个问题：卡夫卡《变形记》、塞林格《麦田守望者》、纳博科夫《洛丽塔》、菲茨杰拉德《了不起的盖茨比》等等，他们可都是通过大部分想象写的。

孙智正：那是他们的写法。而且我是不是可以说，依赖想象力的写法是属于以前时代的写法，或者还在强调想象力的说法，是属于上个时代的。对我来说，语言和真实更重要，我个人也会觉得，文学也应该进化到这一步了。说点别的，比如你没有发现前端科学，先不说那些还没证实的理论，就说已经证实了的，也是靠一个虚幻的头脑想象不出来的。我更赞赏通过一步步链锁般的坚实的工作，得到一个非常飞扬的结论，有点像用铁链放风筝。

吕露：打个比方问你：如果一个人每天都待在屋子里，不见人、不上网、不看书、不出门，他怎么写作？如果是你，你会写什么？

孙智正：如果他明白的话，其实可以有无穷无尽的东西可以写、比如他的窗户，他每天吃饭的碗，睡的床，枕头，窗户的阳台，每天看到的天气，底下树林的变化，云，地板，家里的小动物，隔壁的响动，快递人员，物业来敲门，其实我也确实想写一个《密室》，整个《密室》里就只有我一个人。

吕露：你感到过恐惧吗？

孙智正：看恐怖片的时候感到过恐惧。

吕露：你热爱现实，对吗？你习惯观察？

孙智正：不会刻意观察，无意中留下的印象已经很多很多了。比如乔伊斯发现一天里的事情可以写一百万，其实一个小时里的事也足够写一百万。如果加上脑子里的感触和记忆，那就更多了。奇怪的是，在他之前难道就没人发现吗？所以他让写作更"真实"了。

2014年2月15日

孙智正：男，1980年出生，浙江嵊州市人，被称为"写作领域的发明家"，有长篇《青少年》《南方》，小长篇《我们去干点什么吧》等，新文体作品《句群》，小说集《杀手》等（用文字复制一生，写的所有的文字组成一本叫《一万页》的书），电影《杀手》《90分钟》等。

Cao Kou

吕露对话曹寇:
写作不应该是职业。

和曹寇第一次见是在2013年广州,当时一起参加一个讲座,他把要说的话写在纸上念完的,没再多一句纸外的话。

我妈叫我"毛弟"

吕露：你怎么叫曹寇？

曹寇：最初网名，后来就当笔名用了。我现在不喜欢自己这个名字，因为太有"意义"了。

吕露：什么意义？

曹寇：它脱胎于"草寇"，也很容易让人联想到草寇，似乎我在蓄意对抗什么。我的真名叫赵昌西，挺好的名字搁置没用，也算可惜。

吕露：你妈叫你什么？还有谁叫你除了曹寇这个名字？

曹寇：我妈叫我"毛弟"，以我哥哥姐姐的口吻叫我。亲戚叫我"西子"或"阿西"，名字里一个字。

吕露：他们知道你干嘛的吗？怎么看你做的事？

曹寇：知道。本来不理解，认为我不好好工作，不积极向上。现在看我出了几本书，也有稿费，能活命，就不说什么了。

吕露：在中国，大部分写作者都无法依靠稿费生活。什么时候开始意识到你会以此为生？它对你来说，最根本的是什么？

曹寇：2000年后吧。比较之下，我更喜欢写东西，觉得暂且适合。我不喜欢工作，不爱跟人打交道。

吕露：什么时候开始意识到你会以此为生？它对你来说，最根本的是什么？

曹寇：我能靠稿费勉强糊口，是因为我不以作家来自我对待，凡是我能写并愿意写的约稿，我都写。也就是说，我并不是只写小说。另外就是幸运吧，起码有人找我约稿。

我认识许多作家确实挺讲究的，这个不写，那个不能写。一副为文学而献身的架势。我做不到。

吕露：跟你约稿的编辑中让你印象深刻的是谁？他怎么跟你约的？

曹　寇：木子美就跟我约过一次稿。她出书，叫我帮写个书评，我挺喜欢她说话的方式，所以答应了，写了。但报纸一直没发，她比我急，要以个人名义给我稿费。我觉得她人挺靠谱的。当然我没要她稿费，《南方都市报》后来发了，就行了。

吕露：你之前认识她？

曹　寇：不认识。不过网络刚出现那会儿，她写博客我看过，觉得不错。遗情书，翻过，精彩。微博了后，互粉了下，觉得她是个不错的女人。

吕露：你怎么看网友对她的评价？

曹　寇：主要还是集中在世俗观念上吧，也就是主流什么的，没什么劲。

我现在觉得写得好已经不那么重要了

吕露：写小说是在写专栏之后吗？你更擅长写杂文？

曹　寇：我是先写小说，后来有人叫我写专栏，没什么要求，就写了。

吕露：你第一次写完小说给谁看？你无法忍受自己在写作中出现什么情况？

曹　寇：给自己看啊。后来给朋友看。不能忍受没有乐趣，硬写不行。对我来说，小说是获得快感的一个途径。

吕露：在你眼里，写小说的人需要具备什么？

曹　寇：我想就是愿意写吧。不仅仅是想和想写。

吕露：你情绪不稳定的时候会写东西吗？每次开始写，你的习惯是？比如有人习惯站着写，有人必须清晨开始写。

曹　寇：情绪不稳，写不了。我都是坐着写，但时间不定。

吕露：你与过去的你相比，有什么改变？你愿意改变的部分和不愿意改变的部分？

曹　寇：年纪大了，有些想法确实发生了变化。比如我现在觉得写得好已经不那么重要了。就是对写作的认识发生了一些变化。

吕露：什么重要？

曹　寇：重要的是延续热情和表达欲。这么说，基于写作本身也会让人产生厌倦。

吕露：你厌倦过吗？

曹　寇：经常性的。

吕露：如果你长时间不写，或写不出，会不会焦虑，慌？为什么会感到厌倦？

曹　寇：我写作频率还是挺高的，十来年没多大变化。我不为这个焦虑和慌神。感到厌倦在于这件事经常会让我想到一个问题，那就是我到底这是要干什么，或者说，写作的目的到底是什么？成名成家？精神空虚或者过分饱满？真善美？等等。

吕露：你问过别的人这个问题么？你是怎么想的？

曹　寇：也问过。但普遍没人能说明白，或者是别人的看法不能作用于我，或者我对别人的看法不太满意。

年轻和才华没关系

吕露：《躺下去会舒服一点》《喜欢死了》《有没办法都一样》《干我们这行是有前途的》……你的短篇小说的名字很舒服，听上去。你觉得你的小说让你看到了什么？

曹　寇：从语言角度来看，我推崇口语（对比于古汉语、翻译体和知识分子语言）。我大概是希望通过题目来确定这一语言上的选择，第一视觉上需要如此。

吕露：有人说你文如其人，年轻，富有才华。你觉着自己是不

是如此，或者还有别的？写作的天赋与好品位以及生活经验缺一不可吗？

曹寇：年轻和才华没关系。我不敢说自己有才华，因为我不太信任"才华"一词。写作确实需要一点才华，但它不是起决定作用的东西。我更欣赏见识和趣味。天赋和经验确实很重要，但经验不是我读万卷书行万里路那种，经验在于一个人的感受力。感受力强大旺盛的人，即便他是个卧床的残疾人，照样可以磅礴丰富。

吕露：在《生活片》里看见你提到诸多生活遭遇，其中写到小平那租来的都是垃圾的房子，以及楼下女孩。你不止一次写到小平。你和朋友在一起时除写作、女人之外，还会聊什么？

曹寇：小平属于我生活中的朋友，我们成为朋友不是因为写作，而是我们互相关注对方的生活。凡是跟世俗生活有关的一切，都是我和朋友们热衷于谈论的话题。不过，也很奇怪，我们很少提及我们精神层面的问题，大家都不爱谈那些。也就是说，我们的话题都可以落实，而不趋向于玄虚之论。

吕露：你在生活方面有哪些不足，逃避琐事么？生活与写作的你，是统一还是分裂？于我，统一与否并不影响什么，但分裂确切会影响。

曹寇：我基本过上了相对安逸的生活。如果有什么不足，那是欲壑难填使然。就我个人来看，我和自己的写作也没有太大隔阂，因为我只写自己熟悉的事物。也许分裂也未必是坏事。

我在做人这方面非常困惑

吕露：2013年，你做过什么有意思的事儿（参与）？在网上

看见你参加了一个纪录片的评委工作。

曹　寇：那是受CIFF邀请，看了一些参评的短片。我选了《酥油灯》为最佳，这个片子后来确实获奖了，而且听说在台湾金马也获奖了。这事也谈不上有趣。我并非行业中人，没有什么能力和见识，唯恐干了自己力所不能及的事。如果说2013年我干得最有意思的事，那就是我搬了一次家，装修了一次房子。

吕露：你对自己的居所满意吗？你常待在哪里？

曹　寇：凑合住。我当然希望自己能搬到故宫里住哦。如果没有外出的邀请，我长期待南京。如果没有必须参加的酒局和活动，我天天在家里待着。

吕露：有没有令你自己难以忍受的事？

曹　寇：当然有。我不能忍受别人对我造成的污染。比如生活中的强行介入，借各种名义的关心和骚扰。

吕露：初与你接触，觉着你极其随和得体，为别人着想。

曹　寇：无论对待喜与不喜，我基本上都能保持随和。事实上这不是什么好事，说明我在随和的同时也具备了世故圆滑和猥琐的品质。得体真谈不上，我觉得得体是一个理想境界。这么说吧，我做人还不行。另外啊，我在做人这方面非常困惑，不知道应该做一个什么样的人。

吕露：但是什么都挂在脸上也不好，我经常为此事让别人很不好受，很多都是没有必要的。你那不叫圆滑，叫尊重别人。你会不会维持一些必须要维持但又真心不喜欢的应酬关系？为什么反复说自己不会做人？比如？

曹　寇：对，会那样。有些人际我早已深恶痛绝，但仍然长期保持着。我觉得这不是身不由己能解释的。我现在理解为人与人的关系不仅仅是臭味相投，相敌相厌也可能会让关系持续下去。

我说我不会做人，是因为我做的许多事都伤害了自己，让自己长期处于痛苦之中。几乎我每次跟女人相处都最终如此。

我对女的不太了解。虽然我年纪也不小了，跟一些女人也交往过，但我真的不知道她们总是和我为什么那么不一致。

吕露：你在痛苦中希望得到什么？一致什么？

曹寇：我希望自己尽量不伤害别人，但这不可能做到。我为自己做不到，伤害了别人同时也伤害了自己感到痛苦。

一致的说法也不准确，而是和谐吧。我没法跟人和谐。

吕露：你认为有必须要维持的关系吗？

曹寇：当然，你必须维持和家人的关系，这本身就够难够痛苦的了。而且我们难道真的能否认每个人都有利益圈这个事实吗？家庭就是一种利益同盟。至于社会交际，那更加明显和赤裸。

吕露：无法一致的问题在于哪方面？你希望女人变成什么样子才能与你达成一致？

曹寇：我刚才说了，一致这个说法不准确，准确点说叫和谐。所谓和谐，我理想的状态是保持各自独立性的同时，也能通过在一起感到愉悦和快乐。没有一个人是为另一个人量身定做的。

吕露：你跟自己的关系怎样？

曹寇：很糟。我每天都在恶心自己。我推崇理智，强调自省。所以我觉得人活着，每天都充满了罪恶。

吕露：你情绪化吗？

曹寇：不。我讨厌情绪化和歇斯底里，恶心性情中人。

吕露：什么时候你会与自己非常和谐？

曹寇：哈哈，难啊。不和谐与和谐都是命运。有的人就挺和谐的。这可能不是努力就能达到的。

最紧张的是写作

吕露：因为写作的关系，你去过哪几个国家？

曹寇：就去过一趟德国。

吕露：待过一个月，我知道，前些天在微博上看到了一些消息。那一个月，你在哪个位置，做什么，发生了什么事？

曹寇：主要在哥廷根大学，也到过柏林和其他一些城市。去是应歌德学院的邀请，估计相当于访问学者（作家）。也没什么事，两个活动，其他时间都自己的。因为语言不通，以及性格原因，我大多时候都待在屋子里。每天去一趟超市，买两瓶葡萄酒，站阳台上看看德国的蓝天白云、闻闻鸟语花香什么的，酒喝完睡觉。

吕露：你还想再去吗？再去，还会这么过？

曹寇：想啊，那里环境好，酒便宜，可以当一名合格的高质量酒鬼。当然，我不是酒鬼，只是没事干。如果再去，我打算还这么过，我挺享受自己和自己相处的时光。在中国，自己和自己相处，不太容易，也做不地道。

吕露：为什么？

曹寇：可能是因为我从自己和自己相处这种行为中得到过好处吧。十多年前，我曾在乡下待过几年，看了不少书，胡思乱想过不少问题。他人就是地狱啊，我烦透了每天都有人在身边转来转去的日子。

吕露：写东西的时候你会如何防止别人干扰你？

曹寇：关上房门。没别的办法。

吕露：你会不会烦扰别人？

曹寇：我觉得自己不会，如果我意识到自己烦扰了别人，我会感到羞愧。

吕露：现在你最紧张的事是？你经常焦虑的事儿除了无法独处这件之外还有？对你来说现在最重要的是什么？

曹　寇：最紧张的是写作，我不满意自己所写的，但我必须写，靠此为生。它最重要，也最让我紧张。

吕露：如何使自己快乐？

曹　寇：尽量把活干完，然后到路上晃荡，看看别人，尤其是看看美女，这让我觉得挺高兴的。喝酒喝得好，也行。喝得好包括喝到了位，在座的人聊得欢。

吕露：最近有在写小说么？有没有出版计划？

曹　寇：在写个稍微长点的，过年停了，还没续上。过去两年出书太多，今年暂且不打算出了。

吕露：你有没有对自己失望过？

曹　寇：太多了。

吕露：人会不断地对自己失望，旧的去，新的来，对吗？

曹　寇：可能是这样。不过我觉得有一点是一致的，那就是性格或什么方面的弱点，它可能是自我失望的一大根源。

吕露：你会觉得自己有病么？例如躁郁症、抑郁症。

曹　寇：抑郁是常态啊。忧虑，焦虑等等。但我不觉得是"病"，我觉得正常人都应该这样。

吕露：写作时会感到抑郁吗？

曹　寇：那倒不会，写作，尤其是写顺了，是一件很快乐的事。

吕露：你都会提前做哪些准备？

曹　寇：没有准备，就是先想吧，想想写什么，怎么写。没有那种可见的准备行动。

吕露：你想成为大作家吗？

曹　寇：应该是想的。就是想写一部不逊色于我读过的好东西的东西。

吕露：你觉得什么是傻的？

曹　寇：矫情做作，炫耀，发泄，机械模仿，总而言之没有自己的东西都是傻的。我现在不说傻，也不说傻逼，是蠢，蠢货。比如说为人处世，不自然，不安静，叨逼叨，谄媚，表演，都蠢。表态欲望也很傻。一出个什么事，纷纷跑出来说自己看法，这些人太蠢笨了。

吕露：我们第一次见的时候，你不觉得我也很做作不安静么？

曹寇：你还好，你毕竟青春少年。我说的不是要表现苦逼形象，人应该活跃点，要享受时光。

吕露：最近你在做什么？

曹寇：最近忙点家事，家庭内部的事和自己工作的事。我可能今年会去上班。

吕露：去哪儿上班？

曹寇：可能会去一家文学杂志社当编辑。

吕露：学校教书呢？还是在南京上班还是去别地？

曹寇：早就不当教师了。我不喜欢当教师，中学大学都干过，无聊透顶。还是在南京。去工作也仅仅是因为我想有份收入，免得靠稿费吃饭。这几年一直靠稿费吃饭，有点累。这跟我对写作的看法有关，我觉得写作不应该是职业，它只能是爱好，成为你生活的一部分。完全沉溺于写作中，这事不太有说服力。

2014年3月16日

曹寇：1977年生。出版有小说集《越来越》《屋顶长的一棵树》《躺下去会舒服点》，长篇小说《十七年表》，随笔集《生活片》。现在南京。

A Yi

吕露对话阿乙：
我正在努力将写作变成
一件享受的事情。

曾一个晚上看完阿乙的《寡人》，没法不喜欢那个固执的年轻人的心事。

住院时看见的都是地狱里的人

吕露: 这个访谈,你拒绝了我很多次,很久。现在终于肯答应了。我想知道你是怎么想的。

阿　乙:我最近状况有点不好。嗜睡。不愿意做事。

吕露: 你每天都有在看书,前些天你说要再重新开始写日记,为什么?你第一次有意识地为自己写日记是什么时候,像记流水账那样?

阿　乙:还没开始写呢,只是一时兴起。读了陆灏的《听水读抄》,他多是在研究民国或清代出生的文人的日记,从中发掘一些事情。那时候文人都记日记。日记的好处是你以为无事时,其实有事。我想记录就是想把自己的一些想法和东西逼出来,放在日记里,以后写作会有用。我平时的要么记录在手机里,要么记录在笔记本里,还有书里,很乱。

吕露: 现在你已经不上班了,是不是有很多时间独处。我记得你在一通采访里说,自己每天要在上班这件事上花8到10小时,只能周末写作。现在,你感觉怎样?

阿　乙:现在感觉也很焦躁。人总是喜欢归罪别人,或者外部环境。自己处理不好事情,老是发牢骚。楚尘跟我讲过,专门写作未必是好事,可能写着写着就不写了,还举例了。我倒未必。但我还是希望有大把的时间,慢工出细活。我等得起自己。以前上班我等不太起自己。我本来想出院后找个工作,现在发现还有得吃的,就先不出去了。

吕露: 楚尘近两次见我,都会抽出两句话的时间跟我说,除了写作之外再找点别的事去做,最后又补充一句要对自己狠一点,要运动,早睡早起。他可能已经做到了。你除了在家待着,还去哪里?最近你有写吗?

阿　乙:我很少出门。最近都在修改长篇小说,长篇写断了,然后从头修改，等于是再过一遍。楚尘的身体多好啊，是90岁的命。长篇名字暂时叫《宏阳》，光是名字就起了一大堆，最长的叫《女人应该为丈夫和猪做好饭》，这是一句斯洛伐克人的诗。

吕露：听阿丁说你，住院期间看完了《史记》；听一圣说，你对加缪、卡夫卡的喜爱。又看了你在别处访谈，你说："你看，我有了一点钱，拿了不少的奖，在很多活动里都能碰到我，但是我失败了。这半年我除开写了一个作品的一半（大概4万字），什么也没干。"住院之后你看的那些书，让你意识到什么？

阿 乙：住院，就是看完中华书局那套9卷本的《史记》。住了五个月的院，好像，有如坐监。住院时看见的都是地狱里的人。因为是在呼吸内科住院，所以能听见各种咳嗽。人就像一只咳嗽的箱子，整日地咳。走廊上走着提引流管的病人。但是我现在已经差不多忘记那段炼狱的经历。因为吃药，我最近老是健忘，就是按时吃药的副作用。包括《史记》，现在也忘记得差不多。

吕露：你害不害怕死亡？邻床死了两个，那期间有没有哭？

阿 乙：我当然害怕。我有点抑郁就是因为怕死。有段时间，走到半路，老是走不动，颤巍巍的，出现濒死感，老觉得地面从自己脚下裂开、飘走了。世界上没一个人能救自己。而且老觉得自己一路走来，何以艰难至此。对过往的经历感到害怕。吃了药就好很多。邻床的死亡，不会让我哭，我只是觉得愕然。前几天还坐在床上用iPad下棋的人，过几天就插呼吸机，死了，然后隔天床就空了。死亡好像是诸种存在（打牌、下棋、QQ、跳舞、看电影）里不重要的一种形式。但是具体到我自己身上，我怕死了。我就是瞎紧张。

写作要远离自己

吕露：长篇写断了，修改，起很多书名，写东西这事儿有没有直接影响了你的情绪、阅读？当你觉得自己"快不行"的时候怎么弄？

阿　乙：嗯，很影响心情。如果一路顺着写完了，出这么多事情，让自己都很羞耻，一个人连自己的写作都胜任不了，对外还显得很可怜很悲壮的样子。我之所以没有放弃这部长篇，是因为我对它有信心。我知道自己最大限度能创造出什么来，这个可能是我的最大限度。长篇我只写这一部。以后只写中短篇。

吕露：你觉得现在自己变了么？前阵子你看别人转发你2010年一篇访谈，你也转发了一遍，你说那时候感觉自己很自信。写作是搏斗吗？要不要有意让自己处于紧张、危险的境地？

阿　乙：现在变得谨慎多了。年龄和勇气是呈反比的。现在写作会专注于防守，对字句的要求更多，修改的次数也更多。写得越久，就越能意识到自己的不足和缺陷。包括小时候不认真背唐诗、不好好识字的弱点也暴露出来。我整个奋起是在26岁后，从那时才开始发奋读书，读小说。之前都白白浪费了。我的词汇量占有很少的，现在看到词汇，自己不太懂就去查什么意思。写作就是要让自己准确。另外，写作也是殖民的过程，就是往外写，写作要远离自己，驾起船，离开自己的卧房。

吕露：　你跟你小说里的人差不多么？挣扎、挣扎。

阿　乙：小说里的人物，很多有我的影子。我喜欢琢磨事情，我把琢磨的都写进去。我总是将自己当成失败者，爱情上的，事业上的。人都这样。其实我未必很失败。只是一个人和自己坐久了，就老觉得自己失败。但我总是处在悬崖的边缘。我不甘于沉沦，才走脱的。

吕露：26岁之前你在做警察，那时候会想着往后的改变吗？

阿 乙：想过做作家，但那种想法只是做梦的时候过瘾。做梦时我还想当歌星之类的。觉得不可能实现才做梦。26岁之前最大的愿望是出门做一名报社的员工。我觉得那就是最大的理想了。最终在有当体育编辑的机会时，我就辞掉警职，去了。我从小就爱看体育新闻。有很长时间，我都认为作家是天上的职业，是为莎士比亚托尔斯泰司汤达他们而留的。现在我把作家的标准拉低了。

吕露：拉低了？

阿 乙：对啊，如果陀思妥耶夫斯基是作家，我也是作家，我不就是把作家的标准拉低了吗？

吕露：问个蠢问题，现在活着的作家，你觉得谁没有拉低作家的标准。说一个就好了。

阿 乙：余华。但《第七天》和《兄弟》，拉低了余华。

吕露：这两部是后期的，有人谈论他才尽或别的什么。你会不会为自己担心，走退步，若是别人谈你的才尽，你会如何？

阿 乙：我觉得自己有下降，一定是健康带来的。比如老年痴呆、健忘这些。未来可能遭遇这些灾难。我保持摄入的状态不错。摄入就是保持自己的新陈代谢。不摄入的话，我估计自己很快会枯萎吧。摄入，既是我的兴趣，也是使命，还是强迫症。我出门带书，就是强迫症。不带心里会很难受。

吕露：你苦不苦？《寡人》里你多次提到爷爷，初恋，你说苦。

阿 乙：我正在努力将写作变成一件享受的事情。时过境迁，已经不苦了。我写作时喜欢戴耳机，歌声都是悲哀的，会影响笔端。有时诉苦也是宣泄。写作最终的意义还是呈现，呈现出一种相对客观的状态。

吕露：21岁，在洪一，你和同事在附近乡村转悠，你说自己脑子里总是有事，想着你的姑娘。想了八年，你总是想哭却哭

不出来，最后，你认为自己是个很蠢的人。我在想你当时是如何忍住的这一切？

阿　乙：现在看到自己当初说"想哭"，挺害臊的。人可能很难忍受自己的失败，在特别年轻的时候，非常难忍受。那时候认为自己是救世主，身为救世主，拯救对方的人呀，竟然被拯救者拒绝了。这可能是致命的挫折。但正是因为这种日思夜想，建立了我写作的渠道。一个脑子不去想点东西的我，可能就和我大多数的警察同事一样，陷进自己的职业。也因为这件事，我觉得很多事不太重要，包括丢掉警察职业。

吕露：几份职业更换被很多媒体很多人都说过无数次了，当有人再拿起这个问题谈，你会不会感到厌倦。你跟以前的警察同事还有联系吗？

阿　乙：联系不多。警校同寝室的有一点。

他跟我谈话治疗了一会儿，就开药了。

吕露：你常感到沮丧吗？怎么做？

阿　乙：我经常感到沮丧。有时候一不如意还很愤怒。有时候我就沉浸在沮丧里。有段时间，一碰见自己沮丧还放一首歌，温兆伦唱的《随缘》，还蛮有一种史诗感的。觉得时日将尽，日暮途远，不禁悲壮起来。

吕露：你从什么时候开始吃抗抑郁药？

阿　乙：抗焦虑吧。去年。医生让吃的。他跟我谈话治疗了一会儿，就开药了。我试验了一下，生活质量得到较高的改善。

吕露：后来你停掉了药，你有没有过自己跟自己说话？

阿　乙：现在又吃上了。

吕露：一个人的焦虑怎样才能停止？你试图怎样停止？除了吃药。

阿　乙：我的焦虑克服得还不错。就是放下。最大的焦虑来自写作，但是命令自己放下也就放下了。过去走路上都会想自己的小说。然后在太太的领导下去旅游。身心愉悦。还有就是出门走走。

吕露：白天你都是一个人在家吗？你会做什么？上个礼拜我们往后延迟时间访谈，你说你要洗衣服做饭之类。

阿　乙：差不多。我会睡觉，看看球，看心情好坏，写点东西。我不敢轻易去写，又总是留下写作的时间。一旦写进去了，就会又废寝忘食。写作是有瘾的东西，吸毒一样。有时正在写，来了电话，有如梦中被惊醒，不禁勃然大怒。但是写作已经开始像燃烧，烧着精气神。

吕露：你会跟人谈论你的小说创作吗？你觉着自己写得怎样？

阿　乙：我有时克制不住会去谈。主要是自己写的内容，谈得不多。主要是跟自己经常合作的编辑王二若雅说，她是我的发掘人之一，对文学有很多的判断力。对我的失误，她总是会及时地给出意见。我在写作的时候总是觉得自己写的是伟大的作品，写完了，就不太去看。

吕露：以前你写道："我写东西，急切，一步到位，仿佛销售员向家庭妇女介绍锅的功用。处处卖弄事情的前因后果。而真的写作者以情态入手，以情态结束，内容里处处是人的味道。"现在呢？

阿　乙：现在我在执行自己的这一规训。

吕露：好一阵子，包括现在，你每天会看一本"老书"，解释字的意思、字的形状，有的看上去很难认得。它让你感到自己过去知道得太少？

阿　乙：嗯。《澄衷蒙学堂子课图说》，胡适的开蒙读本。这本书教人字的来历，相当于一本小百科。知道字的来历，就对字本身亲切很多。

吕露：问楚尘他的出版公司出过的小说家最年轻的是谁，他说是你，《寡人》。但《寡人》是随笔，你起的名字？你有没有因为"荣誉"全来了，感到轻飘？

阿　乙：是啊。寡人是少德之人，孤家寡人，傲慢之人。寡人是写小说前最充足的准备。

我轻飘不了。我只要回到文字前边，就克制不住修改的冲动，因为不满足，不满意。人的欲望不一样。我的欲望太深，将自己的身体都弄坏了。

吕露：我不能说你像卡夫卡，你太阿乙了，你俩就像一个人。文学就是要挖地洞把自己埋进去吗？科恩为了让自己的诗特别一点，他每天吃药，他有一次很兴奋地在墙上写：我变，我没变，我变，我没变，我变，我没变，我觉得我很好。我想知道当初你去看医生，你跟他说了什么？

阿　乙：我说我走在路上随时感觉要死。地面像裂开的岛屿，从脚下分离走，人群变得遥远。实际上就是怕死。有段时间怕死，身体有点不适，马上就觉得这是进入死亡的征兆，瞎紧张。我也是通过这段遭遇想过很多问题，比如诅咒往往是通过极为关心你的亲友实现的。人和人的关系非常奇怪，他一定是非常关心你，而且愿意为了你牺牲他自己，然而他对你的关心往往是诅咒，比如"像你这样下去，不出几年……"。这往往加深了我的忧虑。我最脆弱的时候，曾经拍案而起，说：够了，够了，你他妈就不能说我气色很好吗？

吕露：你觉得医生懂你吗？他听完你的话之后说什么？我也经常听到这样的话"不出几年……"我看到你戒烟了，也戒了可乐，你看过卡夫卡散文集吗？他就是这样，跟你一样，觉着自己完全不行了。有时候我经常觉着委屈、脆弱、忧郁这些特别重要，不是利用它去感受事物，而是让自己感到虚弱、明白、困惑。《下面，我该干些什么》不就是在写一个人杀死了一个

女孩，但他一直不说自己为什么杀了女孩。科恩说，我总是想着杀人和被杀。

阿　乙：他当然懂我。我不过是一个典型病例。他快速而准确地给我开了药。戒烟是因为肺病，我的肺坏得很厉害。可乐是听说会招致糖尿病，我不想未来照自己肚子上打胰岛素。

吕露：最后，你希望自己是怎样的作家？

阿　乙：我喜欢自己是一个处在历史与未来之间的写作者。在写作的河流之中，不被搁浅在现在。吸收前人营养，对后人有所裨益。

2014年5月16日

阿乙：原名艾国柱，作家。1976年出生于江西瑞昌。
2010年，《人民文学》中篇小说奖；2011年，凤凰网年度十大好书奖（《寡人》）、《人民文学》年度青年作家奖；2012年，《南方日报》中国文学现场2月月度作家、《人民文学》"未来大家TOP20"、华语文学传媒大奖最具潜力新人奖、《联合文学》20位40岁以下华文作家、《东方早报》文化中国年度人物、《南方人物周刊》青年领袖奖、蒲松龄短篇小说奖、林斤澜短篇小说奖、《小说选刊》双年奖，入选中国小说学会年度排行榜。

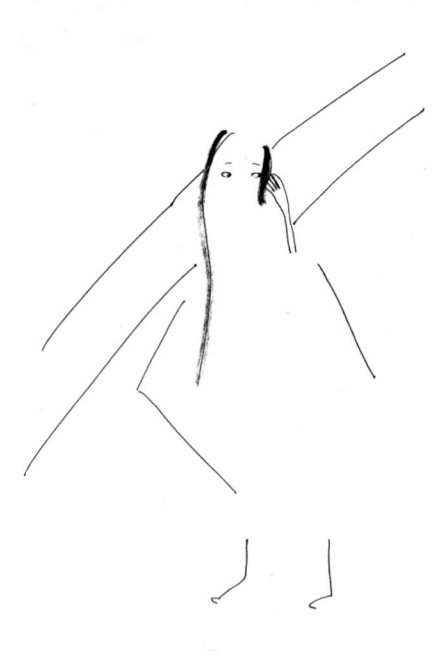

Zhou Jianing

吕露对话周嘉宁：
在黑漆漆的密林中寻找
可能的出路。

她买了一包烟和打火机过来。我赶紧出去抽了一根回来。从门外看她：黑色裙子、黑色衣服、白色球鞋、白色布袋子，点了一杯咖啡（好像），喝完自己的一杯，我们一起喝我一开始点的英式红茶。期间，她问服务员能不能抽烟，我们开始在咖啡馆里抽。她抽得很少。她递过刚出的《我是如何一步步毁掉我的生活的》。递过之前她抽开钢笔笔筒，认真地在扉页上写：给吕露：但是生活最伟大。周嘉宁

翻译是我抵抗日常生活的手段

吕露：今天都做什么了？

周嘉宁：我想想……白天在校对翻译……中间睡过，打过游戏……然后校对到晚上回我父母家吃了晚饭（周末嘛）。

吕露：喜欢一个人住？事实上，很久之前看过你写在北京和上海自己住的时候的情景，还看过你去旅行几乎都待在酒店，去国外交流几乎也只是待在住的地方，偶尔象征性地在吃饭时去跟别人聊个天。

周嘉宁：日常生活里的一切事情，我都喜欢一个人完成。但是日常生活外的一切都不行，反正我不能一个人旅行，宁可自己待着。我目前没有一个人住，我和朋友一起租住了一个比较大的房子。我们认识了大概有二十年，所以其实日常生活中并不需要常常有交流。

吕露：在生活里，你会在意些什么事情？容不容易情绪崩溃？

周嘉宁：在意个人空间，不喜欢有人干涉我的生活习惯，比如说开窗关窗，吃饭的时间……说到情绪崩溃的问题，其实容易崩溃，但我又非常理性，所以很懂得控制自己。这几天被说得很多的翻译和抑郁相提并论的问题，对我来说，我觉得翻译是我抵抗日常生活的手段，也是我维持情绪稳定的手段。因此我这几年没有间断过做翻译，所以我几乎没有情绪失控的时候。我昨天看到包慧怡说，翻译是一种防止崩溃的生活方式。这句话真是太对了。我没有多么喜欢做翻译，但是这几年我应该都会持续做。

吕露：翻译对于你来说防止崩溃？它让你还改变了什么？

周嘉宁：翻译填补了我日常生活所有用来崩溃的空隙，所以不会崩溃……不过我还有一些其他填补的方法。它对我来说是一种日常的操练，像一种练习。因为我不可能每天都保持好的写作状态，我很工作狂，我需要每天都有工作，除了自己给自己放假外，我需要每天都能有固定的时间坐在电脑前面……这方面来说，我表现得像个焦虑的土相星座。

吕露：你需要工作状态吗？

周嘉宁：尽量保持每天都差不多的工作状态。

吕露：你翻译的第一本书是？出版商怎么看你的译文？你认为自己水平如何？

周嘉宁：第一本书是Jeanette Winterson的《写在身体上》。跑上来就翻她的小说有点自取灭亡，因为她的语言复杂，而且也并不是我喜欢的风格。不知道出版商是怎么看的，他们给与了我很大的信任。至于我自己，现在看起来，我觉得并不满意。我坚持直译，但是确实有些句子的处理应该更巧妙的。特别希望能够做修订版……但是说起来，所有的翻译如果一直给我修改时间的话，我几乎可以永远地修改下去。

吕露：后来你又翻译了《没有人比你更属于这里》。有一天刚好和楚尘见面，问他觉着你翻译得怎样，他说，不错。

周嘉宁：哈，那本我自己比较满意。楚尘那儿还有一本我翻译的《红丝带》，其实也快翻好两年了。应该是朱岳在编辑，快出版了吧。

吕露：写小说跟翻译有什么区别？有人说翻译就是再创造。我挺想知道你在写一篇小说之前有什么准备，写的过程你会投入进去吗？结尾你会想几个？

周嘉宁：啊，我不觉得翻译是再创造，小说才真的是创造嘛。因为写小说会焦虑，会堵塞，但是翻译不会。

写小说的准备，就是自己默默地想。这两年，每次写一个小说我都会自己想很久。写短篇的话，有时候想一两个月吧，长篇的话就更久。我不太会在写之前把想法记录下来，它在脑海里是一个反复发酵的过程。然后开始写以后，长篇会做笔记。不过我是重写大王啦，所有的小说不管长的短的，一般第一遍出来以后，我都会重写……短篇小说基本写到三分之二的篇幅开始重写；长篇小说的话，最近我刚写完的一个，重写了三遍……都是10万字开始重写。所以我基本是事先脑子中酝酿……实际操作中发现，欸，怎么写出来的这里那里都不对，于是写完一遍以后重新酝酿……再写……欸，好像对了一点点，还是不够对……再重新酝酿，再写……这下好像对了。结果都会事先想好，就一个。但如何到达结尾的路好多。

至今喝到很多以后还是会哭

吕露：从什么时候想起跑步？

周嘉宁：今年六月，时间不长。差不多一周三次，我还要做瑜伽、打羽毛球等等。

吕露：你的生活看上去，真的很健康很环保。

周嘉宁：睡得晚。吃得多。

吕露：晚上都在干嘛？

周嘉宁：八月我都在玩，长篇刚写完，玩了一个月。最近开始晚上恢复了工作。

吕露：跑步时都在想什么？

周嘉宁：跑步时就想……啊好累啊……哎呀呼吸怎么不顺畅……现在好像好点了……不会吧，速度有点慢，这么慢，怎么会呼吸不顺畅……今天会不会跑得很渣……哎呀跑得好爽，风真舒服……前面一个人被狗追了，真好笑啊……肚子好饿，待会儿吃什么……

吕露：跟人交往，你会比较在意他（她）哪一点，跟陌生人接触会不会不想讲话？

周嘉宁：在意他是不是坦荡，然后是不是聪明有趣。跟陌生人接触倒不是不想讲话，而是确实比较害羞……

吕露：《我是如何一步步毁掉我的生活的》里来咖啡馆同你见面的那个男人，是真实存在的，还是你虚构的？那个咖啡馆的服务员，是你曾经遇见的某一个？我喜欢看你的观察。

周嘉宁：咖啡馆的服务员是虚构的，但我确实在哪个地方见过这样一个服务员，可能是在伦敦，大兵头女孩，肩胛骨下方有个小猴子文身，反正就是那种让你忍不住想要讨好她的酷女孩。那位见面的男人嘛，有一个原型是某顿大型饭局上身边坐着的陌生人……他可能特别害怕沉默，也可能是出于礼貌，一直在寻找话题。

吕露：如果你觉得自己很不快乐会做什么？我知道你说自己喝酒，喝酒爱哭。

周嘉宁：其实吧，最近的几年，大部分的时间都说不上是快乐，但也没有那种强烈的不快。就像前面说的，我有比较牢固的情绪崩溃防御机制，所以对于快乐不快乐非常麻木……会有感觉非常无聊的时候。无聊的时候和高兴的时候都会找朋友喝酒，没错，我至今喝到很多以后还是会哭……就连喝酒我都会控制……只有和少数几个人在一起的时候，我才会喝多啊。大部分情况，我再怎么样也无法喝到那个点……

吕露：记忆里有没有最糟糕或感觉最好玩的一次关于喝酒的事？

周嘉宁：因为我喝酒都是和同样的几个人……这么多年来……所以对大家的习性也非常了解，如果是在唱歌的时候喝酒，也都会知道每个人喝多了以后必定要唱的歌。喝醉也没有关系，彼此都很熟，知道对方的家在哪里。印象比较深的一次是今年年初，被好友带去公司的聚会，在心情很好的情况下喝到失忆了……醒来的时候在自己房间里，头发上有呕吐物的味道，而且头上撞了包。我其实不太喜欢失控的情况，这是唯一一次失忆，自己觉得非常羞愧，不敢回忆那天晚上整个被运送回来的过程……

吕露：你喜欢和什么样的朋友待在一起？你更喜欢他们什么？

周嘉宁：喜欢聪明人……聪明，并且至少有天真的部分。

写作让我失去了从日常生活中获得幸福感的可能性

吕露：《我是如何一步步毁掉我的生活的》，这个名字很决绝，很沉，这个故事在写的时候有没有令你很难过？

周嘉宁：啊，我忘记了，不过应该没那么难过，我不太有感到特别难过的时候，非常少。不过我找到一段过去写给iweekly专栏的话，有关爱尔兰作家Kevin Barry的，有关欢欣他是这么说的：生活中有无数个小小的欢喜的时刻，像是在早晨沿着河骑自行车时所感受到的寂静，像是吃到一口绵软甜腻的蛋糕感官的欢乐，还有闻见雨后的空气，累坏了的时候倒在床上大睡，家里的植物发出第一株幼芽。这些都能够带来暂时的小小的欢喜。可是生活的奇妙之处就在于，所有这些些小而微弱的欢喜拼凑在一起，却无法带来真正的快乐。因为哪怕是将死之人，怀着一颗万劫不复的绝望之心，也依然可以感受到所有小小的微弱的隐秘的持续不断的欢喜，用尽力气把这些欢喜拼凑起来，依然只会是无尽的悲伤。

这么想来便又觉得宽慰起来，也没有什么可沮丧的。我生活中的小欢喜可算得上是爆棚。长久以来的口头禅就是开心死了。那么一定就是这样微小的欢喜太多太多了，最终竟然拼凑出永恒的悲伤来。不过这也没有什么，不是么？

吕露：什么时候学会控制情绪的？为什么生活的奇妙是相反的，欢喜拼凑起来依然只是无尽的悲伤？

周嘉宁：控制情绪是这几年吧，因为写作太考验意志力，而日常生活稍不留意就容易崩塌（特别是对于在家里工作的人来说），所以不得不全方位地控制一下。但是我的作息其实还是稍不留神就崩塌的……呃。

可能就是开心和快乐的区别……有时候会羡慕那些能够在日常生活中得到快乐的人，不过有得有失嘛。

吕露：这些年，你怎么看自己的写作？

周嘉宁：这几年就是练习，并且在黑漆漆的密林中寻找可能的出路。因为面前望去，对于女作家来说，确实没有什么现成的榜样。

吕露：有没有力不从心？从成名到现在，写作让你意识到什么失去了什么？

周嘉宁：力不从心没有过，还没到那个点吧。从来没觉得自己成名过，否则为什么还那么穷呀！写作让我失去了从日常生活中获得幸福感的可能性，但得到的东西要多太多。

吕露：你会把发生的有关自己的爱情故事写进小说里吗？在爱情里拧巴吗？

周嘉宁：会写呀。我写的大部分都不是爱情故事，那都算不上爱情，最多是一种人和人之间情感的交流罢了，有时候甚至只是情绪的交流而已。我超级拧巴的，而且大部分关系，我都否认是爱情……

吕露：我以为你生活得"不错"，不会"穷"。你为钱发愁吗？你认为怎样的生活是不穷？

周嘉宁：哎呀，其实还好……哈哈……确实谈不上发愁，只能说没有获得完全的自由。我现在能说得上发愁的事情是依然在租房子，但是我已经搬过11次家了，我不喜欢这种无意义的折腾。然后我对物质有占有欲，尽管占有欲并不是很强……但依然存在啊。如果能够对物质没有占有欲就好自由啊。

吕露：搬家11次，有什么心得？

周嘉宁：练就打包的好身手，对周围的房子都很熟悉，别的也没什么了。

吕露：你喜欢你现在住处哪个位置？你常待在哪里工作？

周嘉宁：我喜欢床，我每天都努力要离开它！在书桌旁边工作，我和我室友租的房子很大，其实我们都只使用其中小小的一部分。

过去沉默的时候，我就会掏烟来填补沉默

吕露：在网上一个什么相册里，就是很多喜欢你的人都会把关于你的照片传到上面，我有看到一张你的书桌照片，书桌前面是一张沙发。在家工作状态怎样？除了家，还会去哪里工作？你会自己出去找地方吗？

周嘉宁：这是我之前的一个家了，现在的情况已经不是这样。我们的沙发在巨大的客厅里，但是我和室友几乎都只在自己的房间里，过着一种彼此隐身般的生活。我不太需要很讲究的工作环境，也不需要书房，只要一张安静的桌子就行了。现在只会在家里工作，对我来说，家里是工作效率最高的地方。

吕露：刚刚出版的新短篇集《我是如何一步步毁掉我的生活的》里的几篇，出现很多次"我"想从兜里掏烟，《尽头》《那儿，那儿》《爱情》《热带》里都有。也能看见里面你现实生活中的影子，《热带》很像之前你和荞麦去度假时的样子。现实和虚构之间，你如何把控？

周嘉宁：《热带》确实是和荞麦去了清迈以后写的，不过只是一个背景。我现在还把握不太好现实和虚构这回事，我虚构能力真的挺差的。其实我现在自己也不太抽烟了。过去沉默的时候，我就会掏烟来填补沉默。我小说里有很多沉默，所以我在小说里就忍不住掏烟。

吕露：在写这些小说时，时间上有些跨度，你经常修改、重写。这期《收获》也发表了《密林中》，在微信平台上有看到你说重写了很多次，写了一年半。写得不好的时候怎么办？怎么意识到？虚构能力不好怎么办？

周嘉宁：写得不好分两种，一种是这玩意儿怎么写也不会好了，就扔掉。一种是重写以后会变成牛逼的东西，就重写。写得好不好自己肯定能意识到啊……这是一种基本的自我辨识吧。虚构能力不好，我不懂唉，我还没想清楚这个问题呢。

吕露：今年你去了什么地方么？之前看到你有去了法国。

周嘉宁：对，今年我去了两次法国，但其实都是出差。我可能年底的时候能给自己安排一次不带工作的旅行。这种事情好像很久没有发生过了。

吕露：去法国出差具体做什么？有一个人出去过吗？

周嘉宁：一次是会议，一次是为杂志做一个巴黎的特辑。我没有一个人出去过，一个人出去对我来说是灾难，我会待在酒店里没法出门。

吕露：你发脾气吗？会是什么样子？

周嘉宁：从来不对亲密关系之外的人发脾气。水瓶座是一切亲密关系的灾难。

吕露：你相信爱情吗？之前你说你写的都算不上爱情，而且大部分关系你都否认是爱情。

周嘉宁：我相信爱情的。我只不过是不觉得爱情是很重要的事情。

吕露：什么对你来说是很重要的？

周嘉宁：不知道。

吕露：容易哭吗？经常哭吗？我看你的小说就很想哭啊。

周嘉宁：不容易哭的，我现在只有喝很多才会哭一哭的。

吕露：做事情有计划性吗？善变吗？你会调整好自己的生活节奏吗？

周嘉宁：不太善变，但是没有计划性。生活节奏得靠极大的意志力才能调整好，因为本质上还是太风相星座了，所以得小心翼翼才能保持住节奏，稍微不当心就前功尽弃。

心里并没有抱着遇见大陆或者遇见另一艘船的期望

吕露：做《鲤》这几年，你觉得它怎样？

周嘉宁：我和张悦然是和《鲤》一起在成长，不过我们确实成长得有点儿随心所欲。《鲤》其实到现在还说不清楚到底是什么风格，这跟我俩的性格都有关系。我们好像一直都还在变化，然后《鲤》也在变化，但我们又变得不太一致，于是一切都像是在流动。不过《鲤》带给我最好的东西，应该是和张悦然以及其他同事之间的感情。和张悦然谈论小说会很愉快，也会很累。因为她在交谈中是个刨根究底的人。

吕露：你在交谈中，有什么习惯？

周嘉宁：不知道。

吕露：你容易紧张吗？上周在上海见到你，很开心。你跟我想的是一样的，跟我看到的你的小说也是一样的，干净的，清澈的。尾声，我来了一位朋友，我看到我们的话锋变得更加零碎，你不太说话了，然后开车送我和朋友去饭店。在路上，你也是不太说话的，当时我觉得自己好像正在你的小说里。

周嘉宁：我超级容易紧张，还会脸红，开会的话如果紧张起来都没法好好讲话。不过我现在比较接受沉默了，不觉得非得讲话了，过去我会觉得沉默很尴尬。

吕露：现在，在写作上你对自己有什么期待和要求？你曾经有

因为写作吸来的"光环"兴奋吗?

周嘉宁:写作现在对我来说,变成了哥伦布在茫茫大海上的航行了,心里并没有抱着遇见大陆或者遇见另一艘船的期望。

吕露:你最希望自己能克服什么问题?跟自己有关的。

周嘉宁:希望自己畏惧的东西能变得更少,能处理好亲密关系。

吕露:接下来,你希望自己过什么样子的生活?

周嘉宁:我其实基本在过着自己想过的生活,对生活没有什么特别的希望。

吕露:在你眼里,你觉得自己是一个怎样的人?

周嘉宁:在我自己看来,我是个随时都能找到朋友喝酒,勤奋和跌宕并存,没有赌性,处理不好近距离的一切的人。

2014年9月30日

周嘉宁:1982年出生于上海,毕业于复旦大学。专业写作,业余翻译。现任《鲤Newriting》书系文字总监。已出版:长篇小说《荒芜城》等,短篇小说《杜撰记》等。翻译作品:《写在身体上》《没有人比你更属于这里》。

A Hua

**吕露对话阿花：
我每天写作，但到下午5点，
就准时起身做饭。**

阿花常做菜，看书，写字，对待文字严谨，访谈稿发表前她还要看是否有疏漏或错别字。

非常固定而枯燥

吕露：有看到几乎每天，你都在做饭。从什么时候开始做的？每天去菜市场？

阿 花：我单身的时候就喜欢做饭。后来结婚了，就更把这件事看成和写作阅读一样，是生活方式的一部分。我有时候去菜市场，也有时候是在网上买菜，我有几家常用的淘宝店。

吕露：你喜欢菜市场吗？最喜欢自己做的哪几道菜？做饭择菜有什么习惯？会想什么，还是专心做饭什么也不想？

阿 花：我每天下午写作，所以傍晚5点起身做菜，对我来说，是强迫自己从一个世界中抽离出来。至于菜市场，我以前写过一篇很随性的小博客叫《伤心菜市场之歌》，地址是http://blog.tianya.cn/blogger/post_read.asp?BlogID=991018&PostID=53883850&page=1，这大概就是我对菜市场的感情。

吕露：傍晚5点，做饭之前的你的一天，是怎样度过的？

阿 花：我晚睡晚起。上午处理一些杂事读读书，下午写作，非常固定而枯燥。

吕露：你有没有很焦虑的时候，结婚之前？

阿 花：结婚之前和结婚之后可能都有，婚姻解决不了个人的虚无和焦虑。

吕露：你在家哪里待得最久，我记得你在淘宝上买了两张黑白格子沙发。还有，你在靠窗的位置，也可以晒个太阳。事实上，你在哪里会出现焦虑，又怎么办？

阿 花：沙发是蓝白格子的。焦虑和你坐在哪里没有关系，和人生境况、内心冲突有关，我把焦虑、忧郁、虚无、挫败都视为人生不可逃脱的一部分。我们互相之间既吸引又排斥，当它们被吸到很近的时候，我总是想，好了，不可能更近了，从现在开始它会走远了。

吕露：你丈夫怎么看你的写作和厨艺？你焦虑的时候会跟他讲吗？

阿　花：当然，我先生是我最好的朋友，我把自己最软弱黑暗的那部分袒露给他。我几年前辞职写作，当时既没有出版机会，也没有任何收入，是他一直支持我，认为我应该做这件事。

吕露：之前你在做什么？印象中是记者。

阿　花：嗯，我做了八年记者，采访的领域是法制，和文学毫无关系。但我挺喜欢自己有过这段经历。有可能以后觉得生活艰难，我还会再去做记者。除了写字，我好像没有任何别的技能。

我总觉得我可能已经过完了一辈子里最好的日子

吕露：在写作上，你觉得自己是怎样的写作者？你会不会觉得无能，有时候？你会不会感到绝望？为什么会感到：如果不写字就不知道干嘛？

阿　花：我是一个试图摸索自我，又去想象世界的写作者。无能和绝望是针对什么呢？针对自己的写作能力吗？这是当然的。我记得哈金说过，不管一个作家取得了什么样的成绩，总有一些不安感围绕着他，他还说有个朋友去拜访诗人布罗茨基，他当时已经拿到了诺贝尔文学奖，"我的朋友到他家时看见他躺在地板上落泪，因为他的诗集刚刚得到一个负面的评价"。那是布罗茨基。对于我这样刚刚起步的写作者来说，不安几乎是跟着你写下的每个字。

吕露：你的阅读量巨大，持续很多年，你家的书也非常非常多。读书时，有什么习惯？每天，当你做好饭，和你先生在一起会谈论你今天读的么？

阿　花：我的阅读量其实算不上巨大，因为我没有那种某本书必须要读的焦虑感。但阅读完全是深入我骨血里的东西，就算做饭的时候等水开，我也会神经质地拿起kindle读两页。读书时没有什么习惯，是读书本身就是一种习惯。我读得慢，除了言情小说，一天很少超过一百页。可能很少有一天，我是完全没有打开书的。读书是我俩之间最常见的话题，我们最早认识的时候，就是聊到俄罗斯文学，尤其是陀思妥耶夫斯基。

吕露：喜欢什么颜色？

阿 花：蓝色。

吕露：你喜欢穿衬衣和牛仔裤？在美国的时候（待了一年？）我看见你经常这么穿，你有很多耳环之类的小首饰。

阿 花：是，我很容易沉溺在这些生活的小乐趣里，我也有很多漂亮裙子。在美国是因为没有带高跟鞋过去，几乎都只穿牛仔裤。我不喜欢买奢侈品，我不用任何让我觉得贵的东西，护肤品，衣服，鞋子，包，首饰。在我先生的坚持之下，我才有了苹果的手机和笔记本。在日常生活之外，我好像只愿意花钱去旅行，但我先生不太爱出门，所以我们一年也就出去一两次。这种固执可能是觉得现在自己挣钱太少，但更有可能是一种人生选择。因为认真想起来，在我做记者那八年中，收入稳定，我也一直是这样，生活简朴，一个人出门旅行。

吕露：在美国的时候读什么书？在那里你过得怎样，每天在做什么？

阿 花：在美国的生活和在北京的，可能并没有太大区别，每天读书、写作、做饭，偶尔出门吃点好的，看电影和演出。当然纽约有很好的博物馆，我们就老去大都会或者MOMA。在纽约的一年，我过得非常快乐，不过我大部分时候都是快乐的。上次看你和周嘉宁的访谈，看到她引用的那个女作家说"可是生活的奇妙之处就在于，所有这些些小而微弱的欢喜拼凑在一起，却无法带来真正的快乐"，我觉得我是相反的。对我来说，生活的奇妙之处在于，它充满了咬噬性的小烦恼，但却是真正快乐的。

吕露："咬噬性的小烦恼，但却是真正快乐的。"每次看你的读书笔记和文章，觉着你是非常"稳定"的写作者。你有没有令自己难以忍受的时候，情绪起伏之类的？你会怎样？逃避吗？你有逃避过自己吗？或者过去。

阿　花：从2010年开始，我很稳定地写了四年。到现在为止大概有30万字的小说，20万字的随笔专栏，平均一年10万字多一点。不算高产，但一直没有停止过。如果以人生为量度，四年太短了。我不知道自己能不能一直这么平静地写下去，也许会渐渐失去信心，也许生活会发生剧变，也许会再也没有发表或者出版的机会。我是个不敢把未来想得太好的人，我总觉得我可能已经过完了一辈子里最好的日子。

我大学毕业后有几年过得不大好，我也不想重复叙述了，写过一篇小文章，地址是http://dajia.qq.com/blog/394176091800782。

吕露：刚看完这篇《孤独及其所创造的》。"当我被迫要关上书本，走进现实世界的任何一个局部，唯一的感觉只是惶恐压抑。我不喜欢我自己，但我还是喜欢读书，这件事在黑暗中紧紧拉住了我，让我没有坠入到更黑暗无边的地方去。""以前我读书逃离孤独，现在我读书进入孤独。"今天刚收到比目鱼的《刻小说的人》，他写到奥康纳说的一句话，一个人要想重新面对真实世界，他必须付出相当大的代价。

阿　花：我对奥康纳不是太熟，看得不够多，挺喜欢她那本《上升的一切必将汇合》。

吕露：有没有不读书的时候，长时间的不读？

阿　花：好像从来没有过。

我也不觉得陷入自我生活有什么不好

吕露：你会不会有除了不读书、不写作之外，不知道自己能做什么？那么现在这样的状态，是你自己满意的吗？

阿　花：会的。那天我看哈金的访谈，他说写作是他消磨生命的方式。我觉得对我而言也是这样的。我是个兴趣很窄的人，不运动，社交很少，绝大部分时候都宅在家里，感情生活又非常稳定。我想不出来除了写作，我还能做什么过完一辈子，也许生孩子？但十八年后如果我不幸还没死，那还是要写。

看你怎么定义满意。如果用常规标准，我肯定是个失败者，挣的钱仅仅够生活，没有名气，而且看不到什么会有名气的可能。但就像刚才我说的，很奇怪，我是个快乐的人。

吕露：《人物》做哈金那篇，我也看了。特别是看到他说到妻子，如果失去了她，他不知道自己该怎样。在做小说家系列访谈，仅我访问过的小说家，他们的生活几乎都是较平稳的。内心会想很多，野心很大，特别是男作家。上次，你说下午会写作，你能很好地平衡生活和写作吗？《小城故事》里的11种人生，写的时候，你会不会重复地写？那些细节，对话，你会不会重新写？你的虚构能力怎样？

阿　花：《小城故事》和很快要出版的长篇《小镇姑娘》是姊妹篇。写小说对我来说就是写人，人是不会重复的，我喜欢写个体的命运。我不知道怎样去定义虚构，《三体》那样的虚构能力我永远都没有。但你要说写出来的人物就是生活中谁的翻版，也的确是没有，生活提供线索，我却是用想象写作。

今天看契诃夫的《跳来跳去的女人》，他这个故事是以列维坦为原型的。他们本来是很好的朋友，写出来之后两个人绝交了。菲利普罗斯的《鬼作家》里也写过以家族人物为原型时给他带来的困扰。我是把感情看得很重的人，所以我不写那些会被清楚辞认出来的人物。

吕露：你在美国的时候刚出《愿你的道路漫长》，书名取自希腊诗人卡瓦菲斯的诗《伊萨卡岛》：当你启程，前往伊萨卡岛，但愿你的道路漫长，充满奇迹，充满发现。2009年到2012年的文字，一些积累的文章。你的文字耐看，清透，信息量很饱满。听说这本书后来又加印了。在写散文和小说之间，你觉得自己的投入是否有区别？你希望自己成为一个有名气的作家吗？

阿　花：那本书其实大部分是我的博客。写博客的时候从来没有想过可以出版，也很少有人看，所以袒露了太多自我。以后我会渐渐不写散文，起码不写太多有自我的散文。但我喜欢读这种文字，你看赫塔米勒，写得如此自我，布罗茨基的《小于一》里一头一尾两篇文章，是会传世的作品。

当然会希望自己得到承认，起码是一个小范围的承认。事实上我已经觉得自己算是很幸运了，突然有了出版机会，两本书都有少量加印，有很多素不相识的读者给我写书评，或者在微博上说几句话@我。一个人要完全靠自我肯定去坚持一件事是很难的。没有这些小小的鼓励，我可能也没法在收入很低的情况下，持续写了四年。我以前在媒体，又没有向文学杂志投过稿，所以几乎不认识文学圈里的人。写作就是独自走一条漫漫长路，有时候走着走着会心慌，路上能收到零星点赞，就会又有微弱信心。

吕露：看哪些女作家的作品较多？

阿　花：我不是太喜欢用性别去划分作家，我也不喜欢现在很多人对女作家的夸奖方式就是说"写得像个男人"。在我看来，这不过是另一种性别自卑。我喜欢的态度是，不排斥女性化，但是也不沉溺局限于此。常见的说法是，男作家容易写得深刻大气，女作家容易陷入自我生活。我也不觉得陷入自我生活有什么不好，有人会比普鲁斯特更沉迷于描述自我生活吗？如果一定要列举，国内的女作家里看得最仔细的可能还是张爱玲，然后是王安忆，萧红，国外的是简·奥斯汀。喜欢的作家大部分是男性，我想是因为一直到20世纪之后，两性在受教育权和工作权上才勉强实现了平等。

哦，漏掉了茨维塔耶娃，我非常爱她。可能还有漏掉别的人，每次回答喜欢的作家，总会漏掉很多名字。

我好像随时在等待爆炸声

吕露：为什么写作者身上多少有一点"悲剧性"？你会说："我总觉得我可能已经过完了一辈子里最好的日子。"

阿 花：这可能还是和性格相关。情感生活对我来说是非常重要的，以前有几年很不顺利，但突然遇到现在身边的人，一切都顺利得像幻觉，几个月就结了婚，从来没有真正闹过分手，感情浓度和刚认识的时候比区别很小，转眼就过了五年半。有时候会想，这太不正常了，这是不可能永远如此的。但更大的恐惧是，我们自己没有变化的时候，外部发生变化。你们明明一直牵着手，突然有人手起刀落，把中间连接的部分砍断了。

吕露：你在意别人对你写作的看法吗？你对读者保持期待吗？

阿 花：不可能完全不在意，但"别人"这个词是很复杂的，当我发现读者意见会有剧烈冲突的时候，这种在意就越来越淡了。

吕露：你希望自己成为一个怎样的写作者？也许，这是一个虚无空泛的问题。你希望作品被更多的"别人"看见吗？

阿 花：我希望自己成为一个内心和生活都平静的写作者，这不只是我对写作的期望，而是我对人生的所有期望了。有时候当然会希望书卖得多一点,但有时候又觉得,等我写出更好的作品后再说吧。

吕露:写的时候,有什么习惯?

阿 花:有时候我看别人的写作经验,很多人会提到第一稿非常快,然后反复修改。我是习惯于每天先改前一天写的内容,然后再写新的,写完后暂时不会大动。但我写的第一个长篇《小镇姑娘》在写完后放了几年,开始是没机会出版,后来又在出版过程中遇到一些非常黑色幽默的障碍,在这个过程中我就重写了结尾,前面的细节也有诸多调整,算是很大的改动。

我是一个对什么事情都不会太沉迷的人。我每天写作,但到下午5点,就准时起身做饭。只有失眠的时候,人物和故事会一直缠着我,让我给他们寻找更好的出口。

吕露:你有什么令自己难以忍受的缺点吗?

阿 花:刚才其实已经提到了,我对当下的生活没有安全感,总恐惧于迟早有一天这种平静会被打破。我这几天重读马内阿的《流氓的归来》,他说自己曾经在很多年里不停观看塔可夫斯基《伊凡的童年》中的一个场景:金发碧眼的孩子,开怀大笑的母亲,幸福而快乐。突然间,水井的辘轳疯狂转动,湖水的镜面被隆隆的爆炸声击碎:战争。

就是这种感觉,我好像随时在等待爆炸声。

吕露:等待爆炸声,你是如何消耗着等待着?如果它来了,你有没有想过自己的去处,自己的生活?

阿 花:用写作和阅读来等待,没有别的办法。我无数次排演过爆炸声之后自己的生活,但只是希望自己排演得越细致,它就越不会发生,我还可以停留原地。

吕露:你喜欢自己写过的东西吗?怎样才会对自己的写作满意?你有过满意的时候吗?

阿 花:非常纠结,刚写出来的时候可能会很不满意,但过一段时间重看,又会有一点点满意。《小镇姑娘》写完之后,我很长一段时间没有重看，觉得它可能技术上太幼稚。但现在又觉得，小说会形成一种奇异的"场"，技术很重要，却不可能构成吸引力的全部。比如我现在重看王小波的早期作品《绿毛水怪》《地久天长》，还是会很感动。写得幼稚，但那个场依然能把我吸进去。

吕露：作为作家、阅读者、一个妻子，你认为这些日常生活组成部分是集结了你还是拆散了你？

阿　花：这些身份并无矛盾冲突，我在一个身份中感到疲倦的时候，就在另一个身份中得以休憩。就像最近我们的生活发生了一些很激烈的剧变，身边两个好朋友先后被抓，我们四处奔波，试图帮助他们的家人。我正在写的一个长篇却是关于情感生活，有时候回家很晚，我就打开那个Word文档写上几行字，这给了我无限安慰，它让我觉得，生活中有不可能被夺走的东西，爱和创作。这部小说写到一半的时候，我曾经有过很多困惑，觉得它所写的内容是不是太小太不重要。但有时候就是这样，最无用的东西，会在最大程度上帮助你。

吕露：接下来，有什么出版计划？

阿　花：《小镇姑娘》正在出版中，随笔集《纽约倒影》在编辑那里，好像是明年初？我没有具体问，还有一个书评集也给了另外的编辑。随笔类相对容易出版，作为专栏也有一些收入。但我渐渐不想写了，只是困惑于怎么挣到基本的生活，写小说暂时是不可能的。正在写的长篇快要结尾，还没有去找出版商，其实我从来不知道自己下一本书有没有机会出版。未来的不确定太多，还好我现在能写。

2014年11月24日

阿花：原名李静睿（网名：阿花的伊萨卡岛）毕业于南京大学，做过八年法制记者，出版有随笔集《愿你的道路漫长》，短篇小说集《小城故事》，长篇小说《小镇姑娘》。

Zhao Zhiming

吕露对话赵志明：
之前我一直很自信，现在反而
有点不自信。

我们私下都叫他小平。小平容易喝醉。
醉了爱讲小说。

我设想过两种生活

吕露：你叫赵志明，但很多人都叫你小平。你如果叫自己，会叫什么？

赵志明：如果我贸然跟自己打照面，我会喊他什么呢？"那个人"吧，以显示我是一个人，而他和我有所差别，至少在指称上。

吕露：面对第一次见面的人让你介绍自己，你会怎么介绍？我是"那个人"？

赵志明：这是一个很难回答的问题。在新认识的人面前，我相当羞赧，不太放得开。所以我会说我叫"赵志明"。不会说"我也叫小平"。这一般会发生在后续的交往中，我一般只会对我喜欢的，或者很熟悉的人面前，才会以"小平"自居。

吕露：现在，你的生活是怎样的？

赵志明：我的生活基本保持在一个水平线上，自给自足那种吧，不能挣很多钱，也不会没钱到捉襟见肘的地步。我也想过一夜暴富，但想想就算了；也挺担心会每况愈下，因此没办法，就要找事情做，做点策划啊，在公司上班啊，诸如此类。

吕露：你更想怎样生活？

赵志明：我设想过两种生活。其一是像乌青一样，闲云野鹤，自由自在，逃跑家，在路上。其二是回老家，找一块地，像一个真正的菜农那样，熟悉四季的菜蔬，伺候土地，让自己的四肢勤快起来。这两点好像都很难，都需要勇气和才情。我恰恰欠缺的就是这些。

吕露：去年我在上海见到乌青，他瘦了很多，永远居无定所的很酷的样子，他的钱夹子里永远装着一个牙线，华楠问他用过的牙线还能再用几次。作为旁观者，他的生活是挺文本的，但也因此付出了代价。你说回老家种地这件事也挺令人着迷的，问题是这种一眼望到头的生活，真的需要勇气和才情？那么，为什么要在北京待着？有很多朋友？刺激？

赵志明：没有什么生活是一眼能望到头的，或者说，没有什么生活是一眼不能望到头的。这么想的话，问题就不是这种生活，而是这种人。就拿乌青来说，他一直保持这种状态，他比很多人更勇敢，他比很多人更有才情。除了选择，还有坚持。选择一种生活很容易，朝三暮四，可是坚持一种生活很不容易。之所以在北京待着，除了朋友之外，更大的原因是我有生活的惰性，能不改变尽量不改变。所以我交很少的朋友，很少跟朋友反目。因为这些事都会消耗精力。如果能不消耗精力，我就觉得是舒服的，尽量少消耗精力，是我的生活准则。

不是怎么写，而是一定要多写，一定要坚持写

吕露：在北京之前你在南京？那段时间你在做什么？

赵志明：我是2005年来到北京的，之前一直待在南京。在南京那段时间，我先是上学，毕业后上班。2005年公司出现问题后，我才想着来北京。上学和工作，占据了我一大半的时间，睡觉也占据了我很多时间。剩下来的时间，就被分用来做如下几件事情：踢球、和曹寇等朋友聚会（主要是喝酒、爬山）、看书、写作。

吕露：你睡过最久的一次是多久？睡了很久的感觉会不会很糟？曹寇在《生活片》里写你的房子很乱，楼下还有个你想认识的姑娘？在那所房子里你写过什么？

赵志明：我能大概理解你的意思。这个印象中还真没特别突出的。一般是大醉后第二天会昏睡，但一般下午也就睡不着了。之所以还躺在床上，是因为身体不舒适，想缓缓。那样算下来，也就15个小时左右吧。我在南京那会，和我大学同学合租，两个男生，脏乱差的程度可想而知。不过比住集体宿舍要好很多。在这个

地方，我写了点吧，但不多，凑合着还能看。主要是看书了，那段时间看了很多书。我记得当时楼下住着好几个姑娘。我对姑娘们都比较尊敬，敬而远之的那种。因为怕麻烦。另外一个原因是当时也没钱，还有一个原因是，那些姑娘虽然都很朴实，但都不是我喜欢的类型。曹寇可能记错了。把我当时室友的事记在我身上了。

吕露：你为什么会接受这个访谈？

赵志明：你把这个称之为访谈，我更觉得是朋友间的聊天。我们好久没见了吧。你不会问"我们为什么要聊天"吧。我倒是担心自己的回答不精彩，毕竟这种笔谈我不太适应。

吕露：为什么不适应？

赵志明：笔谈，会让我更谨慎，因为打字慢，拖慢了思维的节奏。我喜欢思维跳跃，语言全力跟进，有很多废话，就有多少妙语。我喜欢那种恣意汪洋的聊天方式。

吕露：你跟谁聊天聊得最多，最恣意汪洋？

赵志明：在南京的时候跟曹寇、李黎他们，在北京的时候跟张羞、而戈他们。当时张羞、而戈和我都住在七圣路附近，度过了无数把酒言欢的夜晚。话意、酒意消散在夜色里。张羞一般会摇摇晃晃地走回去，我跟而戈还可以同行500米左右的距离。有时候我们两个会再找地方喝点。那时候有说不完的话。

吕露：你们经常说什么？我同而戈有很短的一阵子聊过天，那时候我们经常还跟其他朋友一块吃饭。有一次我记得我们还在他的家里。也许你忘了。

赵志明：开始的时候什么都聊，像冷盘和开胃酒一样。热身完毕，我们会主要聊些跟写作有关的话题。不是怎么写，而是一定要多写，一定要坚持写。我们不聊怎么写作，但会围绕写作，聊很多有意思的话题，比如一些生活生命的体验，身边有趣的朋友，电影和音乐等。

我可能很早就喜欢写作了

吕露：你什么时候意识到自己喜欢写作？它让你意识到什么？

赵志明：这有点跟初恋一样，当你意识到自己喜欢一个姑娘的时候，其实已经根深蒂固、欲罢不能了。所以，我只能说，我可能很早就喜欢写作了，当我会骗人的时候，编故事的时候，哄人开心的时候，我可能就在创作了。有的时候安贫乐道是一种不可信的，但是写作可能会让人较少地关注物质生活，因为一般人没有那么多的精力，又能搞好写作，又能搞好生活。所以我们看到，很多国外的作家，他们的出身都很好，即使没有可观的遗产，那也能得到有钱人的捐助，他们才可能将更多的精力放在吃喝玩乐和写作上。我们没有这么好命，所以就会相对减少一些生活中的享乐，这是没办法的事。要么你去努力挣钱改变生活，那么留给写作的时间就少了；要么你挣很少一点钱，能糊口养命的钱，然后生活差强人意，埋头创作。不过，尽管我们可以将创作捧得非常高，我还是不希望它承载太多。它只是一种表达，就好像玩拼字游戏一样。这里面可能有天赋，但没必要去深挖掘这种天赋。

吕露：你为此付出的代价就是放弃了去挣钱？还有别的吗？

赵志明：这样说不对。说不定我是因为挣不到钱，才投身写作的呢。我只是不愿意累死累活，去谋求一种富足的生活。我总觉得那样即使可能会达到目标，但却会牺牲我更看重的另一些。这么说可能有点绕。写作，或者和写作相关的某些东西，在很多人那里自然是可有可无的，它们也会很轻易地消失。但是想要保有它们的话，就要付出更多的精力和时间。

吕露：你认为自己写得怎样？受过谁的影响？你最喜欢写什么？

赵志明：好坏不论，我觉得我是有自己的特色吧。有的时候特色很重要。大家都写一样的小说，那就没有意思了。我受过的影响挺多，像很多先锋小说家。影响最大的是韩东、朱文、顾前。还有一些作家，就不列举名字了。我从初中就开始广泛阅读文学作品，所以受到潜移默化的人很多。敬佩的人主要是写中短篇厉害的几个大师。我最喜欢写情感人际关系吧。我可以抽丝剥茧，也很享受这样的过程，所以写起来很愉快，可能是把我对世界的爱和恨都写进去了。

吕露：《我亲爱的精神病患者》是你第一本正式出版的作品？反响不错的样子。豆瓣评分8.5分。你是什么感觉？纯文学与出版的关系，你能想象读你小说的人是什么样子的人？

赵志明：这是我的第一本出版物，其实大都是我很多年前的作品。能出版当然是好事，不出版我也不可惜。考虑到能增加点收入，在这一点还是很感激的。这纯粹是穷人的心理。我不太设想我的读者是什么样的，能读书就不错。读了觉得喜欢，他就不枉此行；读了吐槽一下，我也能理解，也觉得抱歉。不过没办法，这种上当感我也不可能去弥补他。

吕露：书名是你取的？现在很多作者的想法都是：能出版已经很不错了。

赵志明：书名不是我取的，但我觉得这个书名比我取的，比如说《还钱的故事》好。出版不出版，这还是一个选择题。事实上，我觉得还是会有一些人，会觉得出版不是终极的，至少他们可以有选择，比如做独立出版，比如在独立出版中，可以选择"橡皮"、"黑哨"或者"联邦走马"。

吕露：至今，你做过几份工作？现在你在楚尘文化做什么？

赵志明：我大学毕业后，在楚尘的文化公司（当时叫南京麦田文化）上班，做编辑，后来因为意外跟一个朋友来到北京，在一家投资公司上班，但没做很久。正好楚尘来北京做公司，我记得当时正好是中国公开赛，楚尘带我去看了场网球，我决定继续在他那里工作。工作了三年，觉得各种事情不是我能处理的，就辞职了。跟一个朋友做了个小公司，也没做起来。这个就不说了。然后经杨黎推荐去万夏的公司上班，也没做好，自己做了逃兵。这是我觉得最为愧疚的事情，一直觉得自己对不起万哥夫妻俩。我可能抗压不够，也没有珍惜当时的机会。后来就跟我的兄弟饿发一起做小饭局，做了两年。还是觉得年纪轻轻不能这样混下去，就和饿发一起，到楚尘文化（楚尘后来与重庆大学出版社做的公司）上班，因为当时楚尘文化做的很多书，自己都很喜欢，也希望自己能做点成就出来。我在楚尘公司负责营销工作，就是和发行商、媒体等打交道。事情比较琐碎，一天到晚都是QQ啊电话啊邮件啊报表啊计划啊，没有什么成就，比较灰头土脸。

吕露：楚尘在几次聊天中跟我说我应该找你，你的小说写得很好。听说你丢过他一个很贵的球拍？也听说你和饿发做的小饭局经常有圈里朋友光顾，味道不怎样，但大家都爱去喝酒，喝完就打牌。你跟饿发怎么混在一起的？初见他觉得像地痞，后来知道楚尘文化的微信号是他做的，完全改变了对他的印象，好品位。

赵志明：嗯，我丢过他一个很贵的球拍。我完全不知道那球拍有多贵，但我知道肯定好贵。由此可见，我跟楚尘生活品位相差很大。当然啦，他是图书公司老板，用的东西肯定要有所讲究。我一直把他当我兄长看待。至于饿发，他跟我是性情相投的兄弟，虽然处事方式、表情达意上有些微差别，但不妨碍我们互相欣赏。他人很好，有才情，有能力，可能一直荒废和埋没了。他负责楚尘文化的微信，就可见一斑。至于你觉得他很地痞，可能他在姑娘们面前都这样的。男人不坏，女人不爱嘛。

吕露：你入选了第12届华语文学传媒大奖年度潜力新人提名，现在，很多人在谈论你，你的小说，书也卖得不错。这是你想要的吗？

赵志明：十年前，好像也有很多人在谈论我的小说。所以，被很多人谈论是外在的，跟我有点关系，但关系具体有多大，我不好说。能被提名倒是很高兴，因为这是我的第一本书，能入选很不容易。还是要感谢提名人和评委。我记得以前阿乙说过，写小说，可能不会顾及得奖，不会顾及读者，更不会顾及销量。

其实，我一直处在谋生艰难的处境

吕露：你认为对你小说最大的褒奖是什么？

赵志明：朋友们喜欢，比如说，你喜欢我的小说，就是对我最大的褒奖啦。

吕露：文学对你有没有过伤害？生活上的，精神上的。

赵志明：文学不会对人产生伤害吧，最多就是让你产生挫败感。在生活层面和精神层面，文学可能偏向于后者。所以只有一种结果，那就是选择了文学，可能在生活和精神上有所取舍，但构不成伤害。

吕露：你会给自己制定计划吗？

赵志明：很少给自己制定计划。上高中时定过复习计划，大学之后除了写作，就没有其他明确的目标了。我不喜欢设定一个目标，然后按照计划一步步靠近过去，感觉即使能达到目标，也挺麻烦的。

吕露：你有没有特别沮丧的时候？什么时候？

赵志明：我不太能理解沮丧这种情绪。我会放弃，会烦躁，但很少沮丧。

吕露：你怎么理解"沮丧"这个词？

赵志明：我不太能理解什么人会特别容易沮丧。经常沮丧的人，可能是习惯性了。一个经常提防着最霉运出现的人，是不会有心理空间给沮丧的吧。

吕露：最近你在做什么？

赵志明：最近我在上班。我在北京楚尘文化做营销总监，每天烦琐的事情很多，处理邮件，接打电话，查看网站，几乎都要花去五六个小时。都是很具体的事情，具体到像我这么聪明的人，都找不到讨巧的方法。比较悲催。

吕露：很多小说家都有写作之外的职业，工作跟写作之间对你来说会不会有影响？

赵志明：其实，我一直处在谋生艰难的处境，写小说只是我自己找到的一种纾缓的方式。这两者之间不是对立的，对于我来说，最多也就是一个对两者的精力分配的问题。

吕露：上次对话时候你还没有去广州领奖，那时只是提名。现在，你已经获得华语文学传媒奖年度最具潜力新人奖，你觉着自己有什么变化？与外界的联系？

赵志明：没什么变化。与外界的联系也跟平常差不多。要说我自己的变化，就是之前我一直很自信的，现在反而有点不自信，可能这就是获奖综合征吧。

吕露：怎么不自信，你知道还有这个获奖综合征？

赵志明：因为有些朋友会劝我，这次获奖对我很重要，要珍惜和把握这个机会。可是我是很茫然的，内心里当然很感谢组委会的青睐，但我对很多东西都很陌生，一时不知道怎么办。获奖综合征应该有吧，要不然为什么会有那么多奖项，有那么多人渴望获奖呢。

吕露：这次在广州你跟谁聊得最多？

赵志明：诗人张执浩和小说家田耳。跟他们聊天很愉悦。

吕露：最近你有在写小说吗？你写过最久的一篇小说有多久？你喜欢有整块儿时间留给写作吗？

赵志明：有，在写。有的小说能拖好几个月，有的小说写完不满意，要反复改好几稿，时间也挺长的，遇到事情一打断没准就要搁置一年半载。如果有很多时间留给自己自由打发，哪怕不写小说，也是挺好的。我喜欢缓慢，如果赶时间我会略微有点狂躁，会坐不住，心里发慌。

吕露：你现在有那种"对未来充满希望"的感觉吗？

赵志明：没有，我本质上就不是一个乐观的人。

2014年12月4日

赵志明：江苏常州人，从事过出版、餐饮、影视等业。2001年毕业于南京师范大学，同年在河北教育出版社华东编辑部任职，参与编辑"年代诗丛"系列等图书，认识韩东、顾前、刘立杆、外外、曹寇等一帮"他们"写作者。2005年到北京，2008年和诗人张羞等朋友发起坏蛋独立出版，出版诗人竖、乌青，小说家曹寇、孙智正的诗集和小说，被誉为独立出版的发轫之作，广有影响。2010年与诗人饿发开办"小饭局"，呼朋引类，有诗有酒有朋友，不亦乐乎。2012年在豆瓣发表《还钱的故事》《I am Z》《爱情单曲》《小五篇》《你的木匠活呵天下无双》等电子书，被评为豆瓣最受欢迎的小说家。2013年12月，出版个人第一本小说集《我亲爱的精神病患者》，获得"华语文学传媒大奖""最具潜力新人"奖项。现居北京。

Mao Xuhui

吕露对话毛旭辉：
每天都能看到白云从你的头顶飘过。

毛叔的画和他本人非常非常吻合。一点点缝隙也没有。

我在云南，画倒了一把椅子，躺在大地上

吕露：如果有人让你自我介绍，你怎么介绍？

毛旭辉：我在云南，几乎每天都要画画，不画画也要在工作室待着，要去哪儿也要先去工作室。现在不抽烟不喝酒，但要喝茶。书看得很少。觉得还有很多事情没有做完。现在在准备一个个展，这个对我很重要。总觉得做完这个展览，才知道未来是什么。

吕露：什么个展？

毛旭辉：在湖南省博物馆举办的"艺术长沙"的活动里，有我的个展，这是由好几个个展组成的一个活动。我这个展览，想把它取名为"永远有多远"。

其实"永远"是被说烂了的一个词。当我母亲去世的时候，这个词对我有很大的困扰。我原本不知道"永远"意味着什么，只有我失去母亲后才明白个中的含义。所以做这个展览，除了对她的缅怀，也是我对这个问题的追问。

在我母亲去世之后的几个月里，我一直被这两个字缠绕。有一天，我发了一短信给我的朋友，好像在询问她"永远"是什么。她回了一条短信，说："我们不能永远地拥有，我们只能永远地失去。"

后来的那段时间，我在画画的时候一直在寻找这感觉：我不知道哪一天，我画倒了一把椅子，躺在大地上，突然会很释然。我就写上：她安详地去了。

我希望艺术有这样的提示，让我们去想，"永远"到底是什么。所以，昨天你说，它会过去，也会回来，我很感动。

人很奇怪，母亲在世时，你真的会觉得她永远地存在，心里总有一份踏实的感觉。但当她真的走了的时候，你会发现，你是留不住她的。

吕露：死亡是一种变化？

毛旭辉：它或是情感的变异，它或是一种植物的腐败。讨论死亡的时候，很有意思，人对死亡还是麻木的，死亡每天都发生在我们的生活里，比如一棵树的衰败，一栋楼房的拆除。昨天和今天，都有某种东西和这个世界告别。一样东西失去的价值，往往都是在之后才受到重视，比如一条河的死亡，一座村庄的消失。只有发生死亡的时候，人们才会想到它。这很奇怪。

吕露：有什么奇怪的？

毛旭辉：比如我童年生活的昆明，它现在已经不存在了，你会听见很多惋惜的声音。就像我母亲活着的时候，只有她真的走了，你才觉得母亲也是会走的。人类总有这样的麻木。

吕露：你现在是麻木的吗？

毛旭辉：这种麻木是不可避免的，包括我自己，我们在珍惜一些东西，同样也在漠视一些东西，不可避免，这可能是人类的命运。我想，人类如果珍惜所有的东西，也没法变化了。

一个人活着就应该有一个工作室

吕露：昆明是一个什么样子的地方？

毛旭辉：现在它和所有的城市一样。没有什么特点，唯一保留的，只有这片天空。它还好，至少是一座有天空的城市。我觉得中国的大部分城市是没有天空的。

吕露：以前的昆明呢？

毛旭辉：以前的昆明是一座小的城市，非常安静，行人也不多，车也很少，包括在我的童年，也就是20世纪五六十年代，还保留着不少的明清时代的建筑。它曾经也有一段法国殖民的历史，其烙印也会印在建筑和梧桐树上。

吕露：为什么会喜欢以前的昆明？

毛旭辉：主要是今天的昆明发展得令我不满意。虽然谁都懂得一个简单的道理，它总会发展，但它发展得不尽人意。不过我也好像从没有要离开这里的想法，我从认识世界起就在这里。

吕露：在工作室待着是什么感觉？

毛旭辉：工作室是比家还重要的空间，因为它可以百分之百地属于我。在这里，我觉得我和我认为最重要的东西是在一起的。我会在这里听很多音乐。我会在工作室的书架上放很多艺术家的照片和作品，可能是音乐家，也可能是个文学家，也可能是诗人。我觉得只有在工作室，你才可以和神真正的对话。人必须有这样一个工作室，尤其像我这样的人，才可以正常地生活在这个世界上，否则我什么都不是，一点也不重要。当我走出这个工作室的时候，我就是个普通人。当我回到这个工作室的时候，我好像比普通人多了点什么，它是艺术吗？好像也不尽然。它是什么，不容易说清楚这种感觉。总之，一个人活着就应该有一个工作室。否则，我们真的会浪费自己的生命。

吕露：你浪费过自己的生命吗？

毛旭辉：应该说每天都在浪费，或者说，每天都有浪费的时候。因为我们不可能每时每刻都处在对话之中。我们必须要浪费，才可以对话。因为每分每秒生活在工作室里，是毫无意义的。世界就是这样，有工作室和没有工作室。我这样的人，必须穿越在工作室和不是工作室这样的地方，才能找到它的价值。

所以我的工作室不会轻易让人进来，没有我的允许，一般人进不了。我不喜欢工作室的门开着，当然我会开窗。我的工作室里有很多音乐，有一些我过去读过和我现在感兴趣的书，现在又多了一台电脑，以及几张我比较喜欢的椅子。当我心烦意乱的时候，我就会在工作室里待着喝茶，听音乐，我才知道我应该要干什么。其实我的工作室很简朴，就是一个20世纪70

年代的厂房，我不知道它有多少抗震的能力。我常常会想，如果来一场地震，这个工作室会怎么样？我很担心它会垮掉，然后我就会变成一个真正无家可归的人。我想那时，一个艺术家的悲剧就诞生了。真的，我不能这样想，我不能失去我的工作室。换种说法，可能真是有了这个工作室，我才活在这个世界上。艺术家很脆弱吗？要依赖这个工作室？没有工作室又会怎样？不是很多人没有工作室吗？还不照样活着。那艺术家有什么特别？艺术家干什么？其实艺术家也没有干什么，他不过是经常和自己对话。和自己对话，对艺术家来说，是不是和吃饭一样很重要？好像是这样。

艺术征服了时空

吕露：最近在做什么？

毛旭辉：最近主要忙于作品、教学、辅导一些研究生的论文、为学生的个展写一些文章、我这些80后的学生，正在登上历史的舞台，他们纷纷在举办个展，有的在本地，有的在北京，我为他们的成长感到欣慰。

吕露：欣慰在你心中的意义是什么？

毛旭辉：就是感到喜悦。我年轻时，学术的氛围是寒冷的，那时只有少数的朋友相依为命相互交流，喝酒，一起挣扎。所以，我愿意为我的学生们做一些事情，他们像我的儿女。他们成长进步、有了成就，我会打心眼里高兴。

吕露：缺乏交流的时候是什么感觉？

毛旭辉：年轻时会让我产生绝望，会激发一种反抗的愤怒。当时会觉得周围是沙漠。

只好多读书，美学、哲学、艺术，画一些大众不能理解、专业团体不认可的作品。一方面感觉孤独，同时也很得意，因为我们终于和大多数区别开了。

吕露：那时候的朋友们现在都在干嘛？

毛旭辉：少数的还在进行创作，有的到国外去了，有些好像和艺术离得比较远了，我不知道这是为什么。80年代初，我们非常渴望到西方，觉得那里离艺术更近，因为那儿有梵高、毕加索、高更，就像艾伦堡说的那样："巴黎的空气里都充满了艺术"。但是我真的不知道为什么很多的朋友到了欧洲，反而离艺术更远了。我想，大概是生存让他们远离了艺术。所以我现在待在云南，心安理得，我庆幸我没有到别的地方生活，我也庆幸自己与艺术保持着亲密的关系。可以这样说，没有艺术我不会活得这么长，假如没有了艺术，我会很乏味。艺术征服了时空。回想起80年代的和平村，我在那儿工作生活了七八年时间，也在那儿创作。在那里我接待了很多南来北往和艺术有关的朋友，他们中的很多人，喝过和平村的地摊上太多的苞谷酒。

吕露：1971年，你在百货公司工作过？你还说你没有面子？

毛旭辉：是，这是个时代的问题。在我少年和青年的时代，工人阶级是排在社会各行各业的第一位。那时我除了想当兵，就是想当一名工人。结果中学毕业时却事与愿违，我不幸被分配到了百货公司，那被称之为商业部门的地方。那个年代，商是排在工、农、兵、学的后面的，最后才是商，我觉得很失落，觉得一个男子汉被分配到商业部门，很可悲。我很羡慕我的同学和二哥他们都分配到了工厂。那个特殊的年代，和现在的价值观完全不同。

从事艺术就是在抵御人的天性的丧失

吕露：为什么会画剪刀而不是菜刀或别的什么刀？

你的解释是：当时（20世纪90年代末）中国的绘画没有艺术，只有国际身份的识别标志，所有的杰作都是2010年前出来的，此后的作品却跟随潮流，很无聊。当代艺术第一批艺术家的贡献是不可低估的，但艺术家的表现却十分软弱。为什么一定要讲中国故事？脱离了中国身份，艺术家就没有其他的途径？我宁可回到虚无，朝一个危险的方向，那更接近我个人的状态。

毛旭辉：其实画剪刀是一个很自然的事情。我觉得画画是面对所有的事物，它不应该在这个问题上有什么等级之分。不管你是在画一棵树、一块石头、一张脸，我觉得这没有价值的高低。选择一把剪刀，是因为它出现在我的生活里。1993年到1994年这段时间，我的身体出现了一些问题，我为80年代那些狂热的日子付出了代价。在那些年，我经常喝醉。十年后，我发现我的整个消化系统出现了很多问题，1994年的那段时间，我经常吃药，用剪刀剪我的药片，我的桌子上常常堆满了药片、剪刀、烟灰缸和病历本，大家都知道在，1994年中国当代艺术正处在非常热闹的时期，政治波普和玩世现实主义这两大潮流迅速地获得西方的认同。这两大潮流的代表性人物在那些年参加了许多重要的国际展览。我当时的创作和这两个潮流毫无关系，表达的东西截然不同。

1994年，我也去北京住了一阵子。其中一个目的，就是想知道，为什么这两种潮流有这么大的影响力。我曾经把自己的作品给一些有影响力的人看，然而没有人觉得我的作品有意义。反过来讲，我也对那些走红的艺术感到怀疑，半年后就回到了昆明。我觉得只有回到昆明，回到自己熟悉的日常生活，我和艺术才有关系。

那几年大家都热衷谈论的是国际接轨，我觉得这跟艺术没有关系。如果艺术和艺术家本人的日常生活失去了联系，会很空洞。北京之行，让我更加珍视自己的生活，在云南的生活。那时候我开始画自己的家，画家中的桌子、沙发、墙上挂的东西，我把这些作品称为"日常史诗"。画剪刀，也是在这种状态下出现的。应该说，是我与剪刀的相遇，它就在我的桌子上。

吕澎：吕澎在《中国现代艺术史》里说"如果我们一定要为伯格森的生命哲学在中国寻找一个形象陈述人，选择毛旭辉的艺术是不会过分牵强的。毛旭辉显然代表了一批丧失'理想'"。你自己怎么认为？

毛旭辉：我的确对"文化大革命"那个时期所热衷的理想感到了厌倦。"文革"十年，人性受到压抑。1976年之后，社会重新面对和讨论关于人性的话题，我就是在那个气氛中上了大学，成了"文化大革命"之后的第一批大学生。时代的变迁使得我们那代年轻人不得不去寻找新的价值观，于是逐渐开始接触除了毛泽东思想之外的其他理论。中国再次向世界敞开了大门。萨特、弗洛伊德、尼采、叔本华、爱因斯坦，包括伯格森等西方哲学思想和艺术理论进入到了我的视野。在他们思想的影响下，我发现我们的生活存在着很大的问题。

在那个时期，我们的国产电影里不能出现接吻的镜头，"爱情"两字都是大家羞于表达的。我至今都能记得，有一天学校的广播里突然播放了舒伯特的《小夜曲》，听到这优美的音乐，我凝固了。因为十年的时间里，无处不在的高音喇叭播放的都是人民日报和红旗杂志的社论或革命歌曲。

吕澎：你在1986年9月给北京艺评家高名潞的信中说："……当我们作为一个社会人而存在的时候，我们注定成不了一匹白马、一个牧羊女、一棵桉树，我们的内心是分裂的，生活是支离破碎的，理想和现实的冲突、本我和超我的冲突，以

及我们这一代人的历史，都很难使自己长久地沉浸在牧歌之中。高原的阳光能抚慰心灵，但拯救不了心灵。当意识到这种空虚时，在我们的画面上又一次与牧歌告别了，也许今后还得在红土中寻归宿，但不是此刻，不是现在，我们得面对生命本身，去面对我们不愿面对的一切。这似乎成为一种使命。这是一种生命发展的必然过程，没有人能超越过去。这是一种"歌德式"的痛苦，人得去面对自身的具体存在，艺术也不能超越这样的问题，任何妥协回避退却，都不过是一种对生命的放弃，艺术必须具有这样的严肃性……"

看到这些话我有些激动、感动。一直以来，你怎么面对自己"歌德式"的痛苦？

毛旭辉：我觉得从事艺术就是在抵御人的天性的丧失。从我们的本性来讲，我们都愿意变成一棵桉树。但是在成长过程中，我们避免不了被社会化的过程。我认为这就是一个"歌德式"的痛苦。现在我记不起，我提到歌德是想到了什么。可我觉得应该是他写的《浮士德》。我觉得他谈的就是人的本性，一种分裂的状态。

这个问题太具体，一方面我有一个工作，在单位上，会面临另外一种人生，一个和理想毫无关系的工作。还有家庭，我觉得所有的这一切，都在和我的理想作对。和这种社会的对抗，会产生另外的艺术——对社会对个性压抑的控诉，它是一种恢复人性的带有批判性的作品。当我提到红土、蓝天、牧羊女的时候，我是生活在伊甸园里的。虽符合我们的天性，但不是我们的现实。

我们已经生活在一个具体的实际生活，这就逼迫一个违背天性的人去反抗现实，他才可能重返伊甸园。你没有这样一种反抗的过程，你也不可能回到牧歌之中。人的天性里的梦想，没有经过社会化的摧残和伤害，那个梦想还是很空洞的。

那封信，还是经过长期的思考，才回复给老高的。在云南，必须要回答一个问题，大家对云南概念化的认识——好像我们天生就是生活在牧歌之中了。但是他们忘了，云南也是一个很具体的地理环境。我的意思是想说，云南和所有地方一样，它会面对共同的社会现实问题。

你生活在云南，离蓝天很近，每天都能看到白云从你的头顶飘过。但是我们的马路上仍然和其他地方一样，有红灯绿灯、有警察和乞丐。这里绝大多数的人都要靠工资吃饭，骑自行车挤公共汽车去上班，为了维持基本的生存。当这样去说的时候，你离你的田园牧歌，便十分遥远。实际上，我的青年时代就是处在人人生活在单位上的现实。单位是什么？单位就是一种集体生活。在80年代，我们使用公共厕所、公共浴室、公共电话，个人生活的空间是很狭小的。在80年代，我画过《私人空间》的系列，我想画那种被遮蔽的生活。因为我觉得生活在单位上的虚假和实际，对我来说没有吸引力，我想回到个人的真实状态中。我想知道个人在私人空间里，那些水泥盒子里面，他们在做什么，能做什么？有时候在黄昏的时候散步，最吸引我的是夜幕降临之后，那些房子里面不同的灯光。我就在想，每间窗子里都有不同的生活，这些跟我单位上看见的那些面孔、表情，是不一样的。有时候我看见别人的窗台，很入迷，很温馨，我会观察别人使用的窗帘那些花布，有时候看到一些影子在房间里活动，都会引我无尽的遐想。但常常自己回到房间的时候，还是会孤独，孤独是一个很大的问题，有些孤独是自找的，因为一个生命，总想知道自己要到哪里去。这又回到我们的天性上，回到我们的梦想，然而我们又被具体地束缚在一个地方，可能是某个城市，某个街区，某个阶层，某一栋宿舍。而梦想常常都与这些无关。当和现实发生冲突的时候，我会特别孤独。跟老高的这些交流，就是想讲清楚，我生活在云南,是如何在进行创作。我觉得艺术,是超越了所有的地域概念的。我相信,每一块土地上,都会诞生出伟大的灵魂。灵魂是自由的。艺术创作,就是给人意想不到的出现,在你意想不到的地方,产生一些意想不到的感受,它是不能被规定的。我只是想提醒他,不能因为我周围的环境来判断我。我们虽在云南生活,但我们同样在关心着世界文化的进程。只有从这个角度,才可以真正了解我在云南的创作。它是云南的,但更重要的是,它是个人的,也只有说它是个人的,它才可能是世界的。

我是分裂的

吕露:你觉得是生活想改变你,还是你更想改变生活?

毛旭辉:首先是生活想改变我,然后我开始反抗。在我有反抗能力的时候,我开始反抗。你想,我在3个月大的时候就来到云南,实际上就是生活在改变我的命运。我在14岁时,懵懵懂懂地学会了画画,我在试图改变自己的生活,是艺术让我有了武器,它可以改变我的命运。我一直都是这么做的。从那时候起,我就没有放下过画笔。因为绘画,我进了大学,脱离了作为一个商业部门小职员的命运。

吕露:生活的苦会远比快乐多吗?

毛旭辉:生活的确很苦。但对我来说,这种苦源于精神。可以庆幸地说,我没有尝过吃不饱穿不暖的日子,但我觉得人类最大的痛苦是来源于精神上的。当我们想改变自己的命运,想顺从自己天性的时候,我们就会碰到各种各样的压力,甚至有时自己是胆怯的。在我心目中,真正的英雄不是那些肌肉发达力大无比的汉子,而是在内心中超越自己的人。

吕露：你超越了吗？

毛旭辉：可能是一边在超越一边在妥协，而后又试图超越，又妥协，总是在这种反反复复的过程里。我没有达到完全的超越，但我知道超越是必须的。这指生活中的很多方面，就是世俗生活和精神生活，我很难将这两者统一起来。有时候觉得是一种遗憾，但又能怎么样呢？我们不可避免地要过世俗的生活，但精神的光辉又是那样的迷人。有时候我觉得自己的这些苦恼很古典，可我确实没有把这两者协调好的能力，我尽量把这种痛苦转化到艺术中去。有时候会有这样荒唐的感觉，我在世俗生活中所承受的那些痛苦，就是为了完成艺术上的某种使命。在我看来，精神的真实不亚于现实的真实。我是分裂的。探讨这个问题对我来说，太艰难了。

吕露：为什么？

毛旭辉：我渴望精神和肉体的完美状态，但现实中很难实现。有时候我觉得这种分裂是现实生活强加给我的。主观上，我们想是一个健康的人，而好像在生存的过程中，不断地被肢解，精神一次又一次地崩溃，我很难说下去，反过来讲，正因为这样一个状态，艺术对我来讲，就更加重要。因为我必须通过艺术和艺术的创造去寻找生存的答案，我不知道我为什么始终相信艺术。我想，一方面艺术保留了更真实的我，或者说艺术帮助我超越了自己；另一方面只有在创作中的淡定，才能把握生活中所谓的激情。

吕露：你和我说希望今后自己是死在画室？画画于你来说，很重要？多重要？

毛旭辉：画画就是我的生命。因为它，我找到了自己的尊严，摆脱了无知、幼稚，让我懂得敬畏自然，也懂得了爱。事实上我还觉得，画画真的是打发时间最好的方式。当然，它也给我带来了很多挑战，其实它就是一个人生命的证明，它是什么？它能做什么？它做了什么？我也只想在绘画上面证明，我是什么。

吕露：喜欢花？

毛旭辉：中年以后，渐渐喜欢上花。年轻时不太喜欢，我觉得它太脆弱。我喜欢的植物都是剑麻、桉树，我喜欢强悍的植物。所以80年代，我都把树干画成了红色。还有一点，那时觉得花都是小资情调，至少在我的创作中，会排斥。目前画花，主要是源于我父亲去世。整个的2007年，让我感觉世界没有色彩。整整一年的肃穆和缅怀的状态，导致2008年我突然对春天的到来感到振奋，精神有所解脱。花由此进入到我的画里面。我看见绿色和花都会感动，尤其昆明常见的三叶花。这普通紫色的花，它茂密得可以覆盖整个夏天。我终于意识到生命的消逝又复苏的感动。

我经常都会有跳下去的感觉

吕露：什么时候会流泪？

毛旭辉：听音乐会流泪，看电影也会，母亲去世的那个阶段，常常会泪流满面，开着车也会流。

吕露：你曾告诉我，你有一次在一座山上，特别想跳下去，还记得么？

毛旭辉：我经常都会有跳下去的感觉，我想可能源于生存的压力吧。有时候我很怕听到别人跳下去的事情，比如去年像富士康那些跳下去的年轻人，都会对我有影响。

在滇池边，有一座美丽的山，叫西山。我小时候常常听人说许多不能实现爱情的男女，都从西山的峭壁上跳下去。每次我去西山的龙门，就会想那些跳下去的男男女女。可能跳下去有一了百了的感觉，有一种脱离俗世的冲动。当然，这是一个简单的办法。我当然不愿意像这样了断，我更愿意在我的画室结束生命。

吕露：理智对你来说意味着什么？

毛旭辉：控制，冷静。因为我们都经历过年轻时代的狂热，我想理智或理性是对激情的保护，也是对自我的保护，是像迷彩服那样的东西。如果理智或理性走向违背自己本性的反面，我就要把这个它消灭掉。

理智或理性是实现个人理想的武器，它就是一个工具。可能由于我生活在南方生活在云南，对激情对非理性的东西及神秘主义更加偏爱。还因为我从事的绘画艺术，我更相信下意识、无意识对我的创造更有益处。在艺术中，我更相信非理性的东西，那里面包含着更多的真实。从我的角度，理性只是为激情和非理性服务的。

吕露：最敬畏哪些艺术家？

毛旭辉：我不会敬畏我喜欢的艺术家。我敬畏的艺术家都是我达不到他们描绘世界的能力的那些，因为他们太理想了。比如达·芬奇、维米尔这样的艺术家。但是我想起塞尚、毕加索，想起高更、梵高，我喜欢他们，我觉得他们就像我的朋友，我对他们没有敬畏，还有蒙克。这些艺术家就像自己的师长。当我在创作中感到犹豫、困扰的时候，我就看他们的作品。每次和他们的对话和交谈，我又能回到自己创作的道路上。对达·芬奇，以及文艺复兴时期的艺术家们，我总是充满敬畏。

2011年4月采访　5月整理

2012年7月再修改整理

毛旭辉：1956年6月生于中国重庆，当年随父母移居昆明至今。1982年毕业于云南艺术学院油画专业。2001年起工作于云南大学艺术与设计学院，现为云南大学艺术与设计学院美术系绘画二工作室主任。

Xiao Yin

吕露对话小引：
我一直想去更远的地方。

小引爱喝酒，爱在宵夜摊上喝冰啤酒，爱在消夜后回家写诗，小引去过很多很多地方，他的诗在很多很多地方写成。

吕露：你喜欢自己在这个世界上的哪个角色？

小　引：这个……我觉得自己还不算很分裂吧？或者说，如果真要说扮演的话，我以为人生其实只有一个角色。儿子，父亲，丈夫，教师，诗人，朋友等等都是融为一体的，不好区分。角色是对人的一种约束吗？

吕露：我总觉得还有别的角色，只是我们不知道，或者我们知道但我们不是很肯定，你写的诗，好像是很多个小引写的，但它们都是你写的。你写诗多少年了？它们让你看到了什么？

小　引：你的意思是，写作就是一个我看见了另外一个我？哦，从写作的角度来说，或许真的是这样的。你在诗中选择的一个视角决定一首诗的走向。这是不是你说的"世界上的角色"？其实小引只有一个，不过是昨天从北边看过一棵树，今天又从南边看见了。我写诗大概快三十年了，如果把学徒期算上的话。上世纪80年代末，阳光灿烂，正好写诗。平生少年时，轻薄爱弦歌。慢慢年纪大了，现在是北临太行道，失路将如何。

吕露：你如何看自己写的诗歌？有没有写"坏"掉一首诗？写过自己之后不喜欢的诗吗？

小　引：我很少读自己的诗歌。除非是刚刚写完的那几天，会重新读，换个地方读，换个方式读。比如电脑写的用手机读，手机写的用电脑读。这样不过是为了通过阅读习惯的改变来重新审视一下，修订语气节奏而已。我经常会否定自己，我不是一个很自信的人。在写作上，我倾向于认为写作是不可能的事情，是一种永远无法完成的事情；是一个人走夜路又没有月亮，看见远方有灯亮起又熄灭；是个过程。

吕露：你多半的时间都在做什么？你好像总是在路上，因为工作？

小　引：嗯。我不喜欢老是待在武汉。虽然我十分热爱这座城市，但那也只是我生活的地方。我喜欢旅行，喜欢边陲偏远的地方。中国大陆上的国境线我几乎都走到了。有许多人问过我这个问题，我也解释不清楚。反正寒暑假有时间我总是愿意背包出去看一看，山顶也好，峡谷也行。总之是喜欢乡野之地。

吕露：一个不自信的人喜欢四处走？喝酒，写诗，对乐器也有一定偏爱，你走到哪里的时候会哭？或者说，你有没有因为去到某一个地方之后而哭，为人为物？

小　引：我只是在写作上不那么自信。在其他的方面，我觉得应保持谦虚和学习。这似乎很微妙。我的意思是说，写作因为深入，相反不自信，其他的因为肤浅，所以要保持学习。旅行如此，喝酒也是如此。我很少哭了，男人40岁后，应该适当地体现出克制和冷静吧。万物伟大，个体渺小，人的心渐渐通透了，会感动，会感同身受，但是很少哭了。不过有时候看特别煽情的电影会偷偷流一下眼泪，但过一会就恢复正常了。

吕露：你独处的时间多吗？会做什么？为什么会这么喜欢喝酒，酒量还这么好？

小　引：大多数时间都是独处的。有时候是一个人，有时候是在人群中。这跟我是不是诗人没关系。其实每个人都是这样的。只是一些人以为跟别人在一起，就不算独处了。这很悲哀，又没有办法。一个人独处，有两件事情可以做。第一就是想心思，第二就是看看书。我实在想不出还有比这两样事情更合适的事情了。我的酒量并不是很好，主要是跟我经常喝酒的朋友，酒量太差。喝酒是一种交友的方式，男人之间总需要某种仪式性的交流方式。不能总是很规矩地坐在一起促膝长谈吧？所以喝茶或者喝酒，在仪式感上满足了这样的要求。喝酒时大家觥筹交错，交换想法，签订盟约，喝茶时大家互相了解，轻声细语，约定承诺，挺好。

吕露：你跟张执浩、艾先他们喝了很多年的酒了，不烦吗？

小　引：不烦啊。反正总有许多话讲。没有话讲的时候大家沉默一会儿，好像沉默也是一种交流。男人之间的交流大抵如此。说那么多没用，其实是潜移默化。

吕露：去书柜翻了一圈，有两本你的诗集，你出过几本诗集？去年还有一本随笔集。张执浩说你是快枪手，写得快，写得又好。

小　引：目前就公开出过两本诗集，随笔去年有一本，今年马上还要出一本。我以前做过很多本民间诗歌刊物，比如《或者》《方言》，主要是编辑一些诗歌同仁的地下刊物，论坛时代过去之后，也停了下来。我写文章是很快，好不好，就不知道了。

吕露：《或者》论坛做了十多年了，你还办过几届"或者"诗会。那时候好像很疯狂，火热。现在是微博微信时代。你也不太用微博了。

小　引：是啊。许多往事，很有意思。以后慢慢想办法，做本总结回忆网络诗歌的书，肯定很好玩。以前办诗会都是民间活动，找赞助，找场地，都要自己来。邀约朋友，订宾馆，订餐厅，然后五湖四海的兄弟来喝酒，谈诗歌，吹牛皮，多好玩啊。喝多了就几个人挤在一间屋子里聊天，彻夜不眠。喝几天酒然后各奔东西，现在想起来很伤感。有一次河南诗人冷眼来武汉，喝了几天了，实在掐不住了，他买了票独自回平顶山，我们以为散场了。结果过一会他打来电话说，小引，我把车票退了，我们再喝一顿吧？哈哈。结果又摆上桌子继续喝。还有一次，河北诗人曹五木来武汉参加诗会，喝多了回宾馆，打了一辆出租车，司机问他去哪里？他上车指着前方的夜空说，去廊坊……司机一定很奇怪，廊坊？廊坊在哪里？

吕露：之前不知道在哪里看过一句话，大意是，我们以为的幸福没有过去，只是在幸福中我们不知道。听上去，那些你提及的往事，也不仅仅是历历在目，总是要分开，总是要回到各自要去的地方，总是要一个人想心思，看书。你说的，想心思，

看书。你有没有跟自己无法相处的时候？那时候，怎么办？

小　引：好日子已经被我们过完了。不仅仅是我们自己，其实是整个人类。我对幸福这个词深感迷惑。或许许多时候我们并不理解什么是幸福，我们追究的只是一种感觉，这是主观的，太不确定了，近乎于自恋。很容易产生的误会就是，我得到了物质享受就是幸福的，或者误以为快乐就是幸福。但实际上似乎跟幸福没关系。国家机器对人民的宣传不就是这样的吗？我从来没有想过跟自己无法相处，只是有时候会想到自己做错了许多事情，羞愧内疚。

吕露：你跟孩子在一起会跟他说什么？他会问你很多问题吗？比如？

小　引：说什么呢？现在的教育制度，我跟孩子也不好多说。一是因为他还小，二是真要说什么，需要仔细斟酌，如何引导。他喜欢看书，只是孩子们之间会有另外一个世界在交流，看玄幻什么的。我就努力推荐一下其他的书读一下，科技方面的，人文方面的。比如前一段时间重庆大学出版社出了一套《给我的孩子讲》就很好。讲死亡，讲爱情，讲达尔文，讲人类起源，讲宇宙，讲20世纪，讲欧洲，讲哲学。我也陪着一起读，挺好看的。

吕露：你现在会问父母问题吗？你们相处有难度吗？

小　引：基本上没有什么生活思想上的问题需要咨询他们了，相反是他们会问我一些问题。正常的相处当然不会有什么问题。不过我的父母都是老布尔什维克，在谈论到政治体制改革和一些敏感话题时，他们会持与我相反的意见，也会产生争论，甚至很激烈的观点。但往往是最后我闭嘴，结束争吵。

吕露：如果没有牵绊，你会去更远的地方吗，并且去很久吗？我记得以前问过你一个问题，你去过最远的地方是哪里，你说是殡仪馆。

小　引：呵呵。是的。我当年是这么回答你的。现在应该怎么回答呢？

我有点犹豫，我一直想去更远的地方，去了以后慢慢往回走。我说过另外一句被他们传诵的话，回家的路才是旅途。

吕露：你尝试过写小说吗？记忆中，有。但开头之后就放下了。

小　引：是的。我很会写小说的开头。然后写完开头之后，就不想写了。小说是体力活，需要耐心、坚持、自律甚至自虐。我不适合。

吕露：诗呢？

小　引：诗自由散漫，比较适合我的个性。短兵相接，刺刀见红。一击即中，不中就走。

小引的诗

《致敬》

十年前我看见过

星空下的河流越来越慢

清风磨损着山岗

与你无关

再也不能这样盲目了，亲爱的

家具要对得起木头

衣服要对得起棉花

酒要对得起粮食

2015.1.26

《在黄昏》

1

冬日的黄昏正在降临

仿佛一场久等不来的大雪

你独自走在回家路上

仿佛那场久等的雪突然下了起来

在解放路

你突然感到了悲伤

2

许多事情就像黄昏时的火车

一列火车开过大桥

即便你看见了

你也不会在意

一列火车此刻正在大桥上开着

3

雪越下越大

天慢慢就要黑了

关于人生我已经无话可说

眼睁睁看见树叶在落

在盘旋,在腐朽,在歌唱

2015.1.15

《过长阳》

榔坪在下雪但是长阳没有下

长阳如果不下雪的话

宜昌也不会下

沿着清江走了整整一天

我知道

你的家就在这里

青岗坪的下面有好大一片苞谷地

这让我感到忧伤

穿过一条长长的隧道

我的牙齿一直咬着嘴唇

2015.1.6

河流的两岸

河流的两岸相互平行

河的这边是条公路

河的那边是面山坡

河这边的人

要到河那边去

（他为什么一定要过河呢？）

只能坐河岸边的那条小船

小船从河这边出发

顺着河水划向对岸

河这边的人大声喊着

河对岸那个人的名字

河水静静流淌

河水带走了两岸

2015.1.19

《儿子的一道数学题》

一块长方形的菜地

种过莴苣，菜薹和蒜苗

没有人知道，面积是多少

假如颠倒过来理解

晴天突然下起了雨

几何问题，不过是个数学推论

人世间的困惑终究归于一而不是零

比如，我的一生就像菜地

还剩余七分之三

2015.1.18

走夜路的时候不要唱歌
走夜路的时候没有月亮
走夜路的时候不要唱歌
你看远方的灯亮起又熄灭
你看有个人远远跟在你身后

2015年1月28日

小引：男，1969年出生，诗人。现居武汉。著有诗集《北京时间》《即兴曲》，散文集《悲伤省》。

Di An

**吕露对话笛安：
其实直到最后我都没能摆脱
那种鱼缸里的感觉。**

跟笛安第一次见面是在三里屯一家书店。刚坐下，她送了一瓶眼霜和一本她的书给我。当你跟她交谈，你会感到她是真诚的。

生活状态就是在"丑的"和"打扮的"两种里面切换

吕露：你容易哭吗？最近一次哭是什么时候？

笛　安：很少哭，是真的。我想想，上一次哭应该是……年初或去年底？我不怎么爱哭的。青春期的时候，长达六七年的时间，怎么都没有眼泪，那个时候我觉得我一定是出了什么问题。所以我养成了一个习惯，我本能地对众人都具备的情感模式有种排斥和怀疑。

吕露：如果有人在你跟前哭，你会怎样？多半时候你是什么样子的生活状态？

笛　安：看是什么人了，如果是闺密我会紧张，如果是男人，我会更紧张。在家里的时候穿很难看但是宽松的衣服，头发随便挽在后面，总之就是丑造型，跟出门见人的时候绝对不一样。其实在家里丑着我觉得无所谓，不过开门收外卖和快递的时候还是会有点不自在，绝对会好好穿的。对我来说，生活状态就是在"丑的"和"打扮的"两种里面切换。

吕露：在北京生活几年了？为什么会选择在北京？

笛　安：四年，2010年回国以后就在北京了，快五年了。为什么在北京，哦，当时好像也没有经过特别多的犹豫和选择，就觉得好像北京才是我该在的地方。还有个原因，我爸妈早在2007年就在北京的乡下买了套房子，所以我在北京也方便些，离得近一点。

吕露：每天你都在做什么，大部分时候？

笛　安：写小说的时候，每天的工作时间大概在4到6个小时。宣传期的时候几乎每天出门每周赶飞机，最近我就是每个周末都去机场飞外地。不写小说也不宣传的时候，就每天花尽可能少的时间处理一些跟工作有关的杂事。剩下闲着，出了新电影必然要去电影院看，总想去旅游，但因为我懒，又不是一个肯勤奋规划时间的人，其实没那么忙，也总觉得没空去旅游。这么想想就觉得自己好怂。

吕露：你喜欢自己现在这样吗？当你去参加自己的发布会的时候都在说什么？你看上去是一个很害羞的女孩。

笛 安：喜欢不喜欢，我不知道。但是平心而论，我这些年渐渐比过去更能接受自己了，去参加自己的发布会就说些感谢大家之类的话，大部分时候合家欢，再顺便说说自己的小说（不过发布会不是谈论创作的好场合）。我不怎么喜欢人多的地方。尤其是，听到别人当众夸我更觉得尴尬。

吕露：在什么情况下你觉得谈创作小说是你会感觉不错的？这些年，你认为自己成功吗？有很多粉丝、读者，也在努力写作、生活、做《文艺风赏》。

笛 安：两种情况：跟非常好的朋友小酌的时候；还有就是小范围的读者见面会，只有20个读者左右的时候，那种场合里每个人都看过我的小说，每个人都比评论家更理解我在干什么。

成功……我觉得我还好吧？只能说是发展得还不错，离真正的成功还有一段距离。不过我自己没那么着急，一生那么长，别总是玩命跑，也要有看看沿途风景的时间。

吕露：你的作息正常吗？早睡早起？晚睡晚起？你经常坐在哪里写作？

笛 安：曾经有很长一段时间，晚睡早起，凌晨两三点睡，第二天9点多也就醒了。这一年来在修正自己的作息，尽量11点上床.在自己的卧室里，我是个不喜欢"书房"概念的人，觉得最舒服的写作地点是我的床。很多时候我就把笔记本放在大腿上，靠着枕头写出来得意的章节。

写作对我来说，必须在我自己完全没有戒备的环境里才能顺利进行。因此我都在家里写。我没法在酒店顺利写作，写两三千字还行，多了就绝对写不出了。

吕露：我没法在我的床上写作。以前特别喜欢去咖啡店，现在除了待在书房，哪里也无法使自己平心静气地工作。你容易进入工作状态吗？写小说和处理杂志的事情，你会把自己分成两种人吗？

笛　安：咖啡店太吵了。对我来说写小说属于私生活，杂志是工作。因为做杂志的时候和写小说的时候使用的不是同一套系统。写小说需要动用一套更深层的系统。做杂志，应付宣传时候那套系统是表层的。属于本我的系统，写小说的系统存在于一个更神秘的地方。

吕露：你独自待着的时间多吗？

笛　安：以前独居的时候很多，最近搬回父母家以后就不多了，你懂的。

吕露：你跟父母住一起？

笛　安：最近是这样。

日常生活里没有任何一件事能给我带来乐趣

吕露：你有什么不良的生活习惯吗？跟父母住一起也许有一点局限吧？跟他们会聊什么？

笛　安：除了晚睡，喜欢喝可乐，算么？是每天都要喝有瘾的那种，被各种恐吓会得糖尿病，但是我还是一边恐惧着，一边喝着。跟父母聊家常，虽然我父母是有文化的父母，也写小说。但是两代人终归两代人，有时候真的兴致来了，想聊点灵魂深处的话题，总以失败告终。不过倒是会聊我在写什么以及我为什么要这么写。

给你举个例子，我是基督徒，我觉得我父母虽然对我的信仰表示了尊重，但是他们从没能真正理解。我爸还说：你想气死你妈，你出国留学那么多年，你妈每年大年初一去庙里烧香拜菩萨，结果你回来了信了耶稣。我妈也说：为什么非要给自己选一个跳进去套牢。这个问题没法讨论。

吕露：你喜欢日常生活吗？比如洗衣服、擦地、交电费、买日常用品。

笛　安：不喜欢。我是个非常讨厌日常生活的人，日常生活里没有任何一件事能给我带来乐趣。所以我很烦有人在朋友圈发美食照片，或者发自己做的手工什么的。也不是烦吧，是我真的对日常生活没有任何兴趣。遇上有兴趣的人内心难免有种急躁，也可能是自卑。

吕露：我也是，但日常生活，比如做家务擦地整理衣柜渐渐成为我治疗焦虑的小方法，尽管我不焦虑的时候多么不喜欢日常生活。很多长辈就说太不接地气儿了。你焦虑的时候会怎么解决？为什么很多写作者，特别是我们这一代年轻人就无法在日常生活中获得乐趣呢？

笛　安：我擅长收箱子和叠衣服！终于想起来了。不过擅长不代表我喜欢做。谁规定的必须喜欢这些破事才算接地气啊。我觉得无法从这些事情里获得乐趣是很自然的吧。焦虑的时候就约几个朋友一起吃饭，小酌，看电影，互相吐槽，这也是日常生活啊，我很喜欢这一部分。（擦地打扫家都交给钟点工阿姨了，我和钟点工阿姨都相处得很融洽，有时候还能愉快地聊天，因为她们对我来说真的好重要）

吕露：做《文艺风赏》主编，几年了？每次筹备工作，确定主题，选稿子，做这个有意思吗？

笛　安：我想想，《文艺风赏》做了四年。选题会还是有意思的，主要是大家互相吐槽或者集体吐槽的时候很快乐。其实我选稿子选得不多，一般都是文字总监选出来两到三个作者让我在他们中选一个，所以还好。

吕露：你认为做杂志，跟写作两者之间有什么联系吗？或者就是，这两者间，你更趋向于哪一边？

笛　安：没什么联系，完全两回事，考验的也不是一方面的能力。我当然更喜欢写作。只不过觉得，做杂志的工作在强迫我跟外界保持一定程度的接触，这种强迫说到底是为我好。

她说，壁炉先生，我知道是你

吕露：在法国读书时候过得怎样？

笛　安：不怎么样。极为孤独和闭塞，尤其第一年，很多时候回想起来都很确定，死都不想再来一次那样的人生了。从头开始学语言，感觉自己像是活在一个鱼缸里，周围热闹的人和事永远隔着一层玻璃。而我自己心里有什么感受也只是条鱼，不会用他们的语言表述。就是那样的人生，其实直到最后我都没能摆脱那种鱼缸里的感觉。

吕露：现在呢？这条"鱼"在哪里？

笛　安：这条鱼化作了我最初的那些小说。

吕露：而你妈妈还不相信那是你写的？

笛　安：我写过一个小短文，叫《壁炉先生》。有点奇怪的，就写一个女孩来法国的第一年，租了一个老旧的房子，屋里有个坏掉的壁炉。她太寂寞，某个夜里，她的房间突然出现一个陌生男人。她说，壁炉先生，我知道是你。她掀开初冬冰冷的被子，让壁炉先生钻进来，那是他们的秘密。一个星期后，女孩开始写第一篇小说了。不知道这算是什么故事，硬要说的话像个笔记小说一样，可是我写的时候心里好难过。

我妈妈看完我第一个小说以后，确实觉得特别惊讶。在她眼里我是个有文艺小情怀却没有真正创作才华的小朋友。

吕露：《壁炉先生》有点儿《小王子》的感觉。我闪现的还有《这个杀手不太冷》。你妈妈不相信你写的也很正常，她不知道事情太多了，你没法每件事情都要拿出来证明。你觉得写作让你变成了一个怎样的人？

笛　安：让我变得更坚强，我在很年轻的时候找到了写作，然后我就没那么恐惧现实生活对我的伤害了。因为我有去处，在生活里受到任何伤害都有个去处，有个支撑，感觉只要可以写，我就能自我疗愈。

吕露：有没有在写作中感受到过绝望和虚弱？

笛　安：不会。我只有在写不出来的时候才绝望才虚弱。

吕露：明天（11月24日）你会做什么？

笛　安：去医院看我爸。然后如果时间允许，去给头发做个护理。

吕露：现在令你快乐的事情是？什么时候你会觉得对自己满意？

笛　安：让我快乐很容易，今天阳光很好，如果我在正好想喝咖啡的时候喝到了一杯，这些小事情我都会快乐。至于满意，其实我从来没有让我自己真正满意过。只不过，我对这个没有那么重的执念了。

吕露：你有没有生活上或者精神上的强迫症，比如必须每天要喝几杯咖啡诸如此类？

笛　安：这个还好。不过曾经有一段时间，学生时代，我自己租一个很小的房间，有个电磁炉，我几乎每天都在担心我的电磁炉是不是没有关，每一天。最严重的时候，我宁肯上课迟到，也要返回家去看一眼。那时候我知道自己有点严重了，就花力气矫正自己一番。

吕露：在过去的时候，学生时代，你做过什么失态的事吗？你会控制情绪吗？

笛　安：我对于情绪的自控能力倒是好的，就是在别人看不见的地方和时候，自己跟自己较劲。

吕露：撑不下去怎么办？

笛　安：没想过，总觉得不会撑不下去的，不允许自己撑不下去。这是狮子座的劣根性。不过我倒是有一点，就是很多在别人眼里也许是大事的事情，在我眼里不是大事。可能这个天性弥补了我性格里很紧张的部分。

我没后悔过当初加入"最世"的决定

吕露：什么时候认识郭敬明？你和他的关系很好。

笛　安：第一次聊MSN是2006年，但是第一次见面是在2009年。

吕露：MSN那时候很流行，很多朋友都是网上认识的。那时候你们都在干嘛？

笛　安：那个时候我在巴黎，大学刚刚毕业准备读研，刚出版了两本不成气候的书。他已经在做自己的公司了，只是最初我们聊天的时候连《最小说》都还没创刊。

吕露：你喜欢那时候的生活吗？不成气候的书？

笛　安：其实还好，现在想想那时候过得很简单。虽说书的销量和影响不成气候，可当时觉得自己写得挺不错的。 不过那个时候还是特别迷茫，不知道自己以后能做什么，学业没完成也不知道自己能找什么样的工作。所有人的学生时代都是如此吧。

吕露：那时候你们都聊什么？第一次见面在哪儿？

笛　安：最初的时候，就聊——我愿不愿意签约他的公司。不过那时候他跟我聊得不多，跟我聊最多的是我后来到"最世"以后的一位女编辑，她现在已经是"最世"的副总了。那时我们俩都是年纪差不多大的姑娘，整天聊些工作之外不着边际的事情。

吕露："最世"以后的编辑？

笛 安：对。那姑娘当时负责所有的作者，因为起初"最世"没几个作者，我是说后来我加入公司以后她就是负责我的编辑。

吕露：到现在的《文艺风赏》，也是他邀请你做的对吗？这几年的合作，你觉得怎样？

笛 安：对，《文艺风赏》最初的想法是他的。说实话，我没后悔过当初加入"最世"的决定。

吕露：如果不写作，你会做什么？

笛 安：我不知道，特别害怕想这个问题。不过这两年也在强迫自己想，我能想到的唯一一件事，就是——去教堂做义工，整天待在教堂里。也许这是在生活里没有写作以后唯一能让我安静下来的办法。

吕露：现在看你每周都要去发布会，精神面貌特别好，现在你的书也卖得很好，你对自己还有别的什么期待？

笛 安：我一直都期待我自己能写一本真正特别好的小说。优秀的小说总是能让我激动的，我不敢冠冕堂皇地说我不在乎我的书卖得好不好，我当然在乎。可是我依旧梦想着能写一部真正了不起的作品。

吕露：你的稿费能让自己的生活无忧吗？同龄写作者，你有同谁比较密切？有看见你和周嘉宁有互动。你觉得她的小说怎样？

笛 安：生活没有任何问题，并且活得还不错，这是非常幸运的地方。我在这个圈子里朋友不算多，跟周嘉宁认识的，但是她的小说，上一次看她的小说应该是2006年左右了吧。所以不大了解她近年来的作品。对她的印象，感觉她有能力把非常小的一些事或者一件事写成一篇小说，我就不行。

吕露：这些年你出版的这些书，个人比较喜欢哪一本？

笛　安：我一般其实永远最喜欢的是第一个长篇和现在这本。因为第一本这个位置，它永远无法被取代。每一次新写好的，都是最喜欢的。

吕露：作家的身份给你带来了什么？

笛　安：对我来说，它就是我的工作，首要的工作。剩下的，都是暂时性的。

吕露：喜欢《了不起的盖茨比》吗？

笛　安：我特别喜欢《了不起的盖茨比》。对我来说，这是一本比较重要的书。

吕露：看它的时候，是什么感觉，什么把你抓住了？

笛　安：其实我特别能理解他，我当时看的时候也很年轻，他特别牛的地方是，你以为他很拜金，他把拜金放在了一个审美的地方还不让人讨厌。

吕露：纳博科夫呢？

笛　安：纳博科夫是在技术上教会了我很多的作家。写小说的技术，切换场景的技术。《Lolita》对我来说是非常有益的教材，我在法国语言班的老师说他看了22遍。对我来说，在我刚刚开始学写长篇的时候看了《Lolita》，我特别在意这些，这特别考验作者的基本功。

吕露：一个怎样的写作者才是让自己满意的？

笛　安：首先对语言有要求，你不能用故事会的语言写作。语言首先是代表一个仪式感。一个好作家一定要对语言有要求。当我开始写作的时候，我的阅读就很有目的性，会去学习。

笛安：2012年中国作家富豪榜上榜作家，著名作家李锐的女儿。1983年生于山西太原，2001年毕业于太原五中，同年考入山西大学历史系历史学专业。2002年赴法留学，在巴黎索邦大学学习社会学，2010年获得硕士学位。现在是最世文化签约作家，《文艺风赏》杂志主编。获第八届"华语文学传媒大奖"最具潜力新人奖。2003年发表的第一篇小说《姐姐的丛林》在《收获》杂志成为头条；2007年9月出版中篇集《怀念小龙女》；2004年创作了长篇小说《告别天堂》；2005年创作的《芙蓉如面柳如眉》是笛安的第二部长篇；之后出版的《西决》《东霓》《南音》《妩媚航班》获得广大读者的喜爱；2013年12月5日，2013年第八届中国作家富豪榜重磅发布，笛安再度上榜。

图书在版编目（CIP）数据

吕录：与33个人的对话/吕露著.--重庆：重庆出版社，2016.1
ISBN 978-7-229-10875-5

Ⅰ.①吕… Ⅱ.①吕… Ⅲ.①文化-名人-访问记-中国-现代 Ⅳ.①K825.4

中国版本图书馆CIP数据核字(2015)第307353号

吕录：与33个人的对话
LULU：YU 33 GE REN DE DUIHUA
吕露 著

策 划 人：刘辰希
责任编辑：杨 帆 周 瑜
责任校对：何建云
装帧设计：胡靳一

重庆出版集团
重庆出版社 出版

重庆至乐文化传播有限公司
刘辰希文化创意设计工作室 联合出品
重庆市南岸区南滨路162号1幢 邮政编码：400061 http://www.cqph.com
重庆市金雅迪彩色印刷有限公司印制
重庆出版集团图书发行有限公司发行
E-MAIL:fxchu@cqph.com 邮购电话：023-61520646
重庆出版社天猫旗舰店
cqcbs.tmall.com
全国新华书店经销

开本：889mm×1194mm 1/32 印张：16.25
2016年1月第1版 2016年1月第1次印刷
ISBN 978-7-229-10875-5
定价：56.00元

如有印装质量问题，请向本集团图书发行有限公司调换：023-61520678
版权所有 侵权必究